CD-ROM付き

子どもの力が伸びる

4歳児の保育
12か月

横山洋子 監修

ナツメ社

はじめに

新しいクラスの担任になった際、ワクワクと同時に、1年間どのように保育していけばよいのかと一抹の不安がよぎるでしょう。子どもたちの1年間の発達を見通して、どの時期に何を育てていくのかを考え、発達に必要な経験ができるように環境を整えなければなりません。

　ご安心ください。本書は、そのような保育者のみなさんのご要望に応えるために登場しました。まず4歳児の1年間をざっと見通し、指導計画の立て方も、丁寧に解説しました。それから月ごとの子どもの姿や保育のアイデア、あそびを載せています。さらに、子どもへのことばかけや保護者対応についても、エッセンスを取り上げました。

　特に大切にしていただきたいのが、子どもの育ちの読み取りです。ぜひ、クラスの子どもの姿を記録し、何が育っているのか、今後はどのように援助していきたいかを書いてみてください。必ず保育力がアップします。

　なお、各月の子どもの姿については、富山大学教育学部附属幼稚園元副園長、杉谷利枝子先生の視点を参考にさせていただきました。

　本書が、保育者のみなさんの助けとなり、クラスの子どもたちの笑顔につながることを願っております。

横山洋子

「4歳児の保育12か月」でレッツ保育！	8
4歳児の姿と保育	14
4歳児クラスの1年	16
おさえておこう！「3つの資質・能力」「10の姿」	20
保育シーンで子どもの育ち「10の姿」を見てみよう	22
指導計画の立て方	24
保育環境ってなんだ？	28

壁面かざり	春	30
壁面かざり	夏	34
壁面かざり	秋	38
壁面かざり	冬	42
壁面かざり	お誕生表	46

Part 1 クラスづくり

1年間の見通しカレンダー 48

4月 49
- 4月の子どもたち 50
  - ●子どもの心と姿 ●ねらい ●環境構成＆援助
- 4月のアイデア 52
  - ●製作 ●お絵かき ●絵本 ●なぞなぞ
  - ●うた ●手あそび・うたあそび
  - ●行事のことばかけ ●ちょこっとことばかけ
- 4月のあそび 55
- 読み取ろう！ 子どもの育ち 60

5月 61
- 5月の子どもたち 62
  - ●子どもの心と姿 ●ねらい ●環境構成＆援助
- 5月のアイデア 64
  - ●製作 ●お絵かき ●絵本 ●なぞなぞ
  - ●うた ●手あそび・うたあそび
  - ●行事のことばかけ ●ちょこっとことばかけ
- 5月のあそび 67
- 読み取ろう！ 子どもの育ち 72

6月 73
- 6月の子どもたち 74
  - ●子どもの心と姿 ●ねらい ●環境構成＆援助
- 6月のアイデア 76
  - ●製作 ●お絵かき ●絵本 ●なぞなぞ
  - ●うた ●手あそび・うたあそび
  - ●行事のことばかけ ●ちょこっとことばかけ
- 6月のあそび 79
- 読み取ろう！ 子どもの育ち 84

7月 85
- 7月の子どもたち 86
  - ●子どもの心と姿 ●ねらい ●環境構成＆援助
- 7月のアイデア 88
  - ●製作 ●お絵かき ●絵本 ●なぞなぞ
  - ●うた ●手あそび・うたあそび
  - ●行事のことばかけ ●ちょこっとことばかけ
- 7月のあそび 91
- 読み取ろう！ 子どもの育ち 96

8月 97
- 8月の子どもたち 98
  - ●子どもの心と姿 ●ねらい ●環境構成＆援助
- 8月のアイデア 100
  - ●製作 ●お絵かき ●絵本 ●なぞなぞ
  - ●うた ●手あそび・うたあそび
  - ●行事のことばかけ ●ちょこっとことばかけ
- 8月のあそび 103
- 読み取ろう！ 子どもの育ち 108

9月 109
- 9月の子どもたち 110
  - ●子どもの心と姿 ●ねらい ●環境構成＆援助
- 9月のアイデア 112
  - ●製作 ●お絵かき ●絵本 ●なぞなぞ
  - ●うた ●手あそび・うたあそび
  - ●行事のことばかけ ●ちょこっとことばかけ
- 9月のあそび 115
- 読み取ろう！ 子どもの育ち 120

10月 121
10月の子どもたち　122
- 子どもの心と姿　● ねらい　● 環境構成＆援助
10月のアイデア　124
- 製作　● お絵かき　● 絵本　● なぞなぞ
- うた　● 手あそび・うたあそび
- 行事のことばかけ　● ちょこっとことばかけ
10月のあそび　127
読み取ろう！ 子どもの育ち　132

11月 133
11月の子どもたち　134
- 子どもの心と姿　● ねらい　● 環境構成＆援助
11月のアイデア　136
- 製作　● お絵かき　● 絵本　● なぞなぞ
- うた　● 手あそび・うたあそび
- 行事のことばかけ　● ちょこっとことばかけ
11月のあそび　139
読み取ろう！ 子どもの育ち　144

12月 145
12月の子どもたち　146
- 子どもの心と姿　● ねらい　● 環境構成＆援助
12月のアイデア　148
- 製作　● お絵かき　● 絵本　● なぞなぞ
- うた　● 手あそび・うたあそび
- 行事のことばかけ　● ちょこっとことばかけ
12月のあそび　151
読み取ろう！ 子どもの育ち　156

1月 157
1月の子どもたち　158
- 子どもの心と姿　● ねらい　● 環境構成＆援助
1月のアイデア　160
- 製作　● お絵かき　● 絵本　● なぞなぞ
- うた　● 手あそび・うたあそび
- 行事のことばかけ　● ちょこっとことばかけ
1月のあそび　163
読み取ろう！ 子どもの育ち　168

2月 169
2月の子どもたち　170
- 子どもの心と姿　● ねらい　● 環境構成＆援助
2月のアイデア　172
- 製作　● お絵かき　● 絵本　● なぞなぞ
- うた　● 手あそび・うたあそび
- 行事のことばかけ　● ちょこっとことばかけ
2月のあそび　175
読み取ろう！ 子どもの育ち　180

3月 181
3月の子どもたち　182
- 子どもの心と姿　● ねらい　● 環境構成＆援助
3月のアイデア　184
- 製作　● お絵かき　● 絵本　● なぞなぞ
- うた　● 手あそび・うたあそび
- 行事のことばかけ　● ちょこっとことばかけ
3月のあそび　187
読み取ろう！ 子どもの育ち　192

Part 2 指導計画

- 4歳児の年間指導計画　おさえたい3つのポイント ……… 194
- 4歳児の月案　おさえたい3つのポイント ……… 196
- **保育園** 年間指導計画 ……… 198
- **保育園** 月案 ……… 200

4月 … 200	10月 … 212
5月 … 202	11月 … 214
6月 … 204	12月 … 216
7月 … 206	1月 … 218
8月 … 208	2月 … 220
9月 … 210	3月 … 222

- **幼稚園・認定こども園** 年間指導計画 ……… 224
- **幼稚園・認定こども園** 月案 ……… 226

4月 … 226	10月 … 238
5月 … 228	11月 … 240
6月 … 230	12月 … 242
7月 … 232	1月 … 244
8月 … 234	2月 … 246
9月 … 236	3月 … 248

- 事故防止チェックリスト ……… 250

Part 3 クラス運営のヒント

すぐに役立つ！ なるほどことばかけ ……… **252**

気になる！ 保護者対応Ｑ＆Ａ ……… **258**

おたより テンプレート ……… **262**

イラスト・文例

4月 … 266	10月 … 272
5月 … 267	11月 … 273
6月 … 268	12月 … 274
7月 … 269	1月 … 275
8月 … 270	2月 … 276
9月 … 271	3月 … 277

コピー用型紙 ……… **278**

CD-ROMをご使用の前に ……… **288**

CD-ROMの使い方 ……… **289**

付属CD-ROMには、年間指導計画・月案のほか、おたよりに使えるテンプレート・イラスト・文例、壁面かざりの型紙を収録。使用される前に288ページからの「CD-ROMをご使用の前に」を必ずお読みください。

「4歳児の保育12か月」でレッツ保育！

この1冊で4歳児はおまかせ！

この1冊さえあれば、4歳児クラスの担任は大丈夫！　この本の使い方と、4歳児の保育の基本を紹介します。

発達をふまえる

4歳児の担任になったなら、まずは4歳児の発達段階を確認する必要があります。おおむね4〜5歳の子どもの発達を把握し、子ども一人一人の育ちを見つめましょう。 ➡14ページ

1年間を見通す

クラス担任は日々の保育に追われがちですが、目の前の子どもの成長をとらえながら、1年間の行事や活動を見通して、援助の方針を立てましょう。 ➡16ページ

巻頭カラー特集では
4歳児の保育で
必ず知っておきたい
基本をおさえられるんだ

特に注目したいのが
「3つの資質・能力」、
そして「幼児期の終わりまでに
育ってほしい姿（10の姿）」！
現場に沿ったシーンで
わかりやすく説明しているワン

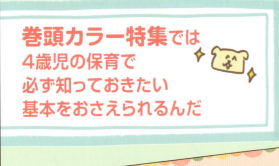

指導計画の立て方は
6ステップでOKワン！

壁面かざりも
すぐに使えるね！

 3つの資質・能力

「知識及び技能の基礎」「思考力、判断力、表現力等の基礎」「学びに向かう力、人間性等」の3つをいい、子どもはあそびを通して育んでいきます。➡20ページ

10の姿

「3つの資質・能力」を柱とし、さらに具体的な姿として示したものが「幼児期の終わりまでに育ってほしい姿（10の姿）」です。➡21ページ

指導計画

子ども一人一人の発達を保障し、主体的な活動を支援するための方針が指導計画です。年間計画から月案、週案、日案を立て、実践します。➡24ページ

Part1では、毎月の保育に役立つ情報を月ごとに掲載！

各月の子どもの姿
各月の子どもたちのリアルな姿を取り上げました。育ちの把握に役立ちます。

各月のアイデア
製作・絵本・行事のことばかけなど、各月の保育に生かせるアイデアが満載です。

12か月分しっかりフォローはこの本だけ！

環境構成&援助
その月ならではの環境構成や援助をピックアップ。すぐに保育に取り入れられます。

あそびを象徴する3つのポイントを抽出。クラスの状況に合うあそびが探しやすくなっています。

これなら迷わずに4歳児の保育ができそう！

あそびアイデア
各月のあそびアイデアを6本ずつ掲載。ねらいやことばかけもわかりやすい！

読み取ろう！ 子どもの育ち
子どもがあそぶ姿から、「10の姿」の切り口で育ちを読み取りました。

発達や興味・関心に合ったあそびプランを厳選したワン！

環境構成&援助
保育者は、ねらいに即した環境を構成し、必要な援助をします。子どもの主体的な活動をいかに引き出せるかがポイント。

あそびアイデア
幼児期の子どもはあそびの中で成長し、必要な力を獲得します。造形あそび・運動あそび・集団あそびなどさまざまなジャンルを紹介しています。

子どもの育ちの読み取り
子どものあそぶ姿を広い目でとらえ、つぶやきを聞き、その子の成長の節目をキャッチしましょう。育ちの芽は必ずあります。

Part2では
保育園、幼稚園・認定こども園の指導計画案を年間計画、月案で詳しく掲載!

指導計画
指導計画を立てる際に、必ず活用できます。「ねらい」には関連のある「10の姿」を入れています。

データつきだから、自分流でうまく使ってワン

助かるー!!

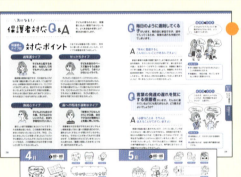

保護者対応 Q&A
担任として知っておきたい保護者対応を具体的なシーンで紹介。身につけたい言い回しもチェックできます。

Part3では
保護者対応やことばかけ、おたよりイラスト・文例もカバー!

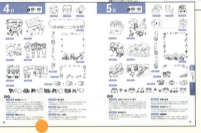

おたより
かわいいおたよりイラストは月ごとに多数掲載。保護者に伝わりやすい文例もあるので、おたより作りがスムーズに進められます。

バッチリだワン! プル 最高の1冊だぁ!

 年間計画・月案

指導計画はクラス運営の基本。年間計画を立てた上で月案→週案→日案と、より具体的に考えます。各園の方針や環境、子どものようすに合わせて立案します。➡193ページ

 保護者対応

保護者と保育者は協力し合い、子どもの育ちを喜び合える関係でありたいもの。さまざまなタイプの保護者への対応をチェックし、よりよい保育につなげましょう。➡258ページ

おたより

おたよりは家庭への情報を伝える大切なツールです。保護者にとってわかりやすく、思わず読みたくなるおたよりを作りましょう。➡262ページ

4歳児の姿と保育

友達といっしょにあそび、おしゃべりすることが楽しい4歳児。その心と体はどのような発達段階にあるのでしょうか。適切な援助のために、子どもたちの発達をとらえましょう。

他者の存在に気づき、目的のために試行錯誤できるように

　自分以外の人や物をじっくり見つめるようになると、逆に見られている自分にも気づき始めます。つまり、自意識が芽生えてくるのです。すると、今までのようなふるまいができなくなり、恥ずかしくなったり体が固まってしまったりすることがあります。

　また、目的をもって作ったり、描いたり、行動するようになります。その際、「うまくいかないかもしれない」「誰かに何か言われるかもしれない」という不安が生まれることもあります。

　子どもは命のない石や人形にも、人間と同じように心があると思う幼児期特有の「アニミズム」という思考様式をもっています。人形に話しかけたり、水をやった花が喜んでいると感じたりするのが、4歳児の特徴です。

生活

「へー、こうなってるんだ」

周りの人や物に関心を向け、探索し始めます。友達のやっているあそびをじっと見たり、自ら体験したりして、土や水などの自然物や身の回りの物の特性を知っていきます。そして、それらとの関わり方、あそび方を豊かに体得していきます。

保育のポイント

やりたいと思ったことが十分にできるようにします。探索を見守り、わかったことをたずね、ともに喜びましょう。人に優しく接するモデルとなることを意識して行動します。

体

「おっとっと、だいじょうぶ」

全身のバランスがとれるようになり、自分の思い通りに体を動かします。食べながらその食材の話をしたり、目を閉じて片足立ちをしたり、と異なる2種類以上の動きが同時にできるようになります。ますます活発になり、自信をもって行動するでしょう。

保育のポイント

おにごっこや腕の力を使うあそびなど、多様な動きができるあそびのための環境をつくりましょう。くぐる、またぐ、跳ぶ、はうなどの動きを引き出す工夫もできるとよいですね。

言葉

「だって、知らなかったもん」

言葉の数は1500～2000語になり、その日のできごとや過去に経験したことについて、「それでね」「でもね」「だけど」などの接続詞を用いながら、複文で話せるようになります。また、「だって、～だもん」と理由をつけて自分なりに話そうとします。

保育のポイント

話したい気持ちを受け止め、よい聞き手になります。「それから?」とさらに引き出したり、友達にも伝わるようにしたり、友達同士の会話が成立するよう援助しましょう。

人との関わり

「貸してあげる」

周りの人の存在をしっかり意識できるようになり、自分のやりたいことも主張するので、トラブルが増える時期です。一方、そばでじっと見ている友達の気持ちを察し、「貸してあげる」と、持っているぬいぐるみを渡すこともあります。

保育のポイント

トラブルでは、両者の困っている気持ちに寄り添い「どうしてこうなっちゃったのかな?」と優しく思いをたずねることで、どう行動すればよかったかを導き出し、学びとしましょう。

4歳児クラスの1年

4歳児の園生活は、どんな1年間になるのでしょうか。子どもの成長とあわせて考えてみましょう。

4月～6月

進級の喜びに満ち溢れる春。新生活に不安そうな子どもも、友達とのあそびはうれしそうです。

生活に必要なきまりを知る

所持品の始末、トイレの使い方、手洗いうがいのやり方や流れがわかり、身についてきます。ブランコに順番に乗ること、廊下を走らないことなど、集団で生活するためのルールを知り、守ろうとします。

援助のポイント
- ルールとして押しつけるのではなく、困っているときに「どうしたらみんなが嫌な気持ちにならないかな?」とたずねる。
- 注意をするのではなく、「ブランコは順番だよ」「廊下は歩くんだね」などと、あってほしい姿を伝える。

援助のポイント
- あそびに入りにくい子どもには、保育者が仲立ちする。
- 「○○ちゃんと○○ちゃんは仲よしだね」と、相手を意識できる言葉をかける。

友達といっしょがうれしい

友達がおもしろそうなことをしていると、まねてやってみようとします。「入れて」「どうやるの?」と言葉をかけ、「おもしろいね」「わたしは、こうしたよ」などと思いを表現して、いっしょにあそぶようになります。

保育トピックス

外あそび
新しい環境に戸惑う時期こそ、戸外で開放的にあそびましょう。スキップやケンケンなどの動きを取り入れます。

保護者会
保護者と園・担任保育者が、お互いを理解できる場になるよう、リラックスした雰囲気をつくれると◎。

水あそび
プールあそびのほか、色水や泡を取り入れたあそびも楽しめます。後始末も自分で行えるよう援助しましょう。

7月〜9月

友達との関わりを楽しめるようなあそびを取り入れます。開放的なあそびなど、みんなで楽しみます。

簡単なルールのあるあそびを楽しむ

転がしドッジボールやフルーツバスケットなどのあそびを、みんなで楽しみます。「線を出ないでね」「ボールは転がすんだよ」など友達にルールを知らせる姿も見られるでしょう。ルールがあるからこそ楽しいということにも気づきます。

線は出ないんだよー

援助のポイント
- ルールは1回につき1つ伝える。
- ルールが守れなかった際には、優しく知らせる姿を見せる。
- みんなであそぶ楽しさを味わえるようにする。

さまざまな素材を選べる

クレープ紙、不織布、段ボール、ビニールテープ、スズランテープのほか、紙類や布類、テープ類、ホッチキスや針と糸などの素材や道具を、自分で選べるようになります。いろいろな物にふれることで、「今、作りたい物には、これがぴったり」と考える力がついているのです。

援助のポイント
- さまざまな素材を自由に使えるよう準備する。
- もったいない使い方をしている場合には、よりよい方法を知らせる。

●感染症予防
夏は感染症が流行りやすい季節でもあります。手洗い、うがいを子どもといっしょに行い、習慣にします。

●休み明けの対応
旅行などで疲れ気味の子どもが増えます。夏の疲れを残さないよう、ゆったりとした活動を取り入れましょう。

●グループ作り
子ども同士のあそびが楽しくなってきます。少人数のグループを作り、関われるあそびの場を設定しましょう。

10月〜12月

体を存分に動かし、楽しいことにチャレンジ！ 自分の成長を実感できる言葉をかけましょう。

力いっぱい運動あそびを楽しむ

思いきり走ったり踊ったり、体を十分に動かしてあそぶことを楽しみます。友達と力を合わせてボールを運ぶこともできます。音楽に合わせてリズミカルに跳んだり体を揺すったりも上手になります。

援助のポイント
- 5歳児や保育者の動きを見せて、意欲を引き出す。
- 安全のため、広い空間を確保する。
- 尻ごみをする子には、スモールステップをつくる。

友達と共通のイメージであそぶ

絵本の登場人物や憧れのヒーローになって、イメージの世界であそびます。お面や魔法の杖などを自分で製作して身につけ、役になって言葉を交わし、同じ役の友達との絆を深めていきます。

援助のポイント
- イメージを共有し、あそびの世界観に合った言葉をかける。
- あそびに必要なものを、相談に応じて準備する。

保育トピックス

造形あそび
ごっこあそびで使いたいものを作ったり、友達と分担して作ったりできるよう、素材は豊富に準備します。

個人面談
子ども一人一人の育ちを見守り、保護者に伝えます。その子ならではのエピソードを語りましょう。

生活習慣のチェック
生活習慣は自立し、自分で行える子どもが増えます。その分、雑になっている部分を補う言葉をかけましょう。

1月～3月

もうすぐ5歳児クラス。自信をもって進級できるよう、クラスとしての目的をもって過ごしましょう。

できることが、さらに増える

くつ下のかかとを意識して自分ではいたり、なわとびを自分で結んだり。手先が器用になり、今まで誰かにしてもらっていたことも、徐々に自分でできるようになります。目標をもつと、どうすればそれに近づくかという道筋が見えるようになるのです。

援助のポイント
- 自分でやってみようと思える環境を整える。
- できたことよりも、挑戦している姿を言葉にして認める。

援助のポイント
- 「○○ちゃんのおかげで、助かった」と伝え、やる気を膨らませる。
- どう行動すればよいか、自分で考えられる場を設ける。

人の役に立つことを喜ぶ

保育者のお手伝いをすることを喜び、「ありがとう」と言われるとうれしい顔になります。係の仕事にも熱心に取り組み、人の役に立つ喜びを味わいます。困っている人には「どうしたの?」と声をかけるなどの優しい行動も見られます。

体調管理　風邪をはじめ、病気にかかりやすい時期です。保育室内の温度・湿度にも気を配り、健康チェックも入念に。

保護者会　1年間を振り返り、子どもの育ち、クラスとしての成長を知らせます。協力への感謝も伝えましょう。

進級への喜び　もうすぐ5歳児クラス。自分の成長を子どもが実感できるような言葉をかけ、みんなで進級を喜びましょう。

おさえておこう！

幼稚園
保育園
認定こども園

3つの資質・能力 10の姿

未来の担い手である子どもの力を育むことが、保育者の役割です。ここでは、改訂された3法令で示されている、幼児期での育ちについて紹介します。

「幼児教育で育みたい3つの資質・能力」とは？

小学校以降の
- 知識及び技能
- 思考力、判断力、表現力等
- 学びに向かう力、人間性等

知識及び技能の基礎
何かに気づいたり、わかったり、できるようになったりする力

気づく、わかる、できるようになる

思考力、判断力、表現力等の基礎
考えたり、試したり、工夫したり、表現したりする力

考え、試し、工夫する

あそびを通しての総合的な指導

学びに向かう力、人間性等
やりたい気持ちや興味をもってやり通す力、つまり心情・意欲・態度

意欲、意思、やり通す力

保育・幼児教育
環境を通して行う保育・教育、主体的な生活、あそびの重視

基礎となる3つの資質・能力

2018年に実施された3法令の改訂では、日本の幼児教育施設のどの園に通っていても、同じ質やレベルの保育・幼児教育が受けられるよう整備されました。園はあそびを通して総合的な指導を行い、「知識及び技能の基礎」「思考力、判断力、表現力等の基礎」「学びに向かう力、人間性等」の3つの資質・能力を伸ばし、小学校以降の知識や技能につなげます。

あそびを通した学び

「幼児期の終わりまでに育ってほしい10の姿」とは？

子どもの育ちの指針となる「10の姿」は、5歳児後半になっていきなり表れるものではありません。
普段のあそびの中にある育ちに、注目してみましょう。

あそびの中の「10の姿」

5領域を意識すると共に「10の姿」を念頭に置き、子どもの姿を見つめましょう。子どもがあそぶ姿の中に、育ちの芽は必ず隠れています。

健康な体と心 〈健康〉
充実感をもって自分のやりたいことに向かって心と体を十分に働かせ、見通しをもって行動し、自ら健康で安全な生活をつくり出せるようになる。

自立心 〈人間関係〉
身近な環境に主体的に関わる活動の中で、しなければならないことを自覚し、自分の力で行うために考え、工夫し、やり遂げることで達成感を味わい、自信をもって行動する。

協同性 〈人間関係〉
友達と関わる中で互いの思いや考えなどを共有し、共通の目的の実現に向けて、考えたり、工夫したり、協力したりし、充実感をもってやり遂げるようになる。

道徳性・規範意識の芽生え 〈人間関係〉
してよいことや悪いことがわかり、自分の行動を振り返る。きまりを守る必要性がわかり、自分の気持ちを調整し、友達と折り合いを付けながら、きまりをつくり、守る。

自然との関わり・生命尊重 〈環境〉
身近な事象への関心を高め、自然への愛情や畏敬の念をもつ。生命の不思議や尊さに気づき、身近な動植物を命あるものとして大切にする気持ちをもって関わる。

社会生活との関わり 〈人間関係〉〈環境〉
家族を大切にしようとする気持ちをもつと共に、地域の人ともふれあい、自分が役に立つ喜びを感じる。あそびや生活に必要な情報を取り入れ、判断し伝え合い役立てる。公共の施設の利用を通し、社会とつながる。

思考力の芽生え 〈環境〉
物の性質や仕組みを感じ取り、多様な関わりを楽しむ。自分と異なる考えがあることに気づき、判断したり、考え直したりしてよりよい考えを生み出す。

言葉による伝え合い 〈言葉〉
絵本や物語に親しみ、豊かな言葉や表現を身につけ、経験したことや考えたことを言葉で伝え、相手の話を注意して聞き、言葉による伝え合いを楽しむ。

数量や図形、標識や文字などへの関心・感覚 〈環境〉
数量や図形、標識や文字などに親しむ体験を重ねたり、標識や文字の役割に気づいたりし、自らの必要感に基づきこれらを活用し、興味や関心、感覚をもつようになる。

豊かな感性と表現 〈表現〉
さまざまな素材の特徴や表現の仕方に気づき、感じたことや考えたことを自分で表現したり、友達と表現する過程を楽しんだりする。表現する喜びを味わい、意欲をもつ。

保育シーンで子どもの育ち 10の姿 を見てみよう

シーン1 ごっこあそび

子どもたちが大好きなごっこあそび。その中にも、「10の姿」はあります。さりげない援助で、その芽をさらに伸ばしましょう。

豊かな感性と表現
お姫様になったつもりで衣装を着たり、ふるまったり、会話したりしています。友達と同じイメージをもち、表現する喜びを味わっています。

思考力の芽生え
お姫様がいる状況を自分たちで考え、ダンスパーティーなどのストーリーを展開しています。友達のアイデアを受け取り、さらにおもしろくなるようごっこあそびを進めます。

言葉による伝え合い
忍者になり、忍者らしい昔風の言葉を使ったり、忍者同士で秘密を伝え合ったりしています。忍術の種類も、自分たちで考えて伝えています。

健康な心と体
忍者らしい動きを考えたり、忍術のポーズを工夫したり、体を動かしてあそんでいます。充実感をもって自分のやりたいことに向かって心と体を十分に働かせています。

数量や図形、標識や文字などへの関心・感覚
図形を組み合わせて手裏剣を作ったり、考えた忍法を文字で書き記そうとしています。図形や文字に、興味や関心をもち、親しんでいます。

協同性
友達と関わる中で、ごっこあそびの世界を共有し、よりおもしろくするために小道具を工夫して作ったり、決めたことや考えたことを書いたりしています。

自分を表現する中での育ち

ごっこあそびでは、子どもが自分の好きなものになりきって自由にふるまいます。架空の世界を生きるので、現実の自分にとらわれることなく、のびのびとした表現を見せるでしょう。自己を解放することにもつながっています。一人一人の興味を見据えて、育ちの姿をとらえてください。

シーン② いもほり

日常の保育はもちろん、「いもほり」などの行事も子どもが育つチャンスです。さらなる育ちにつながる活動を取り入れましょう。

自立心
深くまで根が張ったサツマイモは掘り出すのが大変ですが、これを掘ろうと決めたらあきらめずに最後までやりとげています。ポキッと折れないように注意深く行い、達成感を味わいます。

自然との関わり・生命尊重
畑へ行って、サツマイモを掘り出します。土にふれ、土やいものにおいをかぎ、五感を通して自然物に関わります。自然の恵みをいただき、人は生きられることを知ります。

道徳性・規範意識の芽生え
友達のやりたい気持ちを受け止めて、「いいよ」と返事をしています。さらに近くで見ているだけの友達にも、気持ちを察して声をかけています。思いやりが感じられます。

言葉による伝え合い
スイートポテトができ上がるまでの時間、わくわくした気持ちで待っています。「いい匂い」「黄色いね」など、感じたことを言葉にして伝え合っています。

社会生活との関わり
いつも自分たちを見守ってもらうなどお世話になっている交番のおまわりさんへ、感謝の気持ちを込めて、できたスイートポテトを届けます。地域の人と関わる姿です。

数量や図形、標識や文字などへの関心・感覚
交番へ行くまでの道には、横断歩道があったり、さまざまな標識が出ていたりします。その意味や必要性に気づき、生活の中で利用しながら暮らします。

次の体験につながる活動を
自然と関わったり、園から出て地域社会に身を置いたりすることで、子どもは世界を広げていきます。1つ1つの体験が、動物や植物との出合いをもたらしたり、今まで気づいていなかったものの仕組みを知ることにつながったりします。感動や驚きを、大切にしましょう。

指導計画の立て方

指導計画をもとに保育を実践し、評価をして改善する、というサイクルを意識するだけで、保育はどんどん磨かれます。適した指導計画を立てるために、立て方の流れも確認しましょう。

指導計画はPDCA（プラン ドゥ チェック アクション）で充実！

指導計画は立てて終わりではありません。実践して初めて、「ここはうまくいったけど、この環境は失敗だった」とわかるのです。そして、「ここがダメだったから次の計画では改善する」というサイクルを常に意識することで、よりよい保育が展開できます。

❶ 計画する

＜短期計画＞では目の前の子どもの現在の姿をとらえ、＜長期計画＞では昨年の子どもの姿を思い浮かべ、発達に必要な経験をどのように積み上げるかを考えます。ねらいと内容を決め、無理のない計画を楽しく立てましょう。

❷ 実践する

計画をもとにしますが、その通りに行うことが大事なのではありません。計画にとらわれず、子どもにとって最善の保育を行います。不意に訪れた発達に必要な経験ができるチャンスを生かし、子どもの生活を優先します。

❸ 評価する

実践した保育の中で、どこにどのような子どもの育ちがあったかを導き出します。そして「計画した環境が適切だった」「援助はもっとこうすべきだった」など、振り返って検証します。

❹ 改善する

次の計画を立てる際、どこをどのように変えれば、より子どもの育ちにつながるかを考えます。満点の計画などあり得ません。ねらいはどうか、環境はどうかなどを考え続けることで保育者として成長します。

全体的な計画
↓
指導計画
〈長期〉年間 → 期案 → 月案
〈短期〉週案 → 日案

流れでわかる！指導計画

1 「子どもの姿」をとらえよう

「育ち」の事実を、整理して考える

　まず、現在の子どものようすを思い浮かべます。子どもの行動を羅列するのではなく、子どもがどこまで育っているのかがわかる姿を事実として書きます。また、子どもが何に興味をもち、何を楽しんでいるかをとらえます。どんなときにどんな行動をとるかも記しましょう。「ねらい」の根拠となります。

2 "こう育ってほしい"＝「ねらい」は、何？

子どもの中の育てたいもの

　「ねらい」には、子どもの中に育つもの、保育者が育てたい姿を、子どもを主語にして記します。「子どもの姿」や年、期の「ねらい」を踏まえて導き出します。このような姿が見られるといいな、という保育者の願いをいくつか書いてみると、「ねらい」にしたくなる文が出てくるでしょう。

3 さらに具体化して「内容」を考える

育ちのための具体的な方法とは？

　「ねらい」を立てたら、次にどのような経験をすればその「ねらい」に子どもが近づけるかを考えます。「ねらい」に近づくために子どもに経験させたいことが「内容」です。具体的に、日々の生活の中でこのような経験をさせたい、ということを挙げます。これも、子どもを主語にして書きます。

④ やりたくなる「環境」の準備を考える

試したくなるような環境を

　「内容」に挙げたことを、子どもが経験できるように環境を整えます。主体的に行動できるような物的環境をつくりましょう。遊具は何をどれくらい出しておくか、製作の材料は何が適当か、どのタイミングで出すかなどを考えます。時間、空間、雰囲気も大切な環境です（28ページ参照）。わくわくする環境をめざしましょう。

⑤「予想される子どもの姿」はあらゆる姿を想定

子どもはきっとこう動く！

　環境設定をしたところへ子どもが来た際、どのような動きをするか予想します。喜んで活動を始める子もいれば、ためらう子もいるでしょう。また、朝からの生活の流れも意識し、どこで話し合いをもつか、片づけるか、絵本を読むかなども考えて書いておきます。

⑥「保育者の援助」でその配慮を考えよう

子どもたちの何に配慮する？

　子どもが「ねらい」に近づくように、「内容」で挙げた事柄が経験できるための援助を考えます。「予想される子どもの姿」でマイナスな姿が予想される場合は、対策を考えて書いておきます。「〜の子には、〜する」とさまざまな想定をしておくと、援助の幅が広がります。

指導計画の文章で おさえておきたいこと

指導計画を書くときに気をつけたい、6つのポイントを紹介します。

❶ 現在形で書く

指導計画は、明日のこと、1週間先のことなど、未来に起こることを想定して書くものです。けれども、文章は「～するだろう」という未来形ではなく、「～する」という現在形で書きます。「～している」という現在進行形にもなりがちですが、文が長くなるので、避けた方がすっきり読めます。

✕ 色水あそびやシャボン玉あそびを楽しむだろう。

〇 色水あそびやシャボン玉あそびを楽しむ。

❷ 子どものリアルな姿を書く

指導計画を書いている本人は、いつも子どもと接し近くで見ているので、具体的なようすがわかりますが、主任や園長など、毎日接していない人には、どういう姿のことを指して記述しているのかイメージできないことがあります。子どものようすがリアルに思い浮かべられるような、くわしい記述を心がけましょう。

✕ 他のクラスで、のびのびと好きなあそびを楽しんでいる。

〇 5歳児クラスのジュースやさんに立ち寄り、やり取りを楽しんでいる。

❸ 「～させる」を控える

成長を促すために、さまざまな経験をさせたいと保育者は願いますが、「～させる」という文章が多いと、保育者が指示をして、子どもは従わされているような印象になります。「～するよう促す」や「～できるように配慮する」など主体的に行動する子どもを、保育者がサポートするニュアンスを大切にしましょう。

✕ 水や泥の感触を味わわせる。

〇 水や泥の感触を味わえるようにする。

❹ 「～してあげる」を控える

保育者は子どもにさまざまな援助をしますが、それを、「～してあげている」と思っているようでは困ります。子どものために保育をするのが保育者の仕事ですから、恩着せがましい表現をするのではなく、どちらかというと、「保育させていただいている」という謙虚な気持ちで書きましょう。

✕ 弁当箱の置き方を教えてあげる。

〇 弁当箱の置き方を知らせる。

❺ 「まだ～できない」視点で見ない

子どもは常に成長の過程にいます。「まだ～できない」とできていないことに着目しないで、ここまで発達したところだとできていることに着目し、育ちを肯定的にとらえましょう。そして、次の課題に向かおうとする子どもを温かい目で見つめ、立ち向かえるように陰ながら応援するのです。

✕ 気に入った遊具であそぶが、長続きしない。

〇 いろいろなあそびに興味があり、少しずつ試している。

❻ 同じ言葉を繰り返さない

子どものようすや状況を細かく説明しようとするあまり、同じような表現が続くと、ワンパターンな記述になってしまうことがあります。一文の中だけではなくそのあとに続く文章にも、同じ言葉を2回以上は使わないように心がけ、子どものようすを多様な表現でていねいに伝えるようにしましょう。

✕ 積極的に運動あそびに取り組み、友達と積極的に関わる。

〇 積極的に運動あそびに取り組み、自ら友達に働きかける。

保育環境ってなんだ？

集団の中で子どもが育つためには「保育環境」が重要です。前年度保育室を引き継ぐことも多いですが、自分のクラスの「保育環境」を、今一度考えてみましょう。

よりよい保育環境 3つの条件

- 自分の居場所と感じられる
- 思わずあそびたくなる
- 試すことができる

子どもの活動を、いかに引き出すか

保育環境とは、「保育するための環境」を意味しますが、子どもの育ちを引き出すものである必要があります。単純にかわいらしいものという側面よりも、子どもの成長にどうつながるものであるかを考えましょう。「ねらい」に近づく経験ができることが、第一です。

物的環境

用具や遊具は発達に合わせて

保育は子どもの主体的な活動があって、初めて実践されるものです。子どもの発達に合わせたおもちゃや遊具、用具や素材など、子どもが興味をもってやってみたくなるあそびを準備することが基本です。製作あそびの際に、子どもが自分で好きな素材や用具を選べるように置いてあったり、見本になるものがかざってあったりということが大切です。目の前の子どもが、思わずあそびたくなる環境を考えましょう。

人的環境

保育者、友達、家族、地域の人々が子どもを育てる

子どもをいつも見守る保育者もまた、環境の1つです。困ったときには力になる、不安なときには抱きしめて笑顔を見せる保育者は、子どもにとって心の支えです。信頼できる保育者がいるからこそ、安心して保育室や園庭、ホールであそぶことができるのです。保育者は笑顔や温かい話し方、何でも受け入れる態度を常に心がけましょう。また、友達の存在や地域の人々も、子どもにとっては大切な人的環境です。

空間

「わたしの空間」と「わたしたちの空間」

砂場であそんでいる子どもにとって、砂場は「わたしの空間」で、友達があとから砂あそびを始めると「となりの子の空間」ができます。しかし、砂場に作った穴に水が流れ出して2人で池作りが始まると、砂場は2人にとって「わたしたちの空間」となります。子どもは「わたしの空間」「わたしたちの空間」として感じられないと、あそぶことはできません。そう感じられる環境づくりが、子どものあそびを支えます。

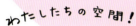

時間

身体リズム＋充実できる時間を配慮

園生活は子どもの身体リズムを考慮して計画を立てましょう。1日のメインとなる活動は、脳の働きが活性化する午前10時から11時ごろが最適です。昼食後は眠くなるので静かに過ごし、エネルギーがみなぎる午後、再び体を動かしてあそびます。降園前は絵本などで気持ちを落ち着かせ、今日のあそびや明日の活動について、みんなで話し合う時間をもってもよいでしょう。

雰囲気

温かく、その場に応じた空気を

園生活で大切なのは、「温かい雰囲気」です。保育者がいつでも子どもたちを温かく迎え入れる雰囲気は、何より子どもたちの心をなごませます。

ほかの子どもたちの明るい声やにぎやかな歓声も、子どもを引きつける雰囲気です。一方、絵本を見るときや保育者の話に耳を傾けるときには「静かな雰囲気」が必要ですし、避難訓練では「緊迫した雰囲気」が不可欠です。このように、その場に応じた雰囲気をつくることも、保育者の仕事です。

春の小川にお散歩

小川をのぞくと、気持ちよさそうに泳ぐメダカやオタマジャクシを発見！ ツクシは、厚紙に綿を貼ったものを不織布で包み、立体的に作ります。

材料 色画用紙、画用紙、厚紙、不織布、エアパッキン、スズランテープ、綿

型紙 278ページ

ポイント

小川は、色画用紙にエアパッキンを貼って表現します。油性ペンで模様を描き、水が流れている雰囲気に。

壁面かざり

春

こいのぼりに乗って大空へと出発！

大きなこいのぼりに乗って、動物たちが空を気持ちよさそうに飛んでいます。包装紙で作るうろこは、同系色でまとめるのがポイントです。

材料　色画用紙、画用紙、折り紙、包装紙、空き箱

 型紙 278ページ

ポイント
こいのぼりは、色画用紙を筒状にして作り、筒の中に空き箱を入れてつぶれないようにします。

子どもと作る　タンポポがいっぱい！

新年度のスタートを春らしいタンポポで明るく彩りましょう。背景は、ところどころに切り込みを入れて折ると、アクセントになります。

材料 色画用紙、画用紙、お花紙、タンポ（ガーゼ・綿・割りばし・輪ゴム）

 型紙 279ページ

子どもの作品

① 保育者がガーゼに綿をのせたものに割りばしを差して輪ゴムでとめ、タンポを用意します。色画用紙に丸を描いておきます。

② 色画用紙を線に沿って丸く切り、絵の具をつけたタンポを押します。

③ ②の周囲を短く切り込みを入れるように破り、折って立ち上げます。

子どもと作る　小鳥たちの大きな木

クレヨンの上から絵の具を塗る、はじき絵で小鳥を作ります。あらかじめ、保育者が試作をして絵の具の濃さを調整しておきましょう。

材料　色画用紙、画用紙、クラフト紙、片段ボール、紙テープ、レースペーパー

型紙 279ページ

子どもの作品

1. 画用紙に薄い色のクレヨンで描きます。
2. 上から絵の具で塗ります。
3. 画用紙の目、色画用紙のくちばし、レースペーパーの羽、紙テープの尾羽を貼ります。

壁面かざり　春

夏

壁面かざり

雨の中をカタツムリがお散歩

アジサイにカタツムリ、カエルと梅雨らしいアイテムが盛りだくさん！ アジサイの小花は、お花紙を四つ折りにして切ると作りやすいです。

材料 色画用紙、画用紙、お花紙、キラキラ折り紙、紙皿、キラキラテープ、キラキラモール

型紙 280ページ

ポイント

カタツムリの殻は、紙皿にはギザギザに切ったキラキラテープを、色画用紙にはキラキラモールを渦巻き状に貼ります。

天の川を渡る織姫と彦星

七夕の夜、キラキラ輝く天の川を越えて、再会にうれしそうな織姫と彦星。子どもたちに七夕の由来などを話すきっかけにもなります。

材料 色画用紙、画用紙、キラキラ折り紙、モール、キラキラモール、チュール

型紙 280ページ

hekimen → hekimen35

ポイント
星は、色画用紙にふんわりしたチュールと、先端を丸めたモールを組み合わせます。

壁面かざり　夏

雨を降らせる妖精たち

子どもと作る

雨が降るのは、妖精たちが雲の上からじょうろで水をまいているからかも!?　くしゃくしゃともんだ紙で雲の質感を表現します。

材料　色画用紙、画用紙、キラキラ折り紙、曲がるストロー、ビー玉

型紙 281ページ

子どもの作品

1. 保育者が裏にかさの形を描いた画用紙の端を切って折り、テープでとめて箱状にします。

2. ①の中で絵の具をつけたビー玉を転がし、絵の具の色をかえて繰り返します。

3. かさの形の線に沿って切り、ストローの柄をテープで貼ります。

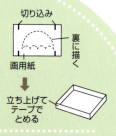

ヨットで海をスイスイ

子どもと作る

動物たちがイルカに乗ってジャンプする夏らしさいっぱいの壁面かざりです。折り目をつけた紙テープで波を表現します。

材料 色画用紙、キラキラ折り紙、紙テープ、カラーポリ袋、曲がるストロー、ビニールテープ、カラー布テープ

型紙 281ページ

子どもの作品

1. 保育者がカラーポリ袋を三角に切ります。
2. ①に油性ペンで描いたり、ビニールテープやカラー布テープを貼ったりします。
3. ②の裏からストローを2本テープで貼り、ストローの先に色画用紙の船体をテープで貼ります。

壁面かざり　夏

壁面かざり

ブレーメンの音楽隊

子どもたちにもおなじみの「ブレーメンの音楽隊」のお話を壁面かざりにしました。動物たちの鳴き声に驚く泥棒がユーモラスです。

材料 色画用紙、画用紙、キラキラ折り紙、片段ボール、布

型紙 282ページ

hekimen → hekimen38

ポイント
動物たちの洋服は、水玉やチェックなどの柄のある布を貼ると、にぎやかになります。

壁面かざり

秋

たくさん木の実を拾ったよ！

台車いっぱいの木の実にとってもうれしそう！ 秋らしい光景に、どんぐりや松ぼっくり、色づいた葉っぱを探しに行きたくなります。

材料 色画用紙、フェルト、布、モール

型紙 282ページ

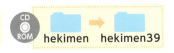

ポイント 木の実や葉っぱは、フェルトや柄のある布を組み合わせたり、モールを加えたりして、変化をつけます。

♪とんぼのめがね

 子どもと作る

「とんぼのめがね」の歌をイメージして壁面かざりにしました。「どんな色の空を飛んだのかな?」と会話も広がります。

材料 色画用紙、画用紙、紙テープ、綿ロープ、へら

型紙 283ページ　CD-ROM　hekimen → hekimen40

子どもの作品

① 画用紙を切ります。明るい色のクレヨンで塗った上から濃い色のクレヨンで塗ります。

② ①をへらなどで引っかき、模様をつけます。

③ 色画用紙の体に紙テープの羽を貼り、②を貼ります。

子どもと作る　おいしそう！お菓子の家

みんなの作品が「ヘンゼルとグレーテル」のお菓子の家に変身！　へらで描いたり、キャップでへこませたりして模様をつけます。

材料　色画用紙、画用紙、チロリアンテープ、軽量粘土、ひも、へら、ペンなどのキャップ

型紙 284ページ

子どもの作品

1. 軽量粘土を平らにのばし、へらやキャップなどで模様をつけます。

2. ①に筆で絵の具を塗ります。

3. ②の裏に、保育者がひもをテープで貼ります。

壁面かざり　秋

壁面かざり 冬

サンタクロースがやってきた！

「サンタさん、もうすぐ来るかな？」「プレゼント、何かな？」とクリスマスが待ち遠しい！サンタの袋は、厚紙に貼った綿を布で包み、ふんわりと作ります。

材料 色画用紙、画用紙、厚紙、布、綿、リボン

型紙 285ページ

ポイント

リースやベルなどには、色とりどりのリボンの束を組み合わせ、曲線を描くように貼ると、華やかになります。

ペッタン！ペッタン！おもちつき

着物姿の動物たちがお正月らしい壁面かざりです。千代紙を組み合わせると、ぐんと和の雰囲気になります。

材料 色画用紙、画用紙、厚紙、キルト芯、千代紙

ポイント

おもちは、厚紙にキルト芯を貼って作ります。質感がおもちの表現にぴったりです。

壁面かざり　冬

子どもと作る クリスマスの夜には…

サンタクロースとトナカイがプレゼントを届けにやってきました。子どもの作品を丸く並べ、大きなリースに見立ててかざります。

材料 色画用紙、画用紙、紙皿、キルト芯、キラキラモール、リボン、毛糸、ビーズ、ビニールテープ、カラー布テープ

型紙 286ページ

子どもの作品

1. 保育者が紙皿の中心を切り取り、周囲に穴開けパンチで穴を開けます。
2. 毛糸の先をテープでとめ、ビーズを通しながら紙皿の穴に通します。
3. ペンで描いたり、ビニールテープやカラー布テープを貼ったりします。

子どもと作る　キラキラ輝く雪の結晶

空から降ってくる雪の結晶が冬らしい壁面かざりです。2色を組み合わせたスズランテープやキラキラモールをあしらいます。

材料 色画用紙、カラー工作用紙、布、毛糸、スズランテープ、モール、キラキラモール

型紙 286ページ

子どもの作品

1. 保育者が六角形のカラー工作用紙の角に切り込みを入れます。
2. ①の裏に毛糸の先をテープでとめ、切り込みに引っかけながら毛糸を巻きます。
3. ペンで描きます。

壁面かざり　冬

お誕生表

壁面かざり

スイーツいっぱいのお誕生表

ケーキにプリン、ドーナツなど、子どもたちの大好きなスイーツが勢ぞろい！お誕生月には、中央のテーブルに移動させて目立たせます。

材料 色画用紙、画用紙、包装紙、フェルト、リボン、ビーズ、スパンコール、レース、モール

型紙 287ページ

ポイント

お菓子は、色画用紙とフェルトを組み合わせたり、スパンコールやビーズをあしらったりします。

Part 1

今日から役に立つ！

クラスづくり

- 子どもの心と姿
- 環境構成＆援助
- 製作
- 絵本
- お絵かき なぞなぞ うた・手あそび
- 行事のことばかけ
- あそび
- 読み取ろう！子どもの育ち

1年間の見通しカレンダー

クラス運営をスムーズに進めるには、1年間の見通しを立てることが大切です。毎月どんな園行事があるのか、まず把握しておきましょう。

4月 新学期は保護者と信頼関係を

- 進級式
- 保護者会
- 個人面談

5月 連休明けは体調管理に注意

- 遠足
- 健康診断

6月 プール開きは安全に配慮して

- 歯科検診
- プール開き
- 保育参観

7月 七夕には星への興味を

- 七夕集会
- 終業式

8月 ダイナミックな水あそびを

- 夏祭り
- お泊まり保育
- 夏季保育

9月 戸外で十分に体を動かそう

- 始業式
- お月見

10月 運動会は達成感を大切に

- 運動会
- いもほり
- 遠足

11月 秋の自然物で楽しもう

- 保育参観
- 個人面談

12月 年末の行事で忙しい時期

- 発表会
- もちつき
- クリスマス会
- 終業式

1月 寒さに負けず体を動かそう

- 始業式

2月 表現豊かに共同製作を

- 作品展
- 保護者会

3月 成長の喜びを受け止めよう

- ひな祭り
- お別れ会
- 修了式
- 卒園式

月のクラス運営

大きくなった姿を受け止めて	新しいクラスに期待をもって登園する子どもたち。その気持ちを受け止めつつ、一人一人の生活習慣やあそびの傾向などを把握していきましょう。
好きなあそびが十分できるように	新入園児には、園は好きなあそびを友達と楽しめる場所だということを感じられるようにします。進級児には、新入園児を誘いながらあそべるように保育者が仲立ちをします。

4月の子どもたち

子どもの心と姿

何をすればいいの?

「これ、どうするの?」「何をしたらいいの?」「先生、いっしょにあそぼう」。新年度が始まりうれしい反面、不安な気持ちもあります。保育者に「好きなことをしてあそんでいいよ」と言われても、何をどうしたらよいか、とまどうこともあります。

友達といっしょがうれしい

「ねえねえ、こっちに来てー」「なになに?」「ほら、見て見て」と、くっついてあそぶ子どもたち。2人が3人になり、3人が4人になり…。仲よしの友達といっしょにいることが、心のよりどころです。

とにかくいっしょにいるのが楽しい仲間。

失敗しちゃった、どうしよう!

急いでトイレへ行ったけど失敗しちゃった…、水道の蛇口をひねったけど…、おもちゃを次々に出したけど…。やんちゃも失敗も、今のその子らしさです。保育者や友達といっしょに、ていねいに確認しながら、適切な方法を覚えていきます。

まだあそんでいるのに…

「そろそろ集まって」という呼びかけに、「もっとあそびたい」「(ままごとの)ホットケーキが焼けるのに」と不満顔。「じゃあ、ホットケーキを食べるまでね」。子どもが納得できる区切りがあれば、次の行動へ移れます。

風であそぶの、楽しいね

気持ちよい風が吹く日は、レジ袋で作った凧や風呂敷などを広げて風を受けてあそびます。自然の風に吹かれる気持ちよさと、目に見えない風であそぶ楽しさを感じています。

ねらい

* 新しい環境に慣れ、安心して生活を進める。
* 保育者や友達に親しみ、好きなあそびを楽しむ。
* 身近な春の自然にふれてあそぶ。

環境構成 & 援助

玩具は前年度のものが安心

　進級したばかりの子どもは喜びがある一方、環境の変化で不安なこともあります。玩具は前年度にあそんでいたものが安心できるでしょう。

いつものコレ！

春の季節を感じられるあそび

　サクラ、タンポポ、テントウムシ、そよ風…。春ならではの草花や昆虫、自然事象に子どもは興味津々。柔らかな春の日差しの心地よさを感じられるあそびを設定しましょう。

気持ちの表し方は子どもそれぞれ

　新しい環境にとまどいを見せる子もいます。保育者が心のよりどころになるよう、子どもの声に耳を傾けましょう。また、あそびをやめない姿も成長のしるしとして見守りつつ、援助します。

友達とのんびりできる場を

　友達で集まってあそんだり、絵本を読んだりすることで、みんなといっしょにいる楽しさを感じられます。温かな日差しのある廊下に、マットやござを敷き、子ども専用のくつろぎの場を作るのもよいですね。

チェックリスト ✓

- ☐ 新入園児と積極的に関わり、園内の案内をしたり、園の生活の流れを伝えたりする。
- ☐ 保護者に持ち物への記名をお願いする。
- ☐ 前年度からの変更点を、子どもにわかりやすく掲示する。
- ☐ 玩具は、前年度から親しんでいるものを選ぶ。

製作 4月のアイデア

[紙皿のピザ]

トッピングを楽しんで

材料
紙皿、折り紙、色画用紙

作り方

1 紙皿を切る
紙皿を好きな大きさのピザになるように切ります。

2 紙を貼る
1に色画用紙や折り紙で作った具を貼ります。

[紙コップで作るけん玉]

手作りおもちゃであそぼう！

材料
紙コップ、丸シール、クラフト紙、ビニールテープ、毛糸

作り方

1 ペンで描く
紙コップにペンで描き、丸シールを貼ります。

2 毛糸を貼って丸める
クラフト紙に毛糸の先をテープでとめてから丸めます。上からビニールテープを巻きます。

3 紙コップにつける
保育者が1にパンチで穴を開け、毛糸を穴に通して結びます。

お絵かき

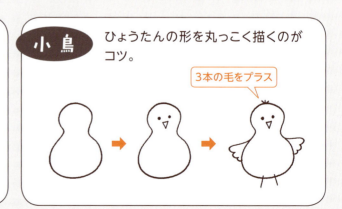

花 真ん中の丸をはじめに描き、リズミカルに5つの花びらをつなげます。
花芯は丸く

小鳥 ひょうたんの形を丸っこく描くのがコツ。
3本の毛をプラス

絵本

「はじめまして」
作／新沢 としひこ　絵／大和田 美鈴
鈴木出版

ねこくんもぞうさんもピアノさんもみんな「はじめまして」のごあいさつ。メロディーにのせて楽しく読めます。

「もぐらバス」
作／佐藤 雅彦、うちの ますみ
偕成社

地面の下を走るもぐらバス。ある日、タケノコが行く手をふさいでしまいます。おいしい結末におなかが鳴りそうです。

「じっちょりんのあるくみち」
作・絵／かとう あじゅ
文溪堂

道端や側溝下から草花が生えるのは、じっちょりん一家が種をまいているから。身近な植物への関心を誘います。

「めのまどあけろ」
文／谷川 俊太郎　絵／長 新太
福音館書店

朝、目を開けて着替えてといった動作が小気味よいテンポと言葉でつづられます。うたうように読んでみましょう。

「あいうえおべんとう」
作／山岡 ひかる
くもん出版

「あ」から「ん」まで、それぞれの文字を使ったお弁当が登場。「どのお弁当が食べたい？」と話を膨らませてみて。

「ともだち いっぱい」
作／新沢 としひこ　絵／大島 妙子
ひかりのくに

「ともだちのともだちはともだち！」を合言葉に人、もの、自然…と友達の輪がどんどん広がっていく楽しい一冊。

Part 1　クラスづくり　4月

なぞなぞ

Q 入園式にわくわくしている人って、だーれだ？
　　A 先生（友達、みんな）

Q 風が吹くとフワフワがいっぱい飛んでいく花は？
　　A タンポポ

Q 春にやってくる、楽しいなみって、なーんだ？
　　[ヒント]サクラの木を見に行くよ　A お花見

うた

♪ せんせいとお友だち
作詞／吉岡 治　作曲／越部信義

♪ さんぽ
作詞／中川李枝子　作曲／久石 譲

♪ 小さな世界
作詞・作曲／R・M・シャーマン、R・B・シャーマン　日本語詞／若谷和子

♪ ありさんのおはなし
作詞／都築益世　作曲／渡辺 茂

手あそび・うたあそび

♪ あなたのおなまえは
作詞／不詳　インドネシア民謡

♪ はじまるよったら はじまるよ
作詞・作曲／不詳

♪ あたま かた ひざ ポン
作詞／不詳　イギリス民謡

♪ これくらいの おべんとばこに
わらべうた

行事のことばかけ

入園式

新しい友達を迎える日

 ポイント 1つ大きくなったことを自覚し、小さな友達への思いやりの気持ちがもてるよう話します。

　新しいクラスの始まりですね。今日、先生は目が覚めたら、少しオトナになった気分でした。みんなは、今朝、何か感じましたか？　そう、○○くんはお兄さんになった気分？　○○ちゃんはお姉さんになった気分？　これからホールで入園式です。園長先生から1つ大きくなったお祝いに、新しい名札もいただきます。入園式は、新しいお友達が入ってくる日です。みんなも名前を覚えてお友達になりましょうね。

誕生会

大切な日をお祝いしよう

 ポイント 一人一人に誕生日があることを伝え、誕生日の友達をみんなでお祝いしましょう。

　これから○月生まれのお友達の誕生会を始めます。お母さんのおなかの中から元気に生まれてきた日、それが誕生日ですね。一人一人に1年に1回、誕生日があります。ここに誕生日の王冠をかぶったお友達が座っていますね。みんなで「おめでとう」とお祝いしましょう。誕生日を迎えると、みんなは5歳になります。お父さん、お母さんにとっても今日は大切な日です。この大切な日を、みんなでいっしょにお祝いしましょう。

ちょこっと ことばかけ

散歩　チューリップ

　チューリップには、いろいろな色や形があるよね。種類がたくさんあって、世界中のチューリップを集めると、5000種類以上あるんだって。

食育　イチゴ

　イチゴは葉っぱのついているほうよりも、とんがっているほうが甘いんだって。色がきれいでよい香りがするものがおいしいといわれているよ。

季節　お花見

　サクラの花を楽しみながら、お弁当を食べたりすることを「お花見」というよ。お花見は、昔から日本人が楽しんできた行事なんだ。

4月のあそび

`1対1` `ふれあい` `リズム感覚`

トン・パン・タッチ

ねらい
* 友達と関わる楽しさを体験する
* リズムに合わせて体を動かす

あそび方

1 手を合わせる

2人組になり、『とうさんゆびどこです』のリズムで「♪トントンパンパン…」と言いながら、手拍子2回、友達と両手タッチ2回を2回繰り返します。

2 お尻を振る

「♪フリフリフリー　フリフリフリー」と言いながら、手を腰に当ててお尻を振ります。

3 回ってお尻タッチ

「♪ぐるりとまわり」で、それぞれくるっと後ろを向いて、「♪おしりでタッチ」でお尻とお尻を合わせます。

4 握手する

「♪あくしゅ　あくしゅ」で握手をします。

ことばかけ

「リズムに合わせて体をいっぱい動かそう。まずは手から始めるよ」

保育者の援助

まずは2人組になる友達を探せるよう、言葉をかけます。1人になる子がでたら、3人になったり保育者とペアになったりしてあそびます。

バリエーション

人数を増やす

4人組、8人組…と人数を増やしていきます。状況が変わり、初めは戸惑う子どもたちも次第に楽しむようになります。

みんなで　ふれあい　ルール

お家に入ろう

ねらい
* 友達と関わりをもち、協力し合う喜びを知る

あそび方

1 2チームに分かれる

2人組になって、お家チームとお散歩チームに分かれます。お家チームはランダムに散らばり、向かい合わせになってトンネルを作ります。

2 トンネルをくぐる

『ロンドン橋』のリズムで「♪おうちのなか　はいろうはいろう…」と全員でうたいながら、お散歩チームは手をつないで歩きトンネルをくぐります。

3 最後のフレーズでトンネルに入る

歌の最後「♪はいりましょう」のフレーズで、ちょうどトンネルに入れたら成功! お家チームとお散歩チームを交代してあそびを繰り返します。

お散歩チーム　お家チーム

ことばかけ

「歌に合わせてトンネルをくぐろう。最後にうまくくぐれるかな」

保育者の援助

あそびのルールを伝えるときは、お家チーム役になって説明するとあそびの内容が理解しやすくなります。子どもの人数が合わないときは、お散歩チームを1組3人にします。

バリエーション

ゆっくりテンポで

歌のテンポや動作を遅くしてみましょう。ペアの相手とリズムや息の合わせ方を自然と身につけられるよう促すことも大切です。

| 自然 | 外あそび | 表現 |

ジャンボジャンボケーキ

ねらい
* 砂や土の感触を楽しみながら、友達と1つのものを作る

準備する物
たらい、シャベル、プリンなどの空き容器

あそび方

1 土台作り

大きめのたらいに土や砂を入れて、しっかりと固めます。その後、保育者といっしょにたらいを引っくり返します。ケーキの土台が完成です。

2 飾りつけ

空き容器を使って小さいケーキを作って重ねたり、葉っぱや花びらなどで飾りつけしたりして仕上げをしていきます。

Part 1 クラスづくり 4月

あそびのヒント

ことばかけ
「新しいクラスだね。お祝いのケーキをみんなで作ろう」

保育者の援助
ケーキの土台を作るときには、壊れない硬さになるよう「水を入れてみようか?」など子どもに声をかけながら、保育者が調整していきます。

ケーキを囲んで
できあがったケーキをみんなで囲んで、歌をうたったり名前を言い合ったりして進級を喜び合えるように促しましょう。

絵の具　表現　じっくり

菜の花さいた！

ねらい
* 筆のいろいろな使い方を楽しみながら描く

準備する物
黄色の溶き絵の具、青色の溶き絵の具、筆、色画用紙

あそび方

1 茎を描く

黄色と青色の溶き絵の具を混ぜて緑色を作ります。用意した色画用紙に「ぐいーっ」と言いながら下から上に向かって茎を描きます。

2 葉を描く

「もじゃもじゃ」と言いながら、茎の両側に葉っぱを描きます。

3 花を描く

黄色の絵の具で「てんてんてん」と言いながら、花を描きます。菜の花の完成。

ことばかけ
「ぐいーっと茎が伸びて、もじゃもじゃ葉がつき、てんてんと花が咲いてるよ」

保育者の援助
絵を描くのが苦手な子も、オノマトペを使いながら描くと楽しめます。保育者が最初に声を出しながら描いてみせるとわかりやすいでしょう。

あそびのヒント

共同製作

描画に慣れているクラスなら、大きな紙に子どもが並んで描いてもいいでしょう。その際は、隣の友達と腕がぶつからないように配慮します。

菜の花畑だ

| 跳躍力 | 脚力 | 瞬発力 |

大人のカンガルー

ねらい
* ジャンプすることを楽しむ

あそび方
1. ひじを曲げ、両方の手首を胸の前で軽く曲げます。
2. 両足のひざを閉じて、前へジャンプします。

保育者の援助
前にジャンプするのが難しい子には、床に印をつけて、まずはその場でジャンプするように促しましょう。

ひざはピッタリ閉じます。

Part 1 クラスづくり 4月

| 支持力 | 逆さ感覚 | 協応性 |

トンネルジャンケン

ねらい
* 逆さの感覚を楽しむ

準備する物
マット

あそび方
1. 子どもは2人1組になります。マットの上で背中合わせになって足を開いて立ち、体の前に両手をつきます。
2. 足の間から顔を出して互いに顔を合わせ、片手でじゃんけんをします。

あそびのポイント
逆さの感覚を体験することができるあそびです。しっかり両手をついてのぞき込みます。

互いにお尻をつけます。

読み取ろう！子どもの育ち 4月

新年度で緊張しがちな4月には、友達とふれあうあそびがぴったり。その活動のなかでの育ちを読み取りました。

トン・パン・タッチ (p55) より

リズムに合わせて友達といっしょに体を動かし、ふれあいを楽しんだ。

Aくん

引っ越してきたばかりで、4歳児クラスから入園したAくん。まだ園生活に慣れず、最近やっと友達の名前を覚えてきたところだ。はじめは静かに見ていたが、Bちゃんから「Aくん、いっしょにやろうよ」と声をかけられると笑顔になり、教えられながら楽しんで踊った。

関連する10の姿：自立心

読み取り

【この場面での育ち】

やっと友達の顔と名前がわかってきた頃なので、2人組で向き合ってふれあうことに抵抗があったのだろう。でも名前を呼ばれて誘われたことがうれしく、一歩踏み出せたようだ。友達との距離が近くなった時間だったと思われる。

今後の手立て

笑顔で友達とふれあえたのは、大きな成長だと思う。親しみがもてる友達ができることで、園がAくんにとって前向きに行きたくなる場所となり、安心して生活できる場になるだろう。あそびを通じて気の合う友達を見つけられるように支援し、成長を見守っていきたい。

Bちゃん

ダンスが得意なBちゃんは、何回かリズムあそびを楽しんだあと、周囲を見渡し、戸惑っているようすのAくんに気がついた。積極的に「Aくん、いっしょにやろう」と声をかけ、腰の振り方やお尻タッチを大きな動きでおもしろくし、Aくんと目を合わせて楽しくあそんだ。

関連する10の姿：豊かな感性と表現

読み取り

【この場面での育ち】

リズムにのって体を動かしていたBちゃん。Aくんに自分から声をかけて目を合わせて誘う姿に、優しさと成長を感じることができた。友達への親しみを自ら示し、相手を受け入れようとするところに育ちがあったと考える。

今後の手立て

ダンスが得意だという思いが、Bちゃんを安定させ、困っている友達に手を差し伸べるという心の余裕をもたらしたのだろう。得意なことをもっと伸ばせるように、リーダー的な役割を任せることも考えたい。

5月のクラス運営

やりたいあそびに取り組める環境を
環境にも慣れ、自分の思いが出はじめる頃です。やりたいあそびができるように、用具などを使いやすい場所に準備し、スムーズに活動できるようにします。

安全に生活できるように
気候のよい時期、園外保育や散歩に行く機会が増えます。交通安全や集団でのルールに気づけるよう、折にふれ言葉をかけていきましょう。

5月の子どもたち

子どもの心と姿

お気に入りのあそびは、これ!

　園での「お気に入りのあそび」が見つかり、砂あそびや積み木あそび、お姫さまごっこなど、それぞれのあそびに夢中になっています。「ああ、楽しかった。また明日もやりたいな」という満足感と、明日への期待を抱えながら降園します。

集まってあそびたい!

　頭をくっつけ合って、地面を見つめる子どもたち。人見知りをしていた子どもも、少しずつ関係を深め、いつの間にかいっしょにあそんでいます。集まってみんなであそぶのが楽しい時期です。

土や石、枝があれば、友達と十分あそべます。

友達がいないと心配…

　「遅いなあ」「早く来ないかな」「今日はお休みなのかな?」。仲よしの友達が登園してくるのを待って、いっしょにあそぼうとします。そして、友達と同じものを使ったり、小物を身につけて踊ったりして、友達と同じことをしてあそびます。

暑いな、着替えよう!

　天気がよい日は気温が上がります。動いたあとは「暑い!」「汗かいたよ!」と、着替えコーナーへ。着替えは自分でできるようになりました。中にはめんどうだなという気持ちから、なかなか進まない子どももいます。

ハンカチ落とし、やろうよ

　簡単なルールの集団あそびが楽しく、「〇〇をやりたい人!」と仲間を募ってあそびます。ときどきトラブルも起こりますが、いっしょに活動するのは楽しいようです。

ねらい

* 園の生活に慣れ、身の回りのことを自分で行う。
* 友達のあそび方をまねたり、言葉を交わしたりしてあそぶ。
* 自分のやりたいことを見つけ、工夫して楽しむ。

環境構成 & 援助

ロッカーも自分で整頓を

ロッカーの近くに、かばんの置き方や引き出しの中の整頓の仕方などを掲示しておきます。やり方がスムーズに理解でき、身の回りのことを自分でやろうという気持ちになります。

わかりやすい！

イメージが広がるものを用意

色や形、名前や数など、多様な言葉が自然に出るような素材や用具を取りそろえましょう。友達同士の言葉のやりとりでイメージを広げ、お店やさんごっこを楽しみます。

クラスみんなでイメージを共有

少し長めのお話や絵本も集中して聞けるようになります。みんなで集まって絵本を見る時間を設け、イメージを共有することで、次のあそびに展開できるよう導きましょう。

思いきり体を動かす楽しさを

戸外あそびが楽しい時期。簡単なルールのある集団あそびやかけっこなど、保育者がいっしょにあそびながらおもしろさを伝え、思いきり体を動かす楽しさを味わえるようにします。

✓ チェックリスト

- ☐ 家庭を恋しがる子にも楽しい環境を整える。
- ☐ 近隣の公園を下見し、散歩先に検討する。
- ☐ 初夏に向けて栽培しやすい野菜を植える準備をする。
- ☐ 子どもの声に耳を傾け、アイデアをあそびに取り入れる。
- ☐ 戸外あそびのあとは汗をふき、手洗い・うがいをするよう伝える。

Part 1 クラスづくり 5月

製作 5月のアイデア

[お絵描きこいのぼり]

自由に絵の具で描こう！

材料
画用紙、色画用紙

作り方

1 絵の具で描く
画用紙に絵の具で描きます。

2 紙を折って貼る
1を三つ折りにして貼ります。色画用紙と画用紙で作った目を貼り、尾の形に切ります。

[手作りスタンプこいのぼり]

身近なものをスタンプに

材料
色画用紙、画用紙、芯材、段ボール、片段ボール

作り方

1 スタンプを押す
色画用紙に、絵の具をつけた芯材や段ボール、丸めた片段ボールなどでスタンプを押します。

2 紙を折って貼る
1を三つ折りにして貼ります。画用紙と色画用紙で作った目を貼り、尾の形に切ります。

お絵かき

ダンゴムシ
だ円を描いて、縦線を等間隔に描くのがポイントです。

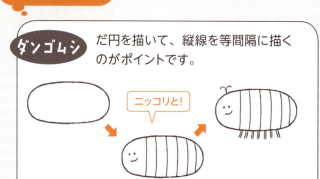

ニッコリと！

車
帽子のような形にタイヤを2つ。ライトや窓はシンプルに！

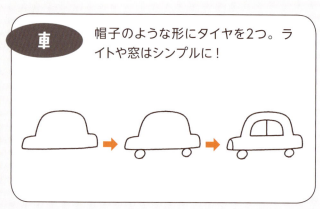

絵本

こどもの日

「ちいさなこいのぼりのぼうけん」
作／岩崎 京子　絵／長野 ヒデ子　教育画劇

子どもたちの作った折り紙のコイが、外へと抜け出し…。折り方も紹介されているので製作に取り入れてみて。

遠足

「えんそくバス」
文／中川 ひろたか　絵／村上 康成
童心社

遠足のバスはみんなをのせて右へ左へ揺れながら目的地へ。バスの動きに合わせて体を動かして読んでみましょう。

あそび

「おはいんなさい」
文・絵／西平 あかね
大日本図書

「ゆうびんやさん、おはいんなさい」と大なわ跳びを始めたら、本物の郵便やさんが入ってきて手紙を落とし…。

家族

「だめだめママだめ！」
文／天野 慶　絵／はまの ゆか
ほるぷ出版

ある朝、ママが"だめママ"に。いつも叱られている子どもが「ママだめ！」と叱る、立場逆転劇が笑えます。

言葉

「す〜べりだい」
作・絵／鈴木 のりたけ
PHP研究所

公園のすべり台がどんどん変てこな形に。抑揚をつけるなど読み方次第で楽しみ方がぐんと広がります。

うた

「ねこのピート だいすきなしろいくつ」
作／エリック・リトウィン　絵／ジェームス・ディーン　訳／大友 剛　文字画／長谷川 義史　ひさかたチャイルド

真っ白な靴で出かけたネコのピート。途中で靴が汚れても…。「かなりさいこう！」とみんなでうたえば楽しさ倍増。

Part 1　クラスづくり　5月

なぞなぞ

Q 最初はいっぱい、帰りは空っぽ。なんのこと？
　A お弁当箱

Q ドキドキ…チクン！　エーン、がまんがまん。これ、なーんだ？
　〔ヒント〕病気になるのを防ぐもの　A 注射

Q イチはイチでも赤くて甘いイチ、なーんだ？
　A イチゴ

うた

♪ **こいのぼり**
作詞／近藤宮子　無名著作物

♪ **おかあさん**
作詞／田中ナナ　作曲／中田喜直

♪ **おもちゃのチャチャチャ**
作詞／野坂昭如（補詞）／吉岡 治
作曲／越部信義

♪ **やぎさんゆうびん**
作詞／まど・みちお　作曲／團 伊玖磨

手あそび・うたあそび

♪ **のねずみ**
作詞／鈴木一郎　イギリス曲

♪ **手をたたきましょう**
訳詞／小林純一　チェコスロバキア民謡

♪ **ちいさなはたけ**
作詞・作曲／不詳

♪ **いっちょうめのどらねこ**
作詞・作曲／阿部直美

行事のことばかけ

こどもの日　5月5日

こいのぼりやかぶとでお祝い

ポイント 自分が元気に育っていることに気づけるとよいですね。

　もうすぐ「こどもの日」です。園庭に大きなこいのぼりが立っていますね。なぜ、こいのぼりをかざるか知っていますか？　コイは川や滝を力強くのぼっていく魚だから、みんなもそんなふうに大きく元気に育つようにという、願いをこめて昔からかざるのです。かぶとや五月人形をかざるおうちもあるかもしれませんね。それも、同じような願いがこめられているんですよ。

遠足

広い公園で楽しくあそぼう

ポイント 持ち物は絵カードを使って視覚的に説明すると、子どもに伝わりやすいでしょう。

　明日は、いよいよ遠足です。〇〇公園までバスに乗って行きます。〇〇公園はとっても広くて、たくさん遊具があります。みんなで楽しくあそびましょうね。今から明日持ってくる物のカードを出すので、よく見てくださいね。お弁当、水筒、レジャーシート、お手ふき、ビニール袋、ティッシュ、ハンカチです。おうちに帰ったら、忘れ物をしないように用意しましょう。早めに寝て、明日は元気いっぱいで出かけましょうね。

ちょこっと ことばかけ

散歩　テントウムシ

丸っこい赤い体に黒い点々が7つあるのはナナホシテントウ。枝などの先にのぼって、太陽のほうに向かって飛び立つんだよ。

食育　ちまき

もち米などを笹の葉にくるんで縛り、蒸した食べ物をちまきというよ。5月5日に食べるという習慣は、中国から伝わったんだ。

季節　潮干狩り

砂浜でアサリをとることを潮干狩りというよ。アサリには管が2本あって、エサや水を吸いこんだり、いらない物を出したりしているんだ。

5月のあそび

保育者と **ルール** **体を動かす**

宝物を取りにGO！

ねらい
* 体を思いきり動かしてあそぶ
* 目標に向かう楽しさを味わう

準備する物
マット、宝物（紅白玉など）、箱

あそび方

1 宝物を取りに行く

スタートの合図で、マットの上のおに（保育者）に捕まらないように、必ずマットの上を通りその先にある宝物を目指します。

2 宝物を箱に入れる

宝物までたどりついたら、箱から1つとり、外側を通ってスタート地点の箱に宝物を入れ、再びスタートします。数回、繰り返します。

ことばかけ
「宝物を探しに行こう。おにに捕まらないよう気をつけて！」

保育者の援助
おに役の保育者は、基本的に子どもを捕まえるふりだけします。臨機応変に動きましょう。子どもの名前を呼びながら楽しくあそびます。

あそびのヒント

おにはオーバーリアクションで

おに役の保育者は、向かってくる子どもたちに大げさに反応しましょう。「こっちに来そうだ」「あ〜、しまった！」など大きな動作と声で演じると盛り上がります。

[みんなで] [ルール] [見立て]

グルグル洗濯機

ねらい
* 回転する動きを楽しむ
* 友達とイメージを共有する

スイッチオン！

グルグル洗い出したよ！

ストップ！

あそび方

1 輪になり外側の子が回る

洗濯機の子どもは、輪になって手をつなぎます。その中に、洗濯物の子どもが入ります。保育者の「スイッチオン！」の合図で、洗濯機の子どもは手をつないだままグルグル回ります。

2 中の子はその場で回る

中の洗濯物の子どもは両手とかかとを上げてバレリーナのようにクルクル回ります。

3 反対向きに回る

保育者が「反対回り」と言ったら、洗濯機と洗濯物の子どもたちは反対に回ります。保育者が「ストップ！」と言ったら、子どもたちは止まります。

ことばかけ
「洗濯機って、どう動いているか知ってる？ そう、グルグル回っているんだよ。やってみよう」

保育者の援助
子どもの反応に合わせて「ゆっくり」「速いよ」などの声かけをしましょう。役割を交代して、いろいろな動きを体験できるようにします。

バリエーション

ギュッギュッ脱水

洗濯機の子どもが、寝転んでいる洗濯物の子どもを「ギュッギュッ」と言って、腕や足をもみながら絞るようにさわってふれあいます。

言葉　保育者と　手あそび

あいさつなあに？

ねらい
* あそびの中で日常のあいさつの言葉を覚える

あそび方
保育者の動作をまねてあそびます。

1 ありがとう
右のイラストのようなポーズをしながら、あいさつのあそびをします。

お菓子もらったらなんて言う？　→　アリさん　アリさん　→　ありがとう

2 ごめんなさい

けんかのあとの仲直り、なんて言う？　→　サイサイ　サイサイ　→　ごめんなさい

3 いただきます

ごはんを食べる前になんて言う？　→　だきだき　だっこで　→　いただきます

ことばかけ
「みんなはこんなごあいさつ、知っているかな？」

保育者の援助
覚えたら、保育者は導入のみを演じ、子どもたちだけであそべるよう促します。他のあいさつの言葉も子どもたちと考えてみましょう。

バリエーション

こんにちは
「知っている人に会ったらなんて言う？」
「こんこんこんこん」中指と薬指を、親指と合わせてキツネの形にします。
「こんにちは」
手をひざに置き、おじぎをします。

こんこんこんこん　こんにちは

Part 1　クラスづくり　5月

| 袋 | じっくり | 表現 |

弾んでボヨヨン！

ねらい
* 素材のおもしろさに出合う

準備する物
カラーポリ袋、画用紙で作った手足・顔・耳のパーツ、ドライヤー、ゴムひも、セロハンテープ、輪ゴム

あそび方

1 パーツをつける

カラーポリ袋にあらかじめ画用紙で作った耳、目、鼻、口をセロハンテープでつけます。

2 空気を入れる

子どもがポリ袋の口を広げて空気を取りこみます。さらに保育者がドライヤーで十分に膨らませ、口を輪ゴムで結びます。

3 ゴムひもをつける

カラーポリ袋に画用紙で作った手足をつけます。頭に保育者がゴムひもをつけます。

4 弾ませてあそぶ

少し高いところに上がり、みんなで手でついて弾ませてあそびます。

ボヨ〜ン！

ことばかけ
「両方の手でビニールを広げて、いっぱい空気を集めてみよう」

保育者の援助
ポリ袋の空気が抜けたら、保育者がもう一度空気を入れます。ゴムひもの先は、子どもが指をかけられるように、輪にしておきます。

バリエーション

小型ヨーヨーに

小さいビニール袋で同様に作り、中に少し水を入れて膨らまし、小型のヨーヨーにしてあそびます。

バランス感覚　支持力　柔軟性

アザラシさん

ねらい
＊ 腕で体を支える経験をする

あそび方
1. 両手を床につけ、両足を床につけたまま伸ばします。
2. 腕の力だけで前に進みます。

あそびのポイント
疲れてくると足を使ってしまうことが多いので、「アザラシさんは足は使わないよ。手だけで進もう」と声をかけます。

両ひじは伸ばします。

Part 1 クラスづくり 5月

バランス感覚　空間認知力　協調性

ボールのトランポリン

ねらい
＊ 友達とボールを弾ませる楽しさを味わう

準備する物
ビーチボール・布

あそび方
1. 4人でそれぞれ布の四隅を持ちます。
2. 布の真ん中にボールを置き、布を上下させてボールを弾ませてあそびます。

保育者の援助
ボールがうまく上がらない時は、保育者もいっしょに布を持ち、かけ声をかけながら上げ下げしてみましょう。

ひざをいっしょに軽く上下させます。

\ 読み取ろう！／ 子どもの育ち

5月

手先をコントロールできる4歳児。大好きな製作あそびを取り入れました。
その中での育ちを読み取ります。

弾んでボヨヨン！（p70）より

カラーポリ袋に顔を自由に描き、ゴムひもをつけて弾ませてあそんだ。

Cちゃん

カラーポリ袋に顔をつける際、自分で考えて耳を長くしてウサギの顔にした。それを見て、ほかの子どもも好きな動物の顔にした。弾ませてあそぶ際は、「ウサちゃんのお散歩です」と友達と話しながら動かした。

関連する10の姿　言葉による伝え合い

読み取り

【この場面での育ち】

保育者の作った見本にとらわれることなく、自分でウサギの顔にしようと決めて、アレンジして作った。主体的な姿だと思う。また、「ウサギのピョンちゃんが、ジャンプ！」などと、ストーリーを語りながらあそぶところに、言葉の豊かさも感じた。

今後の手立て

Cちゃんが言っていた「動物村のジャンプ大会です」という言葉で、動物を作ったほかの子どもも目を輝かせていたので、次回はそのストーリーの中で、みんなであそべるようにしたい。また、ポンポン、ボヨヨーンなどのオノマトペを楽しめる絵本も取り入れたい。

Dくん

カラーポリ袋に空気を入れる際、片手でやろうとするがうまくいかなかった。何度か試したが、「つまんない」と言って投げ出した。保育者が「両手で袋を持って入れるといいよ」と言葉をかけると、納得して自分で空気を入れることができた。弾ませるときは力を加減して、長い時間楽しんだ。

関連する10の姿　自立心

読み取り

【この場面での育ち】

うまくいかないと嫌になってしまうDくんだが、保育者の助言を受けてもう一度トライしたのは、大きな成長だろう。両手でやることでうまくいき、達成感を味わうことができた。弾ませる際は、力任せにするのではなく、コントロールすることもできた。

今後の手立て

諦めそうになったときを見逃さず、どうすればよいか、ほかの方法はないかを考えて、粘り強く取り組む姿勢を育てたい。そして「諦めないで取り組む」ことの価値を伝え、最後まで取り組めたときは大いに認めたい。

6月のクラス運営

| トラブルは双方の意見を | 自己主張もでてきて、友達同士のトラブルが生じます。保育者が言葉を補いながら双方の思いを聞き、お互いの気持ちに気づくチャンスにします。 |

| プール開きを楽しめるように | プール開きの時期です。1人で身支度がスムーズにできるように、家庭との連携を図ります。プールまでの動線の把握や、見守りの徹底など、事故のないよう職員間で確認します。 |

6月の子どもたち

子どもの心と姿

その次、貸して！

「わたしもとろとろのクリーム作りたい」「その泡立て器、使いたい」「次、わたしが使う番だよ」「じゃあ、その次ね」「いいよ」。興味をもったあそびを通して、自分の思いを出し、相手の思いも受け入れながら楽しんでいます。

歯科検診、痛くない？

歯科検診です。「口を開けるの、嫌だな」「なんだかこわい」「痛い?」と不安そうな子どもたち。でも、友達が静かに口を開けて検診を受けるのを見ていたら、落ち着いて受けられました。

歯磨きの意識も高まる、歯科検診。

本物の木で舟を作ったよ

「すごいでしょ！ 木で作った舟だよ」。木工コーナーでお兄さんと金づちを使い、木をつなぎ合わせて舟を作りました。どこに行けば何があるかわかってきて、自分から関わりに行きます。

雨のあとの園庭も大好き

雨があがった日は長靴を履いて、水たまりを歩くだけで楽しい子どもたち。園庭の水たまりを掘って、さらに大きな池を作ります。雨上がりのしずくやカエル、アジサイ、カタツムリなど、雨の日だけの世界へ飛び出していきます。

あー楽しかった、明日もまたね！

好きな友達ができ、自分のやりたいあそびも見つかり、活発にあそぶようになりました。あそんでもあそび足りない。そんな気持ちを抱えながら、満足げに降園します。

> **ねらい**
> * 友達と関わり、いっしょにあそぶ楽しさを味わう。
> * いろいろな活動に興味をもち、自分なりに工夫してあそぶ。
> * 自分の気持ちを表現し、友達と気持ちを通わせる。

環境構成 & 援助

あそびを継続できるように

好きなあそびに継続して取り組めるように、途中のものは、絵と文字で表示して明日へつなげます。ただし、子どものようすを見ながらにしましょう。片づけて気持ちを切り替えることも大切です。

雨のあとのお楽しみ

水たまりやぬかるみの感触、雨の音、虹、雷…。雨降りや雨上がりならではの自然事象にふれる機会をもち、子どもの驚きや発見をみんなで共有しましょう。

水たまり、最高！

当番活動も少しずつ

新しいクラスにも慣れる頃。自分の役割を果たすことを喜び、責任感を身につけるためにも当番活動を取り入れましょう。自分でやりとげられるよう、保育者はそっと手助けします。

子ども同士の関係を見守って

仲のよい友達と言葉を交わしてあそびます。自分の気持ちを素直に出し、表現したことを受け入れられる友達関係ができるよう、保育者はそばで見守りましょう。

✓ チェックリスト

- ☐ 木工あそびや色水あそびなど、子どもの興味・関心に合わせてコーナーを増やす。
- ☐ 雨の日も戸外であそべるよう設定し、着替えや足ふきなどの準備をする。
- ☐ 子どものあそびに合わせ、使っていないコーナーは片づけてスペースを確保する。
- ☐ 歯に関する絵本を読み、歯科検診の大切さを伝える。
- ☐ プール前後の準備について説明する。

製作 6月のアイデア

［紙コップ腕時計］

割りピンでとめた針が動かせる

材料
紙コップ、片段ボール、輪ゴム、カラー工作用紙、割りピン、スパンコール

作り方

1 土台を作る
保育者が紙コップを切り、中心に穴を開けます。片段ボールの両端に輪ゴムをはさんで貼ります。

2 紙を割りピンでとめる
カラー工作用紙の針を紙コップに割りピンでとめます。ペンで時計の文字盤を描き、側面にスパンコールを木工用接着剤で貼ります。

［にじみ絵アジサイ］

にじんだ模様がアジサイにぴったり

材料
画用紙、色画用紙

作り方

1 絵の具を落とす
水をふくませたスポンジで画用紙をぬらします。その上から、筆で絵の具を落とします。

2 紙を貼る
1 に保育者がピンキングばさみで切り、じゃばらに折った色画用紙の葉を貼ります。

お絵かき

歯
てっぺんを少しへこませ、角を作らずに丸っこく描きます。

おうち
台形と四角を組み合わせて。木は最後にプラスします。

屋根はもくもく線でかざりつけ

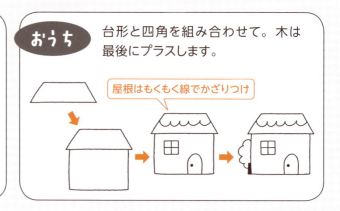

絵本

「わにさんどきっ はいしゃさんどきっ」
作・絵／五味 太郎　偕成社

歯医者さんがこわいワニと、ワニがこわい歯医者さんのやりとりがユーモラスに描かれています。

「3じのおちゃにきてください」
作／こだま ともこ　絵／なかの ひろたか
福音館書店

拾った手紙でお茶会に招かれたまりちゃん。友達や動物たちと向かうも、大切なケーキが崩れてしまいます。

「かえるのかさやさん」
作／戸田 和代　絵／よしおか ひろこ
岩崎書店

雨と傘が大好きなカエルの傘やさん。ある日、ハリネズミがやってきて…。雨の日も外に出かけたくなるお話です。

「あめのひえんそく」
作・絵／まつお りかこ
岩崎書店

楽しみだった遠足が雨で中止になって落ち込むモンタ。お母さんのすてきなアイデアで楽しい遠足に出発します。

「ねえ とうさん」
作／佐野 洋子
小学館

子グマは久しぶりに帰ってきたお父さんグマと森へお出かけ。父のたくましさや優しさにふれ、あこがれを抱く物語。

「キャベツくん」
文・絵／長 新太
文研出版

キャベツくんを食べたらどうなるの？キャベツくんと腹ぺこのブタヤマさんのやりとりにくすりと笑える絵本です。

Part 1　クラスづくり　6月

なぞなぞ

Q 磨いて磨いて、真っ白ピカリ。これ、なーに？
A 歯

Q 雨の日に活躍する、どろんこでも平気な2人組、だーれだ？
A 長靴

Q 最初はスイスイ泳ぐけど、だんだん足が生えてくるよ。なーに？
A オタマジャクシ

うた

♪ **あめふりくまのこ**
作詞／鶴見正夫　作曲／湯山 昭

♪ **すてきなパパ**
作詞・作曲／前田恵子

♪ **とけいのうた**
作詞／筒井啓介　作曲／村上太朗

♪ **はをみがきましょう**
作詞・作曲／則武昭彦

手あそび・うたあそび

♪ **あまだれ ぽったん**
作詞・作曲／一宮道子

♪ **とうさんゆび どこです**
作詞／不詳　フランス民謡

♪ **グーチョキパーでなにつくろう**
作詞／不詳　フランス民謡

♪ **おはなしゆびさん**
作詞／香山美子　作曲／湯山 昭

行事のことばかけ

歯と口の健康週間

6月4日〜10日

食べたら磨いて虫歯を防ごう

ポイント 歯の大切さを知らせ、歯磨きを習慣づけられるようにわかりやすく話しましょう。

みんなは虫歯がありますか？ 歯医者さんに通っているお友達もいますね。先生はみんなと同じ年のころ、虫歯になってしまって、寝られないくらい痛かったことがあります。先生のように、痛い思いをしないようにするには、どうすればいいかしら？ そう、しっかり歯磨きをすること。ごはんを食べたあとに歯を磨けば、虫歯を防げます。毎日、きちんと歯磨きをしましょうね。

時の記念日 6月10日

時間を守って生活しよう

ポイント わたしたちの生活は、時間とともにあることを伝えます。

みんなのおうちには、壁にかかっている時計や、目覚まし時計がありますか？ 目覚まし時計がなかったら、たくさんの人が寝坊してしまいますね。時計はごはんを食べる時間や、寝る時間、園に行く時間も教えてくれる大切なものです。時計がないと時間がわからなくなるから、とっても困ります。あそぶ約束、出かける約束、電車がくる時間など、生活に必要なことは時間に関係していることが多いでしょう。時計を見て、みんなも時間を守って生活しましょうね。

ちょこっと ことばかけ

散歩 カエル

池のオタマジャクシがいないね、どこへ行ったのかな？ カエルになったんだ。カエルは水の中でも地上でも生きられるんだよ。

食育 ソラマメ

ソラマメは、豆の入ったサヤが空のほうを向いてついているんだ。だから「空」という文字が使われているともいわれているよ。

季節 衣替え

6月1日は衣替えといって、夏用の服に替えましょうという日なんだよ。暑い日が増えてきたから、半そでを着ようね。

6月のあそび

ルール ／ 体を動かす ／ ふれあい

サイコロ色おに

ねらい
* 自分で判断する楽しさを味わう
* 色に興味・関心をもつ

準備する物
コーン、赤・青・黄の3色を目にしたサイコロ

あそび方

1 1列に並ぶ

おに（保育者）以外はスタートラインに1列に並びます。

2 サイコロを振る

おにはサイコロを振ります。子どもたちは出た色と同じ色のコーンに逃げ、おにが追いかけます。同じ色のコーンにさわっていれば、捕まえられません。

3 捕まったらハグ

おににタッチされた子どもは、ギューッとハグされます。おにを交代して繰り返しあそびます。

ことばかけ
「どの色が出るかな？ サイコロで出た目と同じ色のコーンに逃げてね」

保育者の援助
同じ色のコーンを探せない子どもは、周りの子どもの声を頼りに進む場合もあるでしょう。子どもの姿を受け入れていっしょに言葉をかけていきます。

バリエーション

色の代わりに

サイコロの目を色ではなく、保育室や園庭にある物にしてもおもしろいです。子どもがさまざまな環境の中で過ごしていることのうれしさや発見につながります。

> バトン　ルール　体を動かす

バトンでヨーイドン！

ねらい
＊ 友達とのあそびを楽しむ

準備する物
円形のバトン

あそび方

1 円になって座る

9～10人位で円をつくり、顔を伏せて座り、目を閉じます。1人がおにになり円形のバトンを持ちながら外側を歩きます。

2 バトンを頭にのせる

おには歩きながら、友達の頭にバトンをのせ「ヨーイドン」と言います。

3 おにを追いかける

バトンをのせられた子どもは、おにを追いかけます。

4 元の場所に座れたらセーフ

おには友達のいた場所に座れたらセーフ。次はバトンを持っている子がおにとなり、これを繰り返します。

ことばかけ
「目をつぶりましょう。誰のところにいくかな…」

保育者の援助
同じ子どもばかりにバトンがいきそうなときには、おに役の子に「あの辺がいいかな？」などささやき、みんなが楽しめるよう配慮しましょう。

あそびのヒント

実況中継で

保育者が実況中継風に「さぁ、今おに役が代わりました、次はのりくんかな…」など話していくとあそびが盛り上がります。

| 自　然 | 外あそび | 見立て |

あっちこっちに水たまり

ねらい
* 水たまりを見て、見立てや映り込みを楽しむ

Part 1　クラスづくり　6月

あそび方

1 水たまりのある場所へ

雨上がりに、園庭や公園で子どもたちと水たまりのある場所を見つけます。

2 水たまりであそぶ

跳び越えてみたり、形を動物に見立てたりします。水たまりをのぞき込み、自分の顔や周りの景色が映っているのを楽しみます。

それビューン／アヒルみたいな形だね／葉っぱを浮かべよう／顔が映ってる！

ことばかけ

「外に出て、水たまりとあそぼうか？」

保育者の援助

ただの水たまりも子どもにとっては、あそび道具に変身。「わあ、くちばしみたいだね」などと水たまりの形にもイメージが広がる言葉をかけます。葉っぱなどを浮かべてみても楽しめます。

あそびのヒント

水たまりに入ろう

普段は止められているかもしれない、水たまりのバシャバシャあそび。この日は泥と水の感触を十分に楽しめるようにしましょう。子どもだけにしかできないあそびです。

バシャバシャ

シール　指先　見立て

転がれ カタツムリ

ねらい
* 転がる動きのおもしろさを知る
* セロハンテープの扱いに慣れる

準備する物
丸く切った色画用紙、ガムテープ幅の色画用紙、画用紙、ガムテープの芯、丸シール、セロハンテープ、ペン

\ あそび方 /

1 胴体を作る

あらかじめ丸く切った色画用紙2枚に丸シールを貼り、図のようにガムテープの芯にセロハンテープで貼ります。また、芯の幅に切った四角い色画用紙を貼ります。

2 顔を作る

芯の幅に切り、真ん中に縦2cmほどの切り込みを入れた画用紙に、目や口をペンで描きます。下1cm部分をのりで芯に貼り、カタツムリの完成です。

3 転がしてあそぶ

テーブルの上で転がしてあそびます。

ことばかけ
「坂道でテープを転がしてみよう。どんなふうに転がっていくかな」

保育者の援助
顔の部分になる色画用紙と画用紙は、保育者があらかじめ切っておきます。セロハンテープがうまく切れるように、最初は手を添えて補助しましょう。

あそびのヒント

芯を転がしてみよう

胴体や顔をつける前に、ガムテープの芯の内側にビー玉をつけて、テーブルの上で転がしてあそびましょう。不規則な動きをするのでおもしろいです。

跳躍力　脚力　リズム感覚

グーパージャンプ！

ねらい
* 体で表現することを楽しむ

あそび方

1. 体全体を使って、「グー」「パー」2種類のジャンプを交互に跳びます。
2. 手足が同じ動きになるように、「グー」は手を胸の前にして足は閉じます。「パー」は手も足も大きく広げます。

あそびのポイント
体いっぱいに表現することで全身がほぐれます。腕の曲げ伸ばし、足の閉じ開きをしっかり行いましょう。

Part 1 クラスづくり　6月

バランス感覚　脚力　協調性

2人でなわ渡り

ねらい
* 友達といっしょになわを渡ることを楽しむ

準備する物
長なわ

あそび方

2本のなわを平行に置き、その上を2人で手をつないで歩きます。

あそびのポイント
1人でなわを渡るよりもバランスをとるのが難しくなります。2人の息を合わせて繰り返すとバランスがとれるようになります。

おなかにしっかり力を入れてバランスをとります。

読み取ろう！ 子どもの育ち　6月

雨が止んだ瞬間をとらえて、園庭に飛び出した子どもたち。この季節ならではのあそびから成長を読み取りました。

あっちこっちに水たまり（p81）より

雨の日にできた水たまりに注目し、跳び越えたり、長靴で入ったりしてあそんだ。

Eくん

長靴でジャンプしたり、思いきり水に入って楽しんだりする友達を、「やだー」「汚いなー」と嫌がり、遠巻きに見ていた。「やりたくないの？」と聞くと、うなずく。汚れることに抵抗があるようす。小さな水たまりを跳び越えられるとうれしくなり、そろそろと水たまりの中に入っていった。

読み取り

関連する10の姿：**道徳性・規範意識の芽生え**

【この場面での育ち】

家庭では汚れることを禁止されているようで、はじめは嫌悪感を示した。しかし、水たまりを跳び越えるという汚れないあそびで達成感を得たことにより、行動範囲が広がった。長靴で水たまりに入り、水の動きを見たり音を聞いたりすることは、雨や水にふれあう大切な一歩だったと考える。

今後の手立て

今回はよいきっかけになったので、次には砂場でのあそびに誘いたい。砂場に穴を掘り、水を入れて池を作り、はだしで入れるようにすると、水や砂の感触をダイレクトに感じることができるだろう。

Fちゃん

保育者が「外に出るよ」と声をかけると、長靴を素早くはいて「やった！　水たまりだ！」と、躊躇せずに水たまりに跳びこみ、ズボンが濡れることもいとわずに楽しんだ。「朝、来るときは水たまりをよけて歩いたのに、今は楽しいね！」と、水の感触やチャプチャプという音を楽しんだ。

読み取り

関連する10の姿：**自然との関わり・生命尊重**

【この場面での育ち】

ダイナミックなあそびが好きなFちゃん。対象に体ごとぶつかっていくのがFちゃんのよさである。水しぶき、水の音、水の冷たさなどをさまざまな感覚を通して経験することができた。朝にはできなかったことから、開放感も存分に味わったと思われる。

今後の手立て

今回はFちゃんの喜びの声や姿のおかげで、ためらっていた友達も背中を押されて水たまりであそびを充実させることができた。これからも自然に親しむあそびを取り入れたい。

7月のクラス運営

夏の自然に興味がわくように

夏空や雲の変化、昆虫、栽培している花などにも気が向くように、機会があるごとに話をして、興味や関心が高まるようにしましょう。

戸外でダイナミックなあそび体験を

水の冷たさ、砂や土の感触を味わいながらあそべるのもこの時期。思いっきり泥んこになるのも、幼児ならではの体験です。嫌がる子には無理強いせず、近くで別のあそびを提案します。

7月の子どもたち

子どもの心と姿

みんな、何しているの？

大勢の子どもが集まっています。「何しているの？」「お魚つり」「わたしもやりたい」「つりざお、どうやって作るの？」「わたしは魚作りたい」。大勢がやっていることは「おもしろいこと」、と今までの経験からわかってきたようです。

夏野菜ができた！ 食べよう！

毎日水をやって、大切に育てたナスやミニトマトができました。ナスは苦手という子どもも、自分で収穫したナスは特別です。早速、調理室に持って行き、昼食のおかずにしてもらいます。

自分で育てた野菜の収穫、楽しい！

わたしも仲間に入れて！

仲間に入りたいけれど「入れて」と言えなかったり、「入れて」と言ったのに入れてもらえなかったりする場合があります。思いをはっきりと言えない、言ってもうまく伝わらない…。そんなときどうすればよいのかを、徐々に学んでいきます。

水っておもしろいね！

夏はなんといっても水あそび。水着に着替えれば、服がぬれる心配なしに、思う存分、水と関われます。でも、プールには「こわい、入らない」という子もいます。それぞれの段階での楽しみ方の提案が必要です。

日陰は涼しい、気持ちいい

暑さをものともせず、あそびに夢中の子どもたち。「お茶を飲もう」と誘って日陰に入ると、涼しさを感じ「はぁーっ」とホッとした表情になります。

> **ねらい**
> * いろいろな水あそびを楽しみ、開放感を味わう。
> * 自然事象や栽培物など、夏の自然にふれ、興味・関心を深める。
> * 友達とイメージを共有し、関わりながら、仲間意識を高める。

環境構成 & 援助

屋外にくつろぎの場を

屋外にも日陰を作り、くつろげる場ができると子どもが集います。いっしょに絵本を読んだり、のんびりしたり。長テーブルは、特別な日の食卓としても使えます。

涼しいな！

水あそびの設定を工夫しよう

プールにフープを出すだけで、潜ってくぐり始めます。くぐりたい子どもが待つ列も自然にできました。水あそびも工夫次第です。

いいよー★　入れてー

仲よしグループに仲介を

あそびの場を共有するうちに、仲よしグループができ始めます。「入れて」と言えなかったり、入れてもらえない子がいたりする際には、保育者の仲立ちが必要です。

その子らしさを認めて

言葉が巧みになると、自分の話を聞いてほしくなります。帰りの会などで話したいことを発表できる場をつくり、その子らしさを認められる援助をしましょう。

✓ チェックリスト

- ☐ 水あそびの身支度や後始末を、自分で行えるよう援助する。
- ☐ カブトムシなどの夏ならではの虫を育て、観察できる場を設定し、さわる際の注意などを伝える。
- ☐ 風通しのよい場所にゴザなどを敷き、外でもあそべる環境を整える。
- ☐ 夏の感染症について、園内で情報を共有する。

製作 7月のアイデア

[吹き絵かざり]

偶然できる模様がユニーク！

材料
色画用紙、紙テープ、糸、ストロー

作り方

1 絵の具を吹く
色画用紙に筆で絵の具を落とし、ストローで息を吹きかけます。

2 紙を筒にする
1を筒状にして貼り、内側に色画用紙の星を貼った紙テープを貼ります。上に糸をつけます。

[染め紙の短冊]

絵の具の色の組み合わせを楽しんで

ゆうえんちにいきたいな
まほ

材料
折り紙、障子紙、糸

作り方

1 絵の具をつける
障子紙の四隅を順に絵の具につけます。

2 紙を貼る
1を折り紙に貼ります。上に糸をつけます。

お絵かき

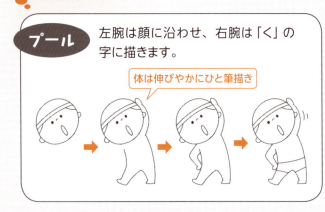

プール 左腕は顔に沿わせ、右腕は「く」の字に描きます。

体は伸びやかにひと筆描き

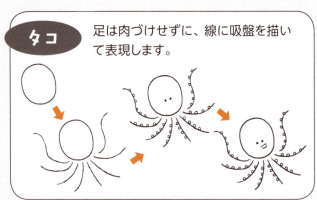

タコ 足は肉づけせずに、線に吸盤を描いて表現します。

絵本

「たなばたさま きららきらら」
作・絵／長野 ヒデ子
世界文化社

笹に結ぶ短冊やかざりを作り、みんなで七夕の準備をします。かざりの作り方も載っているので作ってみましょう。

「なつのおとずれ」
作・絵／かがくい ひろし
PHP研究所

スイカに扇風機にかき氷…、夏の風物詩が梅雨明けに向けて猛ダッシュ。「夏といえば？」とみんなで話してみても。

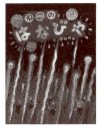

「ねこのはなびや」
作・絵／渡辺 有一
フレーベル館

3組のネコの花火師が花火大会で競い合います。合同で上げる終盤のナイアガラは、子どもたちも驚くしかけに。

「ぼくおよげるんだ」
さく／わたなべ しげお　え／おおとも やすお
あかね書房

パパとプールへ出かけたくまたくん。シャワーやプールの水をこわがりながらもその楽しさを知る、夏らしい一冊。

「こんとあき」
作／林 明子
福音館書店

ぬいぐるみの"こん"といっしょに、おばあちゃんの家へ向かうあき。旅の途中で起きるハプニングにハラハラ。

「うえきばちです」
作／川端 誠
BL出版

植木鉢にのっぺらぼうを植えてみると、「め」が出て「はな」が咲いて…。同じ音で違う意味の言葉がポイントです。

Part 1　クラスづくり　7月

なぞなぞ

Q 夏になると現れる、うれしい水たまりって、なーんだ？
　A プール

Q 夏の朝にしか見られない顔って、どんな顔？
　A アサガオ

Q 一生懸命動いて、みんなを涼しくする働きものって、だーれ？
　[ヒント]風がきもちいいね　**A** うちわ（扇風機）

うた

♪ **たなばたさま**
作詞／権藤はなよ（補詞／林 柳波）　作曲／下総皖一

♪ **とんでったバナナ**
作詞／片岡 輝　作曲／櫻井 順

♪ **南の島のハメハメハ大王**
作詞／伊藤アキラ　作曲／森田公一

♪ **アイ・アイ**
作詞／相田裕美　作曲／宇野誠一郎

手あそび・うたあそび

♪ **きんぎょちゃんとメダカちゃん**
作詞・作曲／不詳

♪ **バスごっこ**
作詞／香山美子　作曲／湯山 昭

♪ **水中メガネ**
作詞・作曲／谷口國博

♪ **くいしんぼゴリラのうた**
作詞／阿部直美　作曲／おざわたつゆき

行事のことばかけ

七夕 7月7日

笹かざりは空を明るく照らすもの

ポイント 星や星座に興味をもてるよう絵本を見せるのも一案です。

　もうすぐ7月7日の七夕です。織姫と彦星が1年に一度、「天の川」というお星様の川で、会える日ですね。この笹かざりは、織姫と彦星が真っ暗な空の上で、会えなかったらかわいそうなので、5色の短冊をかざって空を明るく照らしてあげるためのものなんですよ。七夕の日に雨が降ると、織姫と彦星が会えなくなってしまうから、雨が降らないようにお祈りしましょうね。

夏休み

夏休み、元気で過ごしてね

ポイント 健康で安全に過ごせるような約束事を、クラスみんなで決めるとよいでしょう。

　明日から夏休みです。みんなは、夏休みにどこかへ出かける予定はありますか？ 先生は、みんなと同じ年のころ、家族でおじいちゃんとおばあちゃんのうちへ行って過ごしました。川あそびをしたり、海に泳ぎに行ったり、山で虫取りをしたりした思い出があります。みんなも、いろいろなあそびをするでしょう。存分に楽しんでくださいね。そして、ケガや病気をしないように、また、元気に園に来てくださいね。

ちょこっと ことばかけ

散歩　アサガオ

　アサガオはその名前の通り、朝、花が咲くんだよ。朝の4時か5時ごろには咲いて、種類によっては9時ごろにはしぼむんだって。

食育　トマト

　トマトは夏に食べるのがおいしい野菜で、太陽が大好き。お日様に当たれば当たるほど赤くなって、甘くなるんだって。黄色や紫色のトマトもあるよ。

季節　海開き

　海開きっていうのは、その日から海水浴ができること。海では危ないこともあるから、ルールを守って、おうちの人とあそぼうね。

7月のあそび

ルール **友達と** **ふれあい**

椅子とりじゃんけん

準備する物
椅子

ねらい
* 友達とあそびながら関わりをもつ
* ルールのあるあそびを楽しむ

あそび方

1 椅子の周りを歩く

人数の半分の数の椅子をランダムに置きます。その周りを子どもたちが散歩します。

2 椅子に座る

保育者の合図で椅子に座ります。座れなかった子どもは、また散歩します。

3 ひざの上でじゃんけん

再び合図で、椅子に座っている子のひざの上に座ります。2人でじゃんけんをします。

4 勝ちは座る 負けはお散歩

勝ったら椅子に座ります。負けたら再びお散歩します。繰り返しあそびます。

ことばかけ
「散歩のあとはひと休みしよう。椅子に座れるかな」

保育者の援助
じゃんけんに負けても、友達とスキンシップをとれる喜びを感じられるように言葉かけをします。十分にあそべる広さを確保しましょう。

あそびのヒント

あそびを区切って切り替えを

慣れるまでは「1回戦は、今座っている人の勝ち!」などあそびを区切るようにすると、気持ちを切り替えやすくなり、次のあそびに期待をもって挑めます。

保育者と　ルール　言葉

音まねあそび

ねらい
* 想像力を養う
* 言葉のおもしろさを知る

あそび方
保育者の音とジェスチャーをヒントに、何をしているところか当てます。

1 電子レンジ

「カチャ」➡「ポン」➡「バタン」➡「ピッ！」➡「ガー」➡「チーン」

なんの音でしょう？

2 歯みがき

「ジャー」➡「ムニュ」➡「シャカシャカ」➡「クチュクチュ」➡「ペッ！」

3 トイレ

「バタン」➡「シャー」➡「ウーン」➡「カラカラ」➡「ジャー」➡「バタン」

音だけで難しいときは、動作をつけましょう。

ことばかけ

「音を言うよ。なんの音か当ててね」

保育者の援助

「ごはんのときに使うよ」「ごはんを食べたあとは？」など、ヒントを出しましょう。なんの動作の音だったのか、答え合わせをしましょう。

バリエーション

なんの料理ができるかな

音まねあそびをしましょう。「コンコン」卵を軽くたたく➡「パカッ」割る➡「ジュージュー」フライパンを揺する➡「フツフツ」目玉焼きのようすを見る➡「できあがり」お皿に盛って、子どもに差し出す。

目玉焼き

| みんなで | ルール | イメージ |

雷小僧だ

ねらい
* みんなで雷をイメージしてあそぶ
* 自然現象に関心をもつ

あそび方

1 輪になって回る

みんなで手をつなぎ輪を作ります。保育者の「ピカッピカッ」の合図で反時計回りに回ります。

2 合図で反対に回る

「ゴロゴロ」の合図で、今度は反対回りに回ります。これを2〜3回繰り返します。

3 中央に集まる

「ドッカーン」の合図で、真ん中に集まり両手を上げてジャンプします。

ことばかけ

「ゴロゴロゴロ…空が暗くなってきたよ、雷かな？」

保育者の援助

最初はゆっくり「ピカッピカッ」「ゴロゴロ」と言って、子どももそれに合わせてゆっくり回るようにします。慣れてきたら少しずつ速くしていっても楽しいでしょう。

あそびが広がることばかけ

雷の話をしよう

「雷って見たことある？」と子どもに聞いてみましょう。雷がなると空が暗くなったり、雨が降ってきたりすることも話します。雷小僧が、雲の上で大暴れしていることをおもしろく話すのもよいでしょう。

Part 1 クラスづくり 7月

| 絵の具 | みんなで | じっくり |

天の川キラキラ

ねらい
＊吹き絵などの技法を知り、偶然できる模様を楽しむ

準備する物
両側を川の形に切った段ボールで覆った黒い模造紙、溶き絵の具、筆、ストロー、歯ブラシ、網

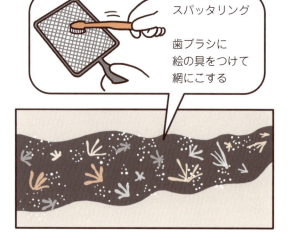

あそび方

1 吹き絵をする

溶き絵の具をふくませた筆を、あらかじめ用意した天の川にたらします。たらしたところをストローで吹き、絵の具をのばします（吹き絵）。

2 スパッタリングをする

天の川の空いているところに、歯ブラシに溶き絵の具をつけて網にこすって模様をつけます（スパッタリング）。乾いたら、段ボールをはずします。

ことばかけ
「ふーって吹きながら、お星さまを作ってみようね」

保育者の援助
吹き絵を初めて経験する子どもには、保育者が説明しながらゆっくり行います。偶発的にできる模様を楽しめるようにしましょう。

あそびのヒント

みんなの星空

できた天の川を保育室の天井に貼って、寝転んで見てみます。みんなで作った星がどんな形に見えるか、「うさぎ星」など名前をつけてあそびましょう。

| バランス感覚 | 支持力 | 協応性 |

ケンケンクマさん

ねらい
* 腕で体を動かすことを経験する

あそび方
1. 両手を床につけ、腰を高く上げます。
2. 片足を床から離して歩き回ります。左足を上げる場合、❶右手 ❷左手 ❸右足の順に前に出して歩きます。

保育者の援助
「クマさんが後ろ足をケガしたよ。痛いから床にはつけられないよ」などと子どもがイメージしやすいように伝えましょう。

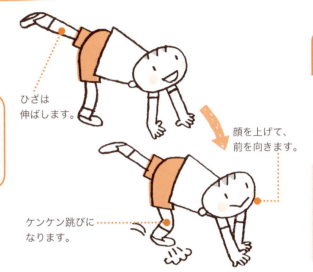

ひざは伸ばします。
顔を上げて、前を向きます。
ケンケン跳びになります。

Part 1 クラスづくり 7月

| 懸垂力 | 空間認知力 | 握力 |

ゆらゆらブランコ

ねらい
* 鉄棒にぶら下がり揺れを楽しむ

準備する物
鉄棒

あそび方
1. 鉄棒をにぎり、ぶら下がります。
2. 前後に体を数回揺らし、体が鉄棒の前に来たタイミングで跳び下ります。

あそびのポイント
なるべく長くぶら下がるようにします。体全体が大きく前後に揺れるため、支える腕の力と握力が身につきます。

腕を伸ばして行います。

95

読み取ろう！ 子どもの育ち　7月

友達との関わりも増え、簡単なルールのあるあそびが楽しくなる時期。
あそびで垣間見た育ちを紹介します。

椅子とりじゃんけん （p91）より

椅子とりゲームとじゃんけんをミックスさせた、簡単なルールのあるあそびをした。

Gちゃん

最初の合図で迷っていて座ることができず、みんなからの注目が集まると思わず泣き出した。次の回では保育者がいっしょに歩き、じゃんけんをするよう促すと、気を取り直して泣きながらもじゃんけんし、勝つとほっとして座った。ルールを理解しているが、負けることにはまだ慣れていない。

関連する10の姿　健康な心と体

読み取り

【この場面での育ち】

座れなかった悲しさと、みんなに見られる恥ずかしさから涙が出たのだろう。人生には負けること、悲しいこともたくさんあるので、耐える強さも必要である。勝ったり負けたりするから人生は楽しいのだ、と経験から学んでいるところだと考える。

今後の手立て

泣きながらも前向きにじゃんけんできたのは成長だと認めたい。心にすり傷を負っても「これくらいは平気」と思える強さを育てたい。そのためには、乗り越えられるくらいの小さな課題をときどき用意する必要があると考える。

Hくん

座っているときに、ひざの上に友達が乗ってくると大笑い。友達とのふれあいが楽しく、その後も「乗って、乗って!」と大きな声で友達を呼んだ。じゃんけんに負けても、次の回を楽しめることにHくんは気づいたようだ。また、「あと5回やりたい」「あと3人座れるよ!」と数を意識した発言もあった。

関連する10の姿　数量や図形、標識や文字などへの関心・感覚

読み取り

【この場面での育ち】

友達がひざに座ってくれるのがうれしく、進んで呼びかけて誘った。人と関わる力がついていることをうれしく思う。また、残っている椅子の数に注目し、友達に教えたり、「あと5回やりたい」などと数字を交えて話したりした。数への興味も育っている。

今後の手立て

Hくんにとって、スリルを味わい、友達と存分にふれあえる充実したあそびになった。勝ち負けにあまりこだわらないあそびをこれからも取り入れ、いつもは関わりの少ない友達とも出会えるようにしていきたい。

8月のクラス運営

| 異年齢児と楽しく過ごせるように | 夏休みで欠席する子もいるので、異年齢児との活動が増えてきます。保育者が話しかけたり、あそびに誘ったりして交流ができるきっかけをつくります。 |

| あそびと休息のバランスを | 水あそびが続き、疲れも出てくる頃です。室内では室温を調整しながら、ゆったり快適に過ごせるようにします。あそびと休息のバランスを考えて健康に過ごします。 |

8月の子どもたち

子どもの心と姿

セミ取り、やってみたい！

園庭の木からセミの鳴き声が。5歳児が虫取り網を持って探しています。まもなく見つけ、そーっと網を構えましたが、惜しくも逃げられました。それをじっと見ていた子どもは、「セミ、どこに行ったの。また来る?」と興味をもったようです。

夏野菜クッキングだね！

栽培していた夏野菜を収穫して、クッキング。包丁の使い方を教えてもらい、ゆっくり挑戦します。「もっと切りたい」「トマト、食べられたよ」。「トマトは1人2個ずつ」と分けながら、数にも親しんでいます。

エプロンをつけて、クッキング。

スズムシを調べよう

クラスの飼育ケースにはスズムシがいます。昼間はあまり動かないので、「寝ているの?」「どこにいるの?」「いつエサを食べるの?」と不思議そう。そこで図鑑を開きました。「夜になると動くんだね」など、多くの知識を得てうれしそうです。

もうすぐ旅行に行くんだよ

プール開放日に登園した子どもが「わたしね、おばあちゃんちに行くんだよ。新幹線に乗るの」と話しました。保育者や友達に会えた喜びがあふれ、話したいこともいっぱいです。

クワガタ、見せて！

「カブトムシだ、ぼくのうちにいるよ」「おじいちゃんちの庭で見つけたんだ」「ぼくはクワガタ、飼ってるよ」「見せて!」。興味のある話題で会話が弾み、仲間意識をもち始めます。

ねらい

* 暑い夏を健康に過ごし、生活のリズムを整える。
* 異年齢の友達と関わり、夏のあそびを十分に楽しむ。
* 夏の虫や草花に興味・関心をもち、ふれたり調べたりする。

環境構成 & 援助

草花を使って色水あそび

園庭や公園にある草花の色や匂い、手ざわりの違いを感じてあそべるようなしかけを。ヨウシュヤマゴボウなど色の出る草花を園内に植えておくと、色水あそびが楽しめます。

いっぱい集めよう

夏野菜はおいしいね！

園庭やプランターで育てた夏野菜の生長を喜び、みんなで収穫しましょう。野菜の色や形、大きさ、香りを堪能し、そのまま食べたり、クッキングしたりする機会をつくります。子どもの気づきに共感しましょう。

異年齢児と過ごして親しみを

異年齢児といっしょにゆったりと生活し、親しみやあこがれの気持ちをお互いにもてるような関わりを促します。いっしょに過ごす時間を提供しましょう。

夏の自然事象への興味を引き出す

雲や雷、夕立、虹などの夏ならではの自然事象は機会を逃さず、子どもの気づきや発見を共有します。ときには図鑑や写真を用意し、興味・関心を深められるとよいでしょう。

チェックリスト ✓

- ☐ 夏休みをとる子の状況を把握する。
- ☐ ほかのクラス担任と連携し、異年齢での活動を計画する。
- ☐ 夏の自然事象に関する図鑑などを出しておく。
- ☐ プールに入れない子に配慮し、十分にあそべる場を設定する。
- ☐ あそびを夏祭りにつなげ、地域の方々との関わりを促す。

Part 1 クラスづくり　8月

製作 8月のアイデア

[アルミホイルの花火]

光る素材を活用して

材料
色画用紙、アルミホイル

作り方

1 ペンで描く
アルミホイルに油性ペンで花火を描き、丸く切ります。

2 紙に貼る
1と丸めたアルミホイルを色画用紙に木工用接着剤で貼ります。クレヨンで背景を描きます。

[発泡トレーのお魚]

発泡トレーが魚に変身！

材料
発泡トレー、色画用紙、丸シール

作り方

1 ペンで描く
発泡トレーに油性ペンで口や模様を描きます。

2 紙を貼る
1に色画用紙のひれをテープで貼り、丸シールで目をつけます。

お絵かき

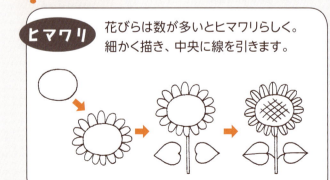

ヒマワリ
花びらは数が多いとヒマワリらしく。細かく描き、中央に線を引きます。

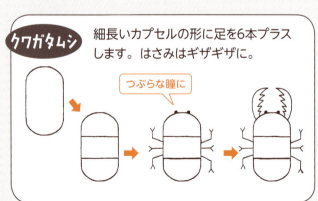

クワガタムシ
細長いカプセルの形に足を6本プラスします。はさみはギザギザに。

つぶらな瞳に

絵本

「ぷかぷか」
作／石井 聖岳
ゴブリン書房

空を飛べたらどうやって飛ぼう？　タコの愉快な空想はどんどん広がり…。空と海をのんびり漂う気分を味わって。

「どしゃぶり」
文／おーなり 由子　絵／はた こうしろう
講談社

夕立の中、傘をさして雨の音やにおいを楽しむぼく。とうとう傘も靴も放り出して…。雨が待ち遠しくなる一冊。

「ありとすいか」
作・絵／たむら しげる
ポプラ社

スイカを見つけたアリたちが力を合わせて巣に運ぼうとして…。巣のようすやアリの表情に子どもたちも釘づけ！

「ゆうれいとすいか」
文／くろだ かおる　絵／せな けいこ
ひかりのくに

人のスイカを食べてしまったゆうれいは、罪滅ぼしにと持ち主の頼みを聞くことに。少しもこわくないおばけの話。

「おへそのあな」
作／長谷川 義史
BL出版

おなかの中の赤ちゃんがお母さんのおへその穴から外のようすをのぞいています。命の誕生と家族の愛を描いた絵本。

「てのひら おんどけい」
文／浜口 哲一　絵／杉田 比呂美
福音館書店

散歩に出たぼくは、外にあるものにさわって温度を感じる体験をします。実際に"手の平温度計"をまねしてみて。

Part 1　クラスづくり　8月

なぞなぞ

- Q 外はしましま、中はツブツブいっぱい。この食べ物、なーに？　A スイカ
- Q ピカッとして、ゴロゴロ鳴るものってなーんだ？　[ヒント]おへそを隠して！　A 雷
- Q 広くて青い。魚もいるよ。なーんだ？　A 海

うた

- ♪ オバケなんてないさ
作詞／まきみのり　作曲／峯 陽
- ♪ トマト
作詞／荘司 武　作曲／大中 恩
- ♪ アイスクリームの唄
作詞／佐藤義美　作曲／服部公一
- ♪ そうだったらいいのにな
作詞／井出隆夫　作曲／福田和禾子

手あそび・うたあそび

- ♪ カレーライスのうた
1・2番作詞／ともろぎゆきお
3番／不詳　作曲／峯 陽
- ♪ かみなりどんがやってきた
作詞／熊木たかひと　作曲／鈴木 翼
- ♪ 奈良の大仏さん
作詞／不詳　アメリカ民謡
- ♪ こどもとこどもが
わらべうた

行事のことばかけ

夏季保育

園で夏を楽しもう！

ポイント 久しぶりに登園した子どもたち。友達との会話につながるような言葉をかけましょう。

　みんな、夏休みの間も元気いっぱいにあそんでいましたか？　どこかにお出かけしたかな、お外でたくさんあそんだかな、まぶしいくらいに日焼けしているお友達もいますね。今日はお友達と久しぶりに会える夏季保育の日です。先生は、色水あそびやプールでできる楽しいゲームの準備をしてきました。太陽がギラギラ暑いけれど、みんなでいっしょにたっぷりあそびましょうね。

お盆 8月13日～15日ごろ

空の上のご先祖様を迎える日

ポイント 亡くなった先祖に思いを寄せることの大切さを伝え、感謝する時間をもてるとよいですね。

　みんなには、おじいちゃんやおばあちゃんがいますか？　先生のおじいちゃんは、亡くなりました。こうした、亡くなった家族たちのことを「先祖」といいます。みんなのおじいちゃんやおばあちゃんの、そのまたお父さんやお母さんたちも、ご先祖様です。ご先祖様は、みんなが元気かな、仲よくしているかなと、温かく見守ってくれています。ご先祖様たちをおうちにお迎えして、「いつも守ってくれてありがとう」と感謝する日を「お盆」といいます。

ちょこっと ことばかけ

散歩　トンボ

トンボの幼虫は「ヤゴ」という名前で、池などにいるよ。脱皮を繰り返して大きくなり、トンボになるんだ。細い体と大きな目が目印だよ。

食育　キュウリ

水分がたくさん含まれているキュウリは、夏野菜の代表。重みがあって、濃い緑色、いぼがピンと張っているものがおいしいよ。

季節　入道雲

夏に多く見られる入道雲。大きくムクムクとわき上がる雲が出てきたら、そのあと雨が降ったり雷が鳴ったりするかもしれないよ。

8月のあそび

2人でアクションあそび

[フープ] [体を動かす] [友達と]

準備する物
フープ

ねらい
* 友達といろいろな動きを楽しむ

・クルクル回り

・トンネルくぐり

・なべなべそこぬけ

あそび方

1 フープの間を歩く

フープを10本程度ランダムに置き、子どもはその間を散歩します。

2 いろいろな動きをする

保育者は合図のあと下記のような『アクション言葉』を言います。子どもは2人組になりフープを持って『アクション』の動作をします。

・クルクル回り…2人でフープを持ち5回まわす
・トンネルくぐり…1人がフープを持ち1人がくぐる
・なべなべそこぬけ…2人でフープを持ち1回転する

3 終わったら座る

終わったらフープの中に座ります。また散歩して新しい2人組であそびます。

ことばかけ

「今日はフープを使って、いろいろなあそびをするよ」

保育者の援助

2人組をつくるとき、どこに行けばいいのか迷わないように、「まだ1人の子は手をあげよう」などと言葉をかけます。1人余るようであれば、保育者と組みましょう。

バリエーション

2人でジャンプ

フープを置いて2人で手をつないでジャンプする、ケンケンするなど、いろいろな動きを楽しみましょう。

ジャンプ ジャンプ

Part 1 クラスづくり 8月

| リズム感覚 | ふれあい | 友達と |

友達探してピッタンコ

ねらい
* 体を使って友達とふれあうことを楽しむ

あそび方

1 うたいながら広がる

みんなで「♪ くーっついた くっついた ともだち てとてが くっついた」と唱え歌をうたいながら広がり、友達と手と手をくっつけます。

2 ストップ

うたい終わったら保育者は「3・2・1・ストップ!」と言います。つながっている友達の数を数えます。多くつながったグループが勝ち。

ことばかけ

「うたいながら友達と、どんどんつながっていくよ」

保育者の援助

唱え歌をうたっているときに、保育者はみんなの周りを歩き、手と手がちゃんとくっついているか確認しましょう。ぶつからないよう広い場所であそびます。

バリエーション

足と足をつける

慣れてきたら「♪…ともだち あしとあしが くっついた」など、ペアになった友達と足をつけたり、お尻をつけたりしてあそびましょう。

水あそび　自然　感覚

キラリ水風船

ねらい
* 水の中の物を見るのに興味をもつ

準備する物
A5サイズのビニール袋、幅2cm程度に切ったスズランテープ（赤、青、緑など）、輪ゴム

あそび方

1 水風船を作る

ビニール袋にスズランテープを3〜4本入れます。水を100ccぐらい注ぎ、輪ゴムで口をしっかり留めます。

2 光に透かす

1人1個ずつ持って外に出て、日の光にかざしてみます。スズランテープが水の中でキラキラ光って見えます。

Part 1 クラスづくり　8月

ことばかけ

「水を入れた風船を作りますよ」

保育者の援助

太陽を直接見ないように事前に話します。輪ゴムで結ぶのは難しいので、保育者が結んでもよいでしょう。スズランテープをビニール袋に入れる際、静電気が起きて入れにくいときがあるので配慮します。

バリエーション

大きな水風船に

大きめのビニール袋で水風船を作ります。プニョプニョの感触と普段感じたことのない水に重さがあることが体感できます。

105

| 絵の具 | 表現 | 水あそび |

絵の具のジュースやさん

ねらい
* 色の変化に親しみ楽しむ

準備する物
絵の具、筆、透明カップ、傘袋、つまようじ

あそび方

1 色水を作る

カップに絵の具を入れます。筆でかき混ぜてから水を入れ、さらにかき混ぜて色水を作ります。

2 混ぜ合わせる

1を何色か作ったら、好きな色の色水を選んで別のカップで色水と色水を混ぜ合わせます。

3 傘袋に入れる

たくさんできたら、傘袋に入れ、さらに空気を入れてパンパンにして口を縛ります。

4 シャワーであそぶ

傘袋を屋外にぶら下げます。つまようじで穴をあけ、カラフルなシャワーであそびます。

ことばかけ
「カップに絵の具を入れたら、筆で混ぜ混ぜしてね」

保育者の援助
色水と色水を混ぜるときに、カップに手を添えて、ゆっくり注ぐことを伝えます。絵の具を入れるカップは、中の色が楽しめるように透明なものを用意しましょう。

あそびが広がることばかけ

色の変化をイメージしやすく

「お水を入れたらオレンジジュースになったね」「赤いイチゴジュースと白い牛乳で、イチゴミルクのできあがり」など、色の変化をわかりやすく伝えましょう。

| バランス感覚 | 空間認知力 | 回転感覚 |

じゃがいもゴロゴロ

ねらい
* マットで転がることを楽しむ

準備する物
マット

あそび方
1. マットにあお向けに寝転がり、ひざを抱えます。
2. マットの端から端へ転がります。

あそびのポイント
ひざを少し開くと回転しやすくなります。はじめは、保育者が回転を助けるようにしましょう。斜めに転がりやすいので、マットからはみ出さないようコントロールすることが大切です。

あごを上げ、頭の上を見るようにすると、目が回りにくくなります。

Part 1 クラスづくり 8月

| バランス感覚 | 空間認知力 | 協調性 |

ボール転がし送り

ねらい
* 友達とボールを転がすことを楽しむ

準備する物
ボール

あそび方
1. 縦に並び、足を開いて腰をかがめます。
2. 前から股の間にボールを転がし、後ろへ送ります。
3. ボールが一番後ろまで行ったら、反対向きになり、繰り返します。

あそびのポイント
自分のところにボールが転がってきたら、両手でボールをしっかり持って後ろに転がします。投げる速さや方向に注意します。

ボールが回ってくるまで足首を持って待ちます。

待ってるときは、あごを上げ、前からくるボールを目で追います。

＼読み取ろう！／ 子どもの育ち

8月

天候に恵まれた8月は、運動あそびでたくさん汗をかきました。その中での子どもの育ちを読み取ります。

ボール転がし送り（p107）より

足を開いて腰をかがめた姿勢で並び、ボールを後ろの人に送ってあそんだ。

Iくん

足の開きが足りず、ボールを足の間にうまく通すことができなかった。失敗が恥ずかしく、「もうやらない！」と、友達とふざけ始めた。前に並ぶJちゃんがやり方を教えたが、「もういいってば！」とイライラし、列から外れてしまった。

関連する10の姿　健康な心と体

読み取り

【この場面での育ち】

やる気はあったのだが、うまくボールを通せなかったことで気持ちが離れてしまった。また、失敗すると恥ずかしくなり、嫌になってしまうようすがうかがえる。友達が教えてくれても、素直には受け止められないようだ。

今後の手立て

ボールの直径以上に足が開いていなかった、と気づく場面だった。次には、小さいボールでやってみてもよいだろう。ボールの大きさの違いにより、体をどうコントロールすればよいか気づかせたい。また、うまくいかないときこそ、考えて工夫するチャンスだと伝えたい。

Jちゃん

保育者の話をしっかりと聞き、ボールをうまく送っていたが、後ろに並ぶIくんがふざけたためボールが止まった。「もっと足はこうだよ」「ちゃんとやって」と、Jちゃんの語気が強くなった。Iくんが列から抜けると、がっかりしていた。

関連する10の姿　協同性

読み取り

【この場面での育ち】

Jちゃんは自分のことだけでなく、周りの友達にも目を向け、うまくいかない子にアドバイスする力をもっている。同じチームであるという意識もあるのだろう。でも、自分の言い方では功を奏しなかったということにも気づいた場面だった。

今後の手立て

友達に教えようとしたことは、十分に認めたい。チームを固定せず、いろいろな友達の動きを見て関われるようにしたい。また、みんなで力を合わせて教え合いながらやりきることに価値を置きたいと思う。

9月のクラス運営

園生活のリズムを取り戻す	夏休みに経験したことを、保育者に伝えようと登園してくる子どももいます。一人一人の話を聞きながら、それぞれの成長を子どもといっしょに喜び合います。
意欲をもってあそべるように	あそびの意欲が高まり、子どもが力を発揮してくる頃です。保育者は気持ちを受け止めながら、そのあそびのおもしろさや工夫できる所を気づけるようにしていきます。

9月の子どもたち

子どもの心と姿

久しぶりに友達に会えた！

「早く来て！」「何してあそぶ？」。玄関で待ち合わせた仲よし2人組、手をつないでぶらぶらと園庭を歩き回ったり、じゃれあったりしています。夏休みが終わって、やっと友達と会えたことがうれしいよう。友達のよさを実感しています。

数えられるよ、楽しいな

段ボールで作ったカードを取ったり取られたりするゲームを楽しむ子どもたち。「はい、2枚もらいます」「えー、あと3枚になっちゃった」。あそびの中で自然に数を覚えています。

あそびの中で数や言葉を覚えます。

おうちのほうが、ラク…？

休み明け、園の生活リズムに戻れない場合も。朝からボーッとしていたり、午睡からなかなか目覚めなかったり。それでも少しずつ、いつものペースに戻ります。

ドッジボール、もっとやろう！

「わっ！ ボールに当たっちゃった！」「ボールが取れたよ！」。ドッジボールのルールを理解し、ボールを投げたりキャッチしたりしています。ルールがあるからあそびが楽しい、ルールは大切だと気づいているようです。

今日は涼しい、秋になったんだ

暑かった夏が終わり、さわやかな天気の日が増えて過ごしやすくなってきます。一方、夏の疲れが出て体調を崩したり、「疲れた」「休みたい」と言ったりする子どももいます。

ねらい

* 友達と言葉を交わし、イメージを共有してあそびを楽しむ。
* 季節の移ろいを感じながら、自然にふれてあそぶ。
* 体を思いきり動かしてあそぶ楽しさを味わう。

環境構成 & 援助

休み明けも1日の流れに沿って

夏の疲れ、休み明けなどを理由に子どもの生活リズムも乱れがち。休息をとりながらあそび、生活リズムを立て直せるように援助します。あそびもゆったりとした時間を大切にしましょう。

友達とイメージを広げて

安心して友達とじっくりと関われる場を用意します。区切られたたたみコーナーは、ままごとあそびにぴったり。言葉を交わし、イメージを共有してあそべます。

「たたみコーナー大好き！」

言葉をどんどん増やして

語彙が増え、友達とのおしゃべりが楽しい時期。話して、聞いて、言葉がどんどん膨らみます。自分の気持ちを言葉にする姿を認め、友達関係の広がりにつなげましょう。

体をたくさん動かそう

走ったり跳んだり、活発な運動に自由に取り組めるよう、ボールやなわ跳びなどの用具を目のつく場所に準備します。ルールや勝敗にこだわりすぎず、繰り返し楽しめるよう援助します。

チェックリスト ✓

- ☐ 園庭の草花の手入れをし、あそびにつなげられる準備をする。
- ☐ ボールやなわ跳びなど、運動あそびに使う用具を点検する。
- ☐ ごっこあそびコーナーを広くとれるよう調整する。
- ☐ 活動後に、汗を拭いたり着替えたりするよう伝える。
- ☐ 夏の疲れが出ていないか、体調管理に気を配る。

Part 1 クラスづくり 9月

製作 9月のアイデア

[封筒くしゃくしゃドーナツ]

丸シールやビニールテープでトッピング

材料
封筒、ビニールテープ、丸シール

作り方

1. **土台を作る**
   封筒の上下の端を切り取ります。筒状に広げてから上下につぶして、輪にします。

2. **シールやテープを貼る**
   1にペンで描いたり、丸シールやビニールテープを貼ったりします。

[紙皿のカスタネット]

手作り楽器であそぼう！

材料
紙皿、色画用紙、ペットボトルのふた(2点)、ビニールテープ

作り方

1. **ふたを貼る**
   紙皿を中央で折り、折り目をはさんで左右対称になるようにビニールテープを巻いたペットボトルのふたをテープで貼ります。

2. **紙を貼る**
   1に色画用紙の耳を貼り、ペンで顔を描きます。

お絵かき

カレーライス ごはんの部分は、もこもこ線で表現します。

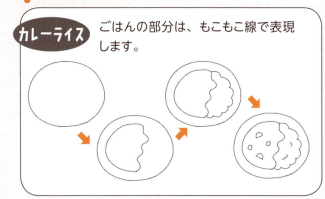

いただきます 手を描いてから、腕と体を描き加えるとバランスよし！

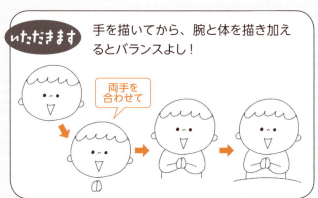

両手を合わせて

絵本

「14ひきのおつきみ」
さく／いわむら かずお
童心社

14匹のネズミの家族がお月見の準備をします。美しい森の風景やネズミたちの月に感謝する姿が印象的な一冊です。

「パパ、お月さまとって！」
作／エリック・カール　訳／もり ひさし
偕成社

モニカに月を取ってほしいと頼まれたパパは、長いはしごを使って…。月の満ち欠けも学べるしかけ絵本です。

「きょうのごはん」
作／加藤 休ミ
偕成社

いろいろな家のおいしそうな夕飯をネコが見て歩きます。料理の絵のにおいをかぐまねをしたりして読んでみて。

「おじいちゃんちでおとまり」
作・絵／なかがわ ちひろ　ポプラ社

おじいちゃんの家に1人で泊まりにきたぼく。おじいちゃんの昔の冒険談を聞きながら想像を膨らませていきます。

「もりのとしょかん」
作・絵／ふくざわ ゆみこ
学研プラス

ふくろうさんの家には本がいっぱい。いつしかそこは森の図書館になって…。本や図書館に親しみをもてるお話です。

「おまたせクッキー」
作／パット・ハッチンス　訳／乾 侑美子
偕成社

クッキーを食べようとすると、玄関のベルが鳴って友達が次々登場します。クッキーの数は足りるのでしょうか…。

Part 1　クラスづくり　9月

なぞなぞ

Q ピョンピョン跳びはねます。月にいるともいわれる、わたしはだーれ？
[ヒント] 耳が長いよ　**A** ウサギ

Q 空で丸くなったり細くなったりするものって、なーんだ？　**A** 月

Q お母さんに甘えるのは、甘えんぼ。秋に飛んでいる赤い虫は？　**A** アカトンボ

うた

♪ **とんぼのめがね**
作詞／額賀誠志　作曲／平井康三郎

♪ **バスごっこ**
作詞／香山美子　作曲／湯山 昭

♪ **きのこ**
作詞／まど・みちお　作曲／くらかけ昭二

♪ **はたけのポルカ**
訳詞／峯 陽　ポーランド民謡

手あそび・うたあそび

♪ **山ごや いっけん**
作詞／志摩 柱　アメリカ民謡

♪ **ごんべさんの赤ちゃん**
作詞／不詳　アメリカ民謡

♪ **じゅうごやさんのもちつき**
わらべうた

♪ **なべなべ そっこぬけ**
わらべうた

行事のことばかけ

防災の日　9月1日

避難訓練をして身を守ろう

ポイント 災害はいつ起こるかわからないことを伝え、自分の身を守る大切さを確認しましょう。

　日本は地震の多い国です。強い台風が来ることもあるよね。地震や台風などで、おうちが壊れたり、ケガをする人が出たりすることを「災害」といいます。災害は、いつ、どこで起きるかはわかりません。いざというときに自分の身を自分で守るために、避難訓練をします。日ごろから心の準備をすることが大事です。先生の話をよく聞いて、避難の仕方を覚えましょうね。

十五夜　9月中旬〜10月上旬ごろ

1年で一番美しい月

ポイント 月の満ち欠けについて興味がもてるよう、写真を見せながら話すのもよいでしょう。

　みんなは夜、空を見上げてお月様を見たことがありますか？　お月様の形は毎日変わっていて、細いお月様がだんだん丸くなっていき、真ん丸になると、まただんだん細くなっていきます。明日は、お月様が真ん丸になる日で「十五夜」といいます。1年のうちで一番美しい月ともいわれていて、昔から月見団子やススキ、ハギの花などを供えてお月見をしていたんですよ。

ちょこっと ことばかけ

散歩　コスモス

　コスモスはサクラの花に似ているね。だから、アキザクラという別の名前もあるよ。白やピンク、黄色などの花が咲くよ。

食育　カキ

　カキの実がオレンジ色になってきたね。これからどんどん甘くなっていくよ。そのまま食べるカキや、乾燥させて干しガキにするカキもあるよ。

季節　秋分の日

　秋分の日（9月23日ごろ）は、昼の時間と夜の時間が同じ長さになる日。夏から秋に変わる境目の日なんだ。「もう秋ですよ」ってことだね。

9月のあそび

言葉　表現　保育者と

どんな音かな？

ねらい
* オノマトペで強弱のちがいを理解する

あそび方

1 たいこをたたこう

保育者は小中大と強弱をつけてたいこをたたく動作をします。子どもはどんな音か言います。

人さし指の先で ➡「トントン」
こぶしで ➡「ドンドン」
腕を振って大きく ➡「ドーンドーン」

たいこをたたこう　　先生の動きを見てどんな音か言ってみてね

トントン　　ドンドン　　ドーンドーン

2 風が吹いてきたよ

次に保育者は風が吹く動作をします。「そよそよ」「ピュウピュウ」「ビュウビュウ」などをそれぞれ手の動きで示します。子どもはどんな風音か言います。

風が吹いてきたよ　　どんな風が吹いているかな

そよそよ　　ピュウピュウ　　ビュウビュウ

ことばかけ

「先生の動きを見てね。さあ、どんな音がするのかな？」

保育者の援助

保育者が大げさにジェスチャーをすると、音のイメージがわきやすくなります。ひと通り保育者がやってみせて、子どもがイメージをつかんでからあそびましょう。

バリエーション

オノマトペあそび

おもちや味噌汁、納豆など、子どもたちに身近な食べ物の音を、いろいろなオノマトペで表現してあそびましょう。

もちもち　　あつあつ　　ねばねば

Part 1　クラスづくり　9月

| ルール | 友達と | 体を動かす |

ギュッと押して3対3

ねらい
* チームで協力し合う体験をする
* 勝ち負けの気持ちを味わう

\ あそび方 /

1 手のひらを合わせる

3人1組になります。センターラインで向かい合わせになり、相手チームと両方の手のひらを合わせます。

2 ラインまで押し出す

合図で力いっぱい押します。相手チームのラインまで押し出したら勝ち。3人のうち勝った人数が多いチームの勝利となります。センターラインに戻って繰り返しあそびます。

ことばかけ
「自分が負けても、3人のうち勝った人数が多いチームの勝ちだよ」

保育者の援助
並ぶ順序や場所取りなど、こまめに声をかけましょう。さらに、実況中継のように子どもの姿をレポートすると盛り上がります。

バリエーション

片足立ちで押し合う

片足で立ち、バランスをとりながら押し合います。両足をついてしまってもOKにするなど、子どもたちのようすを見ながらルールを決めましょう。

| 自 然 | 外あそび | 見立て |

忍者葉っぱの術

ねらい
* 忍者のイメージを想像しながら、友達と楽しくあそぶ

Part 1 クラスづくり　9月

あそび方

1 忍術を知る

保育者が、忍術を教えます。

- 葉っぱ集めの術…いろいろな葉っぱを集めましょう。
- 葉っぱつかみの術…保育者が投げた葉っぱを拾いましょう。
- 葉っぱのせの術…頭に葉っぱをのせてみましょう。
- 葉っぱのせ早歩きの術…頭に葉っぱをのせて落とさないように、素早く歩きましょう。

2 「ニン！」で終了

「これにて終了、ニン！」という保育者の合図で、みんなでポーズをして終了です。

葉っぱつかみの術
葉っぱ集めの術
ニン
葉っぱのせ早歩きの術
葉っぱのせの術

ことばかけ

「ニン！ これが忍者の印だよ。今日は葉っぱの術を修行しまーす」

保育者の援助

忍者というキャラクターは、子どもにとって魅力的なもの。保育者のイメージを押しつけたりせずに、子どもの世界観を大事にしながら楽しみましょう。

バリエーション

ほかの忍術も

風呂敷に体をかくして「かくれの術」。音を立てないように歩いて「しのびの術」など、オリジナルの忍術を子どもといっしょに考えてみても楽しいでしょう。

しのびの術
かくれの術

| クリアファイル | じっくり | 表現 |

ゆらゆら水族館

ねらい
* 透けた素材の特性を楽しみながら製作する

準備する物
クリアファイル、油性ペン、穴開けパンチ、クリップ、針金

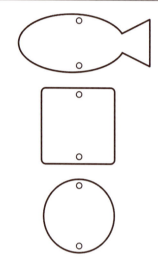

あそび方

1 クリアファイルを切る

保育者はクリアファイルを切り開き、魚の形や丸、四角などに切ります。上下にパンチで穴をあけます。

2 魚を描く

油性ペンでタコ、イカなど好きな魚の輪郭や目を描きます。裏にして体の色を塗ります。

3 つなげていく

保育者は吊るす針金を用意します。穴にクリップを通して順につなぎます。

ことばかけ
「水族館には、どんな生き物がいるかな？自分の好きな魚を作ってみよう」

保育者の援助
クリップでつなぐ際は、危険のないよう3～4人ごとに保育者がついて手順を教えます。難しい子どもには保育者がつなぎましょう。

あそびのヒント

窓辺に飾る

窓にカラーセロハンを貼って、作品を吊るし水族館にしてみます。色と色が重なって違う色になるなど、透明な素材感がいっそう楽しめます。

| 懸垂力 | 空間認知力 | 瞬発力 |

だるまさん

ねらい
* 鉄棒にぶら下がることを経験する

準備する物
鉄棒

あそび方
1. 鉄棒を逆手でにぎります。
2. ひじを曲げてぶら下がり、体を丸めます。あごを鉄棒の上に軽く乗せると、やりやすくなります。

あそびのポイント
ひじはしっかり曲げると、腕の力が身につきます。丸くなるときは、おなかに力を入れるのを忘れずにしましょう。

ひざはぴったりくっつけます。
おなかに力を入れます。

Part 1 クラスづくり 9月

| 支持力 | 協応性 | 瞬発力 |

小さなカエル

ねらい
* ジャンプすることを経験する

あそび方
1. 両手を開き体より前について、腰を高く上げます。両足は閉じます。
2. 両手を床につけたままジャンプし、両足は手の内側に着地します。これを繰り返します。

あそびのポイント
ジャンプするとき、瞬間的に両腕で全身を支えます。次のステップに必要な腕の力が身につく運動です。

両足は同時に跳ね上げます。
両手は肩幅より広い位置につきます。

119

読み取ろう！子どもの育ち 9月

語彙が増えたので、言葉の楽しさをみんなで味わえるあそびを取り入れました。その中での育ちの読み取りを紹介します。

どんな音かな？ (p115) より

「そよそよ」「ピュウピュウ」などのオノマトペの表現を、子ども同士で出し合った。

Kくん

「風の音はどんな音かな？」と問いかけると、しばらく考えていたが、「このあいだの台風は、ビュウビュウだったね！」と、思い出して発言した。また、「ズーンズーンって家が揺れたんだよ」「窓がガタガタ鳴って怖かった」と、表情豊かに話した。いろいろなオノマトペを話し合うきっかけとなった。

関連する10の姿　思考力の芽生え

読み取り

【この場面での育ち】

「風の音」と聞いただけで、最近の台風を思い出している。経験したことと結び付けて考えるという育ちが見える。また、家が揺れた音、窓の音を、自分で考えたオノマトペで表現している。Kくんなりによく考えていることがうかがえる。

今後の手立て

豊かなオノマトペで表現する力が育っていることがわかった。これまでに読んできた絵本の中から取り込んでいるものもあるだろう。これから話をする際、保育者自身もリズム感のあるオノマトペを取り入れて、会話のアクセントにし、環境の一部としたい。

Lちゃん

「そよそよ」「ピュウピュウ」など、保育者からの問いかけにはピンとこないようで、じっと黙っていたが、友達から先週の台風の話題が出ると、思い出し、「風がビュウビュウいってた！」「木の葉っぱがザワザワしたんだよ」と言葉が出始めた。友達の発言にも耳を傾け、友達が言った言葉を繰り返してつぶやいた。

関連する10の姿　言葉による伝え合い

読み取り

【この場面での育ち】

台風の話題から、そのときの映像がよみがえったようだ。本人が実感した音のほうが言葉になりやすいことがわかる。友達の話をよく聞いてイメージを膨らませる力があり、それをきっかけに、自分の言葉で話す力をもっている。

今後の手立て

大人や保育者が言葉を与えるのではなく、子どもの中から引き出すことの大切さをLちゃんから教えてもらったような気がする。そのためには、五感を使ってものごとを体験することが必要だと考える。

10月のクラス運営

体を動かしてあそぶ心地よさを味わう	運動あそびの中で、ルールを守ってあそぶ必要性を知り、仲間意識も強まってきます。クラス全員の力が十分に発揮できるように考えていきます。
季節の移り変わりに気づけるように	子どもが世話をしてきたいもが、収穫の時期を迎えます。いもほりをする感動を共に味わいながら、空や雲、紅葉などにも目が向くよう、言葉をかけましょう。

10月の子どもたち

子どもの心と姿

ぼくたち、仲間だよね

「おい、ここが基地の入り口だぞ」「えー、こっちを入り口にしようよ」。いつもあそんでいるメンバーでも、意見が食い違うことがあります。黙り込んだ2人。「よし、じゃあ、そっちが入り口で、ここは裏口にしよう」と、自分たちで解決します。

葉っぱっておもしろい

落ち葉がたくさん落ちている公園へやって来ました。「この葉っぱ、おもしろい形」「これは赤いよ」「なんていう木かな」と話し合いながら、葉っぱの違いを比べ、持ってきた小さな図鑑を開いて調べています。

カサカサ、ガサガサ。落ち葉の音も楽しむ2人。

綱引き、うんとこしょ！

「よいしょ、よいしょ」。綱引きが始まりました。おや？　こっちが3人で向こうが5人。「あー、負けちゃった。誰かこっちにきてよ」「わかった」。今度はこっちが6人で向こうが4人。何度も繰り返し、勝ったり負けたりを体験しながら、心も体も育っていきます。

いもほりをするよ

カキ、クリ、サツマイモなど、身近なところで収穫がある時期です。子どももいもほりを楽しみにしています。いもほり当日には、「ほら、おいものきょうだい」「これはパパとママとわたし」。土にふれ、虫に出合う体験をします。

ぼくたちだけで大丈夫！

友達と積極的に関わり、簡単なルールのあそびも子どもだけでできるようになります。「先生は見てて」と、思いきりあそびます。

ねらい

* 自分の思いを言葉で表現し、実現しようとする。
* 友達とのつながりを深め、場を共有してあそびを楽しむ。
* 秋の自然にふれ、戸外でのあそびを十分に経験する。

環境構成 & 援助

秋の自然を散歩で感じる

木々が色づき、木の実や虫も楽しめるこの時期、少し足をのばして広い公園へと散歩を楽しみましょう。豊かな自然の中で、友達と自由に散歩すれば、発見もいっぱい！

友達と競い合う楽しさも

友達と同じ場、同じあそびを共有し、いっしょにあそぶ楽しさが高まる時期。ちょっとした競争でも仲間意識は高まります。勝ち負けにこだわりすぎないよう、言葉をかけましょう。

発想を引き出す環境を

身近な用具や素材があれば、子どもの自由な発想であそびが始まります。物的な環境は整えすぎず、子どもの発想を引き出しましょう。求められたときに、温かい援助を心がけます。

言葉遣いは、保育者が手本

語彙が増え、友達との関係も深まると、強い言葉が出てしまうことも。保育者が言葉の選び方や思いの伝え方を自ら示し、みんなが気持ちのよい言葉を意識して使えるようにします。

チェックリスト ✓

- ☐ 園の近隣の公園を下見し、散歩の準備をする。
- ☐ 子ども同士の関係を見極め、グループを作る。
- ☐ 運動あそびの内容を、運動会につなげられるよう工夫する。
- ☐ 遠足に向け、体力がつくようなあそびを展開する。
- ☐ 多様な素材を集め、子どもの自由な発想やあそびを援助する。

製作 10月のアイデア

[落ち葉コラージュの動物]

自然物を製作に取り入れて

材料
紙皿、色画用紙、落ち葉、木の実

作り方

1 葉や実を貼る
紙皿の裏側に木工用接着剤で落ち葉や木の実を貼ります。

2 紙を貼る
1に色画用紙を貼ったりペンで描いたりして、顔を作ります。

[ひも通しのネックレス]

お店やさんごっこにおすすめ

材料
紙ひも、ストロー、色画用紙、ビニールテープ

作り方

1 ひもに通す
紙ひもに、短く切ったストローとクラフトパンチで抜いた色画用紙を通します。

2 ひもをほどく
1を輪にしてビニールテープでとめ、紙ひもの先端をほどいて広げます。

お絵かき

落ち葉 イチョウは左右対称、モミジは下の葉を小さめに。

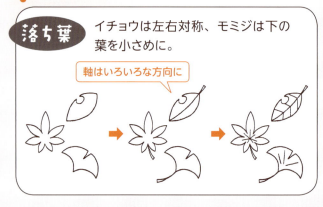

軸はいろいろな方向に

いもほり 地面は最後に描くと、バランスが取りやすいです。

絵本

「しゃっくりがいこつ」
作／マージェリー・カイラー　絵／S.D.シンドラー　訳／黒宮 純子　らんか社

しゃっくりが止まらない"がいこつ"。おばけの助言でいろいろと試してみますが…。ユーモアあふれる、笑えるお話。

「いもほり」
作／はまの ゆか　ほるぷ出版

おじいちゃんの畑にいもほりに来た子どもたち。いもほりの次は焼きいもと、秋のお楽しみの連続にわくわくします。

「ぼくのジィちゃん」
作／くすのき しげのり　絵／吉田 尚令　佼成出版社

田舎からやって来たジィちゃんが運動会でリレーのアンカーに！　痛快な展開で、さわやかな気持ちになれる一冊。

「ねずみのえんそく もぐらのえんそく」
作・絵／藤本 四郎　ひさかたチャイルド

地上ではネズミ園が、地中ではモグラ園が遠足に出発。上下でお話が同時進行する、あそび心いっぱいの絵本です。

「かぜ フーホッホ」
文／三宮 麻由子　絵／斉藤 俊行　福音館書店

本をめくる風や広場をわたる風など、身近にある風の音を言葉で表現。音を楽しみながら読んでみましょう。

「とっておきのカレー」
作／きたじま ごうき　絵本塾出版

山小屋のおじさんが子どもたちに、カレーを食べに来た珍客たちの話を聞かせます。意外な展開にびっくり！

なぞなぞ

Q よいしょ、よいしょ、大きな玉を転がすよ。これ、なーんだ？
　A 大玉転がし

Q 空き缶に隠れている季節って、なーに？
　［ヒント］葉っぱが赤や黄になる季節だよ　**A** 秋

Q 3（さん）は3（さん）でも、秋においしい魚の3（さん）って、なーんだ？
　［ヒント］細長い魚だよ　**A** サンマ

うた

♪ **運動会**
作詞・作曲／則武昭彦

♪ **虫のこえ**
文部省唱歌

♪ **紅葉（もみじ）**
作詞／髙野辰之　作曲／岡野貞一

♪ **松ぼっくり**
作詞／広田孝夫　作曲／小林つや江

手あそび・うたあそび

♪ **ピクニック**
作詞／不詳　アメリカ民謡

♪ **やきいもグーチーパー**
作詞／阪田寛夫　作曲／山本直純

♪ **大きな栗の木の下で**
作詞／不詳　イギリス曲

♪ **いわしのひらき**
作詞・作曲／不詳

Part 1　クラスづくり　10月

行事のことばかけ

いもほり

おいもは土の中で育つ食べ物

ポイント いもほりへの期待感を高め、土の中で育つ野菜にも目を向けましょう。

明日はいもほり遠足に出かけます。忘れ物がないように、もう一度、持ち物チェックをしましょう。お弁当、水筒、シャベル、おいもを入れる袋、軍手…。おうちに帰ったら、おうちの人とも確認しましょうね。では、おいもと同じように土の中で育つ食べ物を考えてみましょう。ゴボウ、ダイコン、ニンジン、ジャガイモ、カブなどがありますね。土の中で育つ食べ物は、どんなふうに生えているのかな？ 明日はいもほりをしながら、土の中もよく見てみましょう。

ハロウィン 10月31日

お菓子がもらえる楽しいお祭り

ポイント 実際にお菓子を配る場合は、配慮が必要な場合もありますので、確認しておきましょう。

「ハロウィン」は、秋に野菜や果物がたくさんとれたことに感謝するお祭りです。外国では、子どもが仮装してよそのおうちを回り、お菓子をもらう習慣があります。子どもたちは「Trick or Treat（お菓子をくれないといたずらをするぞ）」と言って、近所の家を回るんですよ。こんなお祭りがあったらうれしいですね。今日はおやつの時間に、ほかのクラスを回ると、お菓子がもらえますよ。楽しみですね。

ちょこっと ことばかけ

散歩　カエデ

カエデは、秋に葉が赤くなる木のこと。いろいろな葉っぱの形があるけれど、カエルの手の形みたいだからカエデといわれるよ。

食育　クリ

クリは木になる実なんだよ。4つ1組くらいでとげとげの中に入っていて、それは「いがぐり」と呼ばれているよ。

季節　秋晴れ

秋の日、特に空気がきれいで、すがすがしい青空が広がっている天気を秋晴れというんだ。台風が通り過ぎた次の日などに、よく見られるよ。

10月のあそび

ルール　体を動かす　言葉

フープぎりぎりおにごっこ

準備する物
マット、フープ

ねらい
* あそびの中で言葉を聞き分ける
* 自分で判断することを体験する

Part 1　クラスづくり　10月

あそび方

1 歌あそびをする

『やおやのおみせ』のリズムで歌あそびをします。

♪いまからはじまるあそびのなかには　こわーいおにさんでてくるよ（手拍子）よくみてみよう（辺りを見渡す）かんがえてみよう（あごの下に手を置く）

2 動物の名前を言う

保育者が動物の名前を言ったら、子どもは手拍子を2回します。数回、やりとりを繰り返します。

3 追いかけっこスタート

2を何回か繰り返したら、保育者は「おに〜っ！」と言って子どもを追いかけます。子どもたちはフープに入るとセーフです。

ことばかけ
「動物のあとにおにが出てくるよ。よーく耳を澄ませてしっかり聞いてね」

保育者の援助
フープに入れない友達に対して、どのように声をかけたらよいのかを子どもたちに問いかけていきましょう。おに役の保育者は、子どものようすを見て走るスピードを調整します。

バリエーション

フープの数を減らす

子どもたちが逃げ入るフープの数を減らします。「こっちがあいてるよ」「おいで」など、より協力して、互いに声をかけ合うよう促します。

みんなで　ルール　体を動かす

子ヤギとトロル

ねらい
* トロルに捕まらないように、チームの団結力を養う

あそび方

1 トロルを選ぶ

トロルを1人選び、他の子は子ヤギになります。

2 子ヤギが歩き進む

子ヤギは縦1列に並び、前の子の肩に掴まり、つながります。子ヤギたちは「草を食べに行こう」と言いながら、つながったままトロルの前まで進みます。

3 トロルがせまる

トロルは「食べちゃうぞ」と言いながら、最後尾の子ヤギを捕まえようとします。先頭の子は両手を広げて、それを阻止します。

4 トロルを交代する

うまく最後尾の子ヤギを捕まえたトロルは、子ヤギの先頭になります。捕まった最後尾の子ヤギが、次のトロルになります。

ことばかけ

「トロルに捕まらないように逃げてね」

保育者の援助

運動量が多いので、子どものようすを見ながらあそびましょう。なかなか子ヤギを捕まえられないトロルの子には保育者がいっしょにトロル役になるなど、配慮をします。

バリエーション

しゃがんであそぶ

全員がしゃがみながら移動し「子ヤギとトロル」であそびます。動きはゆっくりになりますが、運動量は増加します。

| 自然 | 感覚 | 表現 |

風のプレゼント

ねらい
* いろいろな葉の色や形に興味をもつ

準備する物
白い紙

Part 1 クラスづくり 10月

あそび方

1 お題を出す

保育者は「赤い葉っぱ、お願いします」「手の形みたいな葉っぱください」などと、お題を出します。

2 並べる

子どもはお題に合わせて、落ち葉を拾い、保育者に手渡します。保育者は白い紙に並べます。

ことばかけ
「昨日は風が強かったね。お外に出てみよう」

保育者の援助
強い風が吹いた次の日など、園庭に落ち葉がたくさん落ちている日にあそぶとよいでしょう。あそびの最後に「風さんからのプレゼント、たくさん見つかったね。風さんありがとう!」などの声かけをしましょう。

あそびのヒント

葉っぱを比べよう

紙の上に並べた葉っぱを、みんなで観察しましょう。お題に合わせて探す→見つける→並べる→みんなで観察する、を共有できるようにします。

129

絵の具　指先　感覚

キ、キ、キノコちゃん

ねらい
＊ 筆を使って色を塗る感触を楽しむ

準備する物
絵の具、筆、紙ボウル、トイレットペーパー芯、セロハンテープ

あそび方

1 紙ボウルに絵の具を塗る

あらかじめ、絵の具を透明なカップに入れておきます。子どもたちは、筆を使い紙ボウルに好きな色を塗ります。

2 模様を描く

乾いたら、水玉などの模様をつけます。

3 石づきをつける

紙ボウルの内側の底に、トイレットペーパー芯をセロハンテープで貼ります。ひっくり返して完成です。

ことばかけ
「キノコに色を塗るときは、白いところがなくなるくらい、絵の具をたっぷり塗ってね」

保育者の援助
塗りにくい部分は、紙ボウルを手に持って塗ることを伝えます。絵の具でテーブルが汚れないように、紙を敷くとよいでしょう。

バリエーション

キノコの森に

できあがったキノコを保育室にたくさん飾り、「キノコの森」を作りましょう。カラフルなキノコの森にみんな大興奮です。

| バランス感覚 | 空間認知力 | 高所感覚 |

鉄橋渡り

ねらい
* 平均台を渡ることを楽しむ

準備する物
平均台

あそび方
1. 2本の平均台を、間隔をあけて平行に置きます。
2. 片足ずつを平均台に乗せ、歩きます。

保育者の援助
保育者は横についていっしょに歩きます。途中で疲れて止まってしまう子は、保育者の肩に手を置いて休憩しましょう。

上半身を伸ばして歩きます。

慣れてきたら、腕を回して汽車のようにしてみましょう。

Part 1 クラスづくり 10月

| 空間認知力 | 協応性 | 瞬発力 |

的当てあそび

ねらい
* ボールを投げることを楽しむ

準備する物
ボール、的（絵を描いた紙など）

あそび方
1. 壁に絵を描いた的を1つ貼ります。
2. 的に向かって、ボールを自由に投げます。

あそびのポイント
的は子どものようすを見て、高くしたり低くしたり、大きくしたり小さくしたりします。また、ボールの大きさを変えたり、投げる距離を調節したりしても。

エイッ！
うわ〜

ボールを投げるときは、片足を一歩前に踏み出します。

読み取ろう！子どもの育ち 10月

散歩で訪れた公園で、色とりどりの落ち葉に喜ぶ子どもたち。自然を題材にしたあそびを通した育ちを読み取りました。

風のプレゼント（p129）より

公園で「赤い葉っぱ」などのお題を出し、集めた葉っぱを見せ合ってあそんだ。

Oちゃん

「赤い葉っぱ」というお題で、野原に駆け出したが、Oちゃんはお題を忘れてしまい、かけっこに興じていた。広い公園が久しぶりだったため、見守った。しばらくすると満足したのか、友達のようすに気づいて葉っぱ探しに加わった。大きな赤い葉っぱを見つけて、うれしそうな笑顔を見せた。

関連する10の姿：自然との関わり・生命尊重

↓読み取り

【この場面での育ち】

広い公園へ行ったのがよほどうれしかったのだろう。体が躍動して思わず走り出したようだ。秋の風を感じ、心地よく体を動かすことができてよかったと思う。落ち着くと周りの友達の状況を見ることができ、お題も思い出して活動に入る力もある。

今後の手立て

園庭とは違う環境を喜び、野原で大いに走り回ることで、秋という季節を十分に感じられる時間となった。葉の色の違いにも気づくことができた。今後は、形や手ざわりやにおいなど、さまざまな感覚を十分に使って自然に関われるように導きたい。

Pくん

「こっちの葉っぱはギザギザしているよ」「穴があいてる！」「裏はこんなだよ」と、友達が見つけた葉っぱを並べ、違いや特徴を言葉にした。近所のおじいさんに「葉っぱの研究かい？」と声をかけられると、自分から「この葉っぱはなんの種類かわかりますか？」と聞き、教えてもらった。お礼を言って、「帰ったら図鑑で調べよう！」と友達を誘った。

関連する10の姿：社会生活との関わり

↓読み取り

【この場面での育ち】

Pくんは、比べることに関心をもち、どこが違うかという目でそれぞれの葉っぱを観察している。その不思議を、近所の方との会話を通じ、教えてもらうことで満足感を得ることもできた。知的好奇心の高まりと共に、他者と臆さずに関わろうとする力も育っている。

今後の手立て

Pくんの前向きな活動を応援し、「葉っぱ博士だね」と認め、Pくんが調べたことをみんなに発表する機会をつくりたいと思う。また、近隣の方とふれあえる機会をつくり、交流の中から学ぶことも進めたい。

11月のクラス運営

「もっとやりたい」を膨らませる	あそびを深めていく中で、「このあそびをもっとしたい」「○○を作ってみたい」など積極的にやりたいことが出てきます。環境や素材を準備しながら、子どもの「もっと」を伸ばしていきます。
お互いの気持ちを伝え合う	自分のやりたいことを進めると、友達との間で誤解が生じる場合もあります。必要に応じて保育者が中に入り、お互いの思いに気づけるよう仲立ちをします。

11月の子どもたち

子どもの心と姿

「大きなカブ」ごっこをしよう

「大きいカブ、ってどのくらい?」「カブはどうやって作る?」「わたし、ネコがいい」「じゃあ、ぼくはイヌ」。身振りをつけて、大好きな絵本のことを話しながら、劇あそびへと広がります。子どもからはいろいろな希望、アイデアが次々と飛び出します。

「うんとこしょ、どっこいしょ」。楽しそうな子どもたち。

ぼく、お父さん役

子どもは生活の中での体験を、ごっこあそびで再現しアイデアを広げてあそび込みます。イメージを表現する小道具は、園にあるものを利用したり作ったり。「お父さんになる」という子どもは、ネクタイになりそうなものを探します。

今日、友達はお休み?

「今日はお休み?」「風邪ひいたのかな?」「そう、熱があるんだって」「明日は園に来るかな?」。仲よしの友達を意識し、いっしょにあそびたいという気持ちや、友達のことを心配する優しさを示します。友達の存在が、そんな心を育ててくれます。

こんなダンスにしたいなあ

「自分のやりたいことを実現したい」という気持ちを、強くもつようになります。「チョウチョウの踊りのとき、回る?」「そうだね、あと、手をヒラヒラさせて、最後にジャンプしようよ」。考えが実現すると、自信をもちます。

赤い葉っぱ、あっちにあるよ

近くの公園で、色とりどりの落ち葉を拾い集める子どもたち。「ねえ、見て、真っ赤な葉っぱ!」「あっちにもいっぱいあるよ!」と、友達とのおしゃべりも楽しいようです。

ねらい

* あそびや生活の場で、友達との関わりを深める。
* 自分の思いや考えを表現し、あそびを広げる。
* イメージしたことを言葉や動きで表現する。

環境構成 & 援助

ごっこあそびの充実を

すてきでしょ

絵本や紙芝居の世界に浸り、そのイメージがごっこあそびにつながるよう援助します。ドレスがたくさんあれば、友達と関わりながら、イメージを広げることができます。

友達との役割分担を意識して

友達との関わりが深まり、仲間意識が強くなります。少しずつ役割分担を覚え、力を合わせて1つのことをやりとげる姿も。仲間に入りづらい子に配慮し、楽しい雰囲気をつくりましょう。

自然物を製作に取り入れる

園庭や散歩先で拾い集めた落ち葉を、製作に活用しましょう。自由に貼ったり、描画と組み合わせたり。道具をそろえ、意欲的に作れる環境を整えます。

1つのあそびが膨らむように

自分で作ったものでごっこあそびをするなど、あそびとあそびがつながるのも楽しい時期。子どもの要求に応え、材料や道具は十分な準備を。作り方を示しておけば自分で取り組めます。

チェックリスト ✓

- ☐ 個人面談に向けて、子どもの成長記録をまとめる。
- ☐ 製作あそびのために身近な素材や用具をそろえる。
- ☐ できあがった作品をかざれるスペースを確保する。
- ☐ 絵本コーナーの近くに、ごっこあそびの道具を置いておく。
- ☐ あそびの後始末まで、子ども自身ができるよう配慮する。

Part 1 クラスづくり

11月

製作 11月のアイデア

[紙テープのミノムシ]

いろいろな色の紙テープでカラフルに

材料
色画用紙、紙テープ

作り方

1 土台を作る
台形の色画用紙をじゃばらに折ります。

2 紙を切る
紙テープを切ります。

3 紙を貼る
1に2を貼り、裏からクレヨンで描いた色画用紙の顔を貼ります。

[紙テープのお花飴袋]

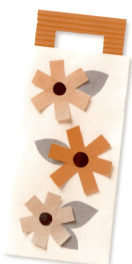

紙テープの花びらがポイント

材料
色画用紙、紙テープ、ホイル折り紙、片段ボール

作り方

1 土台を作る
色画用紙を三つ折りにし、下側を裏に折ってテープでとめて袋状にします。

2 紙テープを貼る
1に紙テープを3本ずつ重ねて貼り、中央に丸く切ったホイル折り紙を貼ります。裏に片段ボールの持ち手を貼ります。

お絵かき

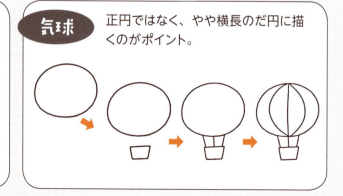

リス 最後のしっぽは思い切り大きく、クルッと巻いて描きます。

気球 正円ではなく、やや横長のだ円に描くのがポイント。

絵本

「七五三だよ 一・二・三」
作・絵／長野 ヒデ子
佼成出版社

七五三を迎える子どもたち。着物を着て家族でお参りに向かいます。七五三という伝統行事を知るのに最適な一冊。

「おしごと おしごと なににする？」
作／なとり ちづ　福音館書店

子どもたちが散歩の途中、大工さんにパンやさん、消防士など、町のいろいろな職業の人に出会って…。

「びっくり まつぼっくり」
文／多田 多恵子　絵／堀川 理万子
福音館書店

拾った松ぼっくりが雨にぬれると小さくなっていた！　実物の松ぼっくりでやってみると、より楽しめます。

Part 1　クラスづくり　11月

「もりのかくれんぼう」
作／末吉 暁子　絵／林 明子
偕成社

帰り道、森に迷い込んだけいこは、不思議な男の子と出会います。隠し絵になっている動物や男の子を探してみて。

「おちばであそぼう」
監修／大久保 茂徳　写真／岩間 史朗
ひさかたチャイルド

落ち葉を使った楽しいあそびを写真で紹介。落ち葉じゃんけん、お面に布団…。あそびを通じて自然に親しんで。

「くんちゃんのだいりょこう」
文・絵／ドロシー・マリノ　訳／石井 桃子
岩波書店

冬ごもりの季節、渡り鳥の話を聞いたくんちゃんは南の国を目指しますが…。幼い子グマの小さな旅のお話です。

なぞなぞ

Q 風邪を引いたら、キツネさんと間違われたよ。なにが出たからかな？
A 咳

Q きれいな、かわいい手の形の葉っぱの木、なーに？
[ヒント]秋になると赤くなるよ　**A** モミジ

Q パタ、パタ、パタ…頭の扇風機を回して空を飛ぶよ、なーんだ？
A ヘリコプター

うた

♪ **まっかな秋**
作詞／薩摩 忠　作曲／小林 秀雄

♪ **山の音楽家**
訳詞／水田詩仙　ドイツ民謡

♪ **たき火**
作詞／巽 聖歌　作曲／渡辺 茂

♪ **勇気りんりん**
作詞／やなせたかし　作曲／三木たかし

手あそび・うたあそび

♪ **だいくのキツツキさん**
訳詞／宮林茂晴　オーストリア民謡

♪ **なっとう**
作詞・作曲／不詳

♪ **おおきくなったら**
作詞／不詳　アメリカ民謡

♪ **やおやのおみせ**
作詞／不詳　訳詞／シマダナオミ
フランス民謡

行事のことばかけ

七五三 11月15日

大きくなったことを祝う行事

ポイント 地域によって七五三の風習は異なるため、確認しておくとよいでしょう。

今年、七五三のお祝いをするというお友達はいますか？ 今はしないけれど、昔は赤ちゃんの髪の毛をそっていました。そして3歳になったお祝いとして、髪の毛を伸ばし始めました。男の子は5歳になると袴（はかま）をはき、女の子は7歳になると帯を締めて着物を着ました。そんなふうにして、子どもの成長をお祝いしたのですね。七五三は「ここまで大きくなりました。ありがとう」と神様やおうちの人に感謝して、みんなでお祝いする日です。

勤労感謝の日 11月23日

おうちのお手伝いをしよう

ポイント 家族や働いている人のおかげで生活できていることを、確認できる場にしたいですね。

先生は昨日、お母さんといっしょに夕飯の準備をして、お手伝いをしました。お母さんはとても喜んでくれましたよ。もうすぐ「勤労感謝の日」です。その日はいつもみんなのために働いてくれているお父さん、お母さん、いろいろな仕事をしている人たちに「ありがとう」と言う日です。みんなにもできるお手伝いをして、お父さん、お母さんに「ありがとう」の気持ちを伝えましょう。

ちょこっと ことばかけ

散歩 松ぼっくり

松の木の実を松ぼっくりっていうよね。松かさということもあるんだよ。水にぬれると閉じて、反対に乾くと開くんだって。

食育 千歳飴（ちとせあめ）

千歳飴は、子どもの成長と、長生きしますようにという願いをこめたもの。1000年長生きしますように、という意味なんだよ。

季節 木枯らし

木の葉っぱを落としながら吹く、冷たくて強い風のことを木枯らしというよ。もうすぐ冬本番になるころに吹くんだって。

11月のあそび

> ふれあい　ルール　体を動かす

せんべいおに

ねらい
* 友達を思う気持ちを育む
* 体をいっぱいに使ってあそぶ

Part 1 クラスづくり　11月

あそび方

1 タッチされたらうつぶせになる

保育者はおに役になり、せんべい役の子どもたちを追いかけます。おににタッチされた子は、うつぶせになります。

2 タッチであお向けに

うつぶせの子は、捕まっていない子にタッチしてもらうとあお向けになれます。

3 もう1回タッチで復活！

あお向けの子は、捕まっていない別の子にもう1回タッチしてもらうと、せんべいに戻れ、また逃げられるようになります。

ことばかけ

「今日のおには、おせんべいが大好きなんだよ。食べられないように逃げよう！」

保育者の援助

子どもを追いかけるときに、寝ている子たちのことを忘れずにあそべるよう「踏まないよう気をつけようね」などと声をかけましょう。

あそびが広がることばかけ

友達を思う気持ちを育てる

タッチされた子に気づくよう、「〇〇ちゃんが動けなくなっちゃったよー」と声をかけます。「友達が困っていたら力を貸そう」「私が助ける！」といった気持ちがめばえてきます。

| ルール | 体を動かす | みんなで |

じゃんけんハイポーズ！

ねらい
* じゃんけんの勝負を楽しむ
* 全身を使ってあそぶ

あそび方

1 リーダーとじゃんけん

リーダー役の保育者を相手にじゃんけんをします。

2 ポーズをとる

じゃんけんの勝ち、負け、あいこでそれぞれポーズをとります。

- 勝ち…片方の手を腰に当てもう片方でガッツポーズをする。
- 負け…両手を広げ、片足を後ろに上げてバランスポーズ。
- あいこ…両腕両膝を広げて、曲げる。

ことばかけ

「先生とじゃんけんしよう！ 勝っても負けてもあいこでもポーズしてね」

保育者の援助

ポーズをとることに一生懸命になって、じゃんけんのルールが混乱することも。あそびを繰り返す中で、こまめに確認するようにしましょう。

バリエーション

子どもがリーダー役に

リーダー役を子どもがします。保育者もじゃんけんに加わり、いっしょにポーズをとるなどしてあそびましょう。

外あそび　自然　体を動かす

風と仲よし

ねらい
* なびくようすを見ながら、走る楽しさを知る

準備する物
トイレットペーパー

Part 1 クラスづくり 11月

あそび方

1 トイレットペーパーを配る

保育者は子どもの身長くらいに切った、トイレットペーパーを渡します。

2 体につけて走る

手首、足首、腰、頭など、子どもの好きなところにトイレットペーパーを結びます。
トイレットペーパーをなびかせながら自由に走ります。

ことばかけ
「トイレットペーパーが地面につかないように走れるかな？」

保育者の援助
トイレットペーパーをどこにつけたらいいのか迷っている子どもには、保育者が結んでもよいでしょう。破れたらその都度、保育者にもらいに来るよう伝えます。

バリエーション

2人組になって

慣れてきたら2人組になり、お互いの手首につなぎます。2人の息を合わせ、そのままちぎれずにどこまで行けるか、走ってみましょう。

> クレヨン　表現　指先

『ころころ』の冒険

ねらい
* 筆の使い方に慣れる
* イメージを広げてあそぶ

\あそび方/

1 道路を描く

クレヨンで、まっすぐな道、坂道、山道、でこぼこ道などを、2枚つなげた色画用紙に描いていきます。

2 『ころころ』を描く

冒険する『ころころ』(○) を、1で描いた道路に絵の具をつけた筆で描きます。さらに、その『ころころ』の物語を、保育者が子どもから聞き取りをして描きこみます。

3 じゃばら絵本に

2の絵の具が乾いたら、じゃばら折りにして絵本の完成です。

準備する物
クレヨン、絵の具、筆、横長に切った色画用紙

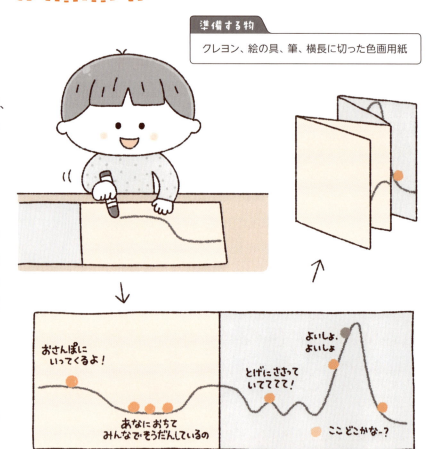

ことばかけ
「『ころころ』が迷わないように、しっかり道路を描こうね」

保育者の援助
道路を描くのは簡単なので、だらだらと長く雑にならないよう声かけをしましょう。
『ころころ』はていねいに描くよう伝えます。

あそびが広がることばかけ

やる気アップに

「○○ちゃんはすてきな色の『ころころ』をたくさん描いているね」などと言葉をかけると、自分だけの絵本ができるのがより楽しみになります。

| バランス感覚 | リズム感覚 | 柔軟性 |

足の間からコンニチハ

ねらい
* 体を動かす楽しさを知る

あそび方

1. あお向けに寝ます。両足を持ち上げ、顔の前まで倒します。倒したら足を開き、顔が見えるまで開きます。つま先は床につくようにします。
2. 上げていた足を下ろすときの反動で上半身を起こします。ゆっくり上体を前に倒し、額と胸を足に近づけます。

保育者の援助
2で足と胸がつかないときは、ひざを曲げ、太ももを胸につけて行います。少しずつひざを伸ばしていくと、やがてできるようになります。

足を開くことでつま先がつきやすくなります。

前に上体を倒すときに腕を伸ばしましょう。

Part 1 クラスづくり 11月

| 跳躍力 | 空間認知力 | 瞬発力 |

前向きジグザグ跳び

ねらい
* タイミングよく跳ぶことを身につける

準備する物
長なわ

あそび方

1. なわを一直線に床に置きます。なわと平行に立ちます。
2. 手を軽くにぎって胸の前で軽く曲げ、腰を少しかがめます。
3. 体は前を向いたまま、一直線に置いたなわの両脇を左右交互に斜め前に向かってジグザグに跳び越えます。

両ひざはぴったりくっつけます。

腕を振って勢いをつけて跳びます。

読み取ろう！子どもの育ち 11月

言葉が豊かになり、空想の世界を友達と楽しむ子どもたち。自分の絵本を作る過程での、成長の読み取りを紹介します。

『ころころ』の冒険（p142）より

クレヨンで道を、絵の具で「ころころ」を描き、物語を考えて絵本を作った。

Qちゃん

クレヨンや絵の具を使って道や「ころころ」を描く際には、あまり深く考えずに、サラサラと描いたように見えた。しかし物語を聞き取ると、「ここで、ころころは考えたのです…」としっかりとお話を考えていた。まだ物語は続くようすだったので、紙を出すと、熱心に道を描き続けた。

関連する10の姿：豊かな感性と表現

読み取り

【この場面での育ち】

描くことに躊躇はなく、心配なくらいだったが、お話が上手にできたので驚いた。描く際に考えていたというよりは、できあがった絵を見て即興で言葉を紡いだのだろう。そのように語る力があることをうれしく思う。まだ続けたいという意欲も、十分に感じた。

今後の手立て

お話を語ることが楽しくできるので、自分の絵本を友達に見せながら話すという場を設けたい。友達に見てもらうことで、さらに喜びは膨らみ、もっとおもしろいお話を、という意欲にもつながるだろう。友達の話とつなげて、さらにイメージを広げるのもよいかもしれない。

Rくん

紙いっぱいに大胆な道を描き、絵の具で「ころころ」を描く段階もていねいに時間をかけていた。しかし、そこで満足したらしく、物語ではあまり言葉が出なかった。午後になってから、「先生、わかった」と言って、物語の続きを話し始めた。ずっと続きを考えていたのだった。

関連する10の姿：自立心

読み取り

【この場面での育ち】

クレヨンと絵の具を使うことがうれしく、ていねいに楽しんで描いたRくん。描いた際には、ストーリーを語るというところまで、見通しがもてなかったようだ。しかし、気づいてから彼は考え続けた。自分なりに、描いた「ころころ」に合う物語を作り上げる達成感を味わった。

今後の手立て

1つのことをじっくり考え続けるという力が育っているRくん。帰りの時間も、できあがった絵本をうれしそうに見ていた。自分の物語がさらに表現できるように、子どもの必要に応じて新しい道具も提案していきたい。

12月のクラス運営

発表した経験を自信に変える	発表会の経験を通して、みんなの前で表現できた、という喜びや自信がもてるようにします。できばえにとらわれず、ここまでの過程を認め今後につながるようにしていきます。
新しい年に期待がもてるように	もちつきや大掃除、年賀状など、新しい年がくることに期待感が膨らみます。子どもといっしょに準備しながら、行事に関心がもてるよう、由来を話すなどの機会を設けます。

12月の子どもたち

子どもの心と姿

また明日、続きをしよう

「トナカイさん、ソリを引っ張って」「プレゼント、もう少し作ろう」「そうだね」「明日も続きをやろう」。仲間意識が強まるにつれ、毎日同じメンバーで、昨日の続きが始まります。友達と同じ方向へ向かってあそぶ楽しさを味わっています。

外でかけっこ、楽しいな

「風が冷たい!」「手が冷たい!」「キャー、寒い!」と言いながら公園であそびます。鼻の頭も耳たぶもまっ赤。吐く息はまっ白。それでも、あそんでいると体がポカポカしてきます。うんていも、ずいぶん上手になりました。

「指が冷たいよー」と言いながら、汗だくでうんてい!

サンタさん、きっと来るよね

「ツリーを見に行ったよ」「早く靴下、作らなくちゃ」「サンタさんわたしのおうち、わかるかな」。師走の町は、楽しいことがいっぱいです。子どもたちは町のようすをよく見て、あそびに取り入れようとします。

友達のアイデアでやろう

発表会前、「こうしたら見ている人がもっと笑うよ!」「そうだね、やってみよう」と友達の工夫を採用することに。意見を言ったり友達の思いを聞いたりしながら、劇の内容が充実してきます。

うがいするんだよ

風邪などがはやる季節。手洗いとうがいが欠かせません。石けんで手を洗い、ガラガラうがい。保育者に言われなくても、友達がしている姿を見れば進んで行きます。

ねらい

* 自分の思いを表現し、友達の考えを受け止めながら、あそびを楽しむ。
* 冬の自然や生活に関心をもって過ごす。
* 見たことや感じたことを、いろいろな方法で表現する。

Part 1 クラスづくり 12月

環境構成 & 援助

自然物を身近に感じる工夫を

保育室で過ごす時間が増える季節、小花や観葉植物で温かい雰囲気をつくりましょう。自然物を大切にする心も育まれます。

表現を発表する場を設ける

絵本で知ったお話を、自分たちで話し合い、分担してペープサートを作りました。子どもの思いを汲み取り、発表の場を設定すると、喜びもひとしおです。

みんな、見てー！

衣服の調整も自分で行うように

寒い日も、戸外でのびのびと体を動かしてあそべるよう言葉をかけます。その際の衣服の調整や、あそび後の手洗い・うがいも、自ら行えるような環境を整えます。

気の合う友達との関わりを深める

仲よしの子が見つかり、友達の言ったことを意識するようになります。お互いの思いを確かめ合う姿を認め、つながりが深まるあそびを提供しましょう。

チェックリスト ✓

☐ 着替えや手洗い・うがいの方法を自分で確認できるよう、掲示する。
☐ 戸外で積極的に活動できるようなあそびを設定する。
☐ クリスマスを楽しみにできるよう保育室をかざる。
☐ 体調の変化がないか留意し、感染症予防に努める。
☐ 友達との関係を深める援助を心がける。

製作 12月のアイデア

[自然物のツリー]

木の実や枝で温かみのある雰囲気に

材料
段ボール、色画用紙、折り紙、片段ボール、木の実、枝、ひも

作り方

1 紙を貼る
段ボールに、片段ボールの幹と丸みをつけた三角形の色画用紙を貼ります。

2 木の実や紙を貼る
1にちぎった折り紙を貼り、木の実や枝を木工用接着剤で貼ります。クレヨンで雪を描きます。

3 ひもをつける
保育者が段ボールに目打ちで穴を開け、ひもを穴に通して結びます。

[紙ひものリース]

アルミホイルのベルがアクセント

材料
紙ひも、ゼリーなどの容器、アルミホイル、枝、モール、リボン、ひも

作り方

1 土台を作る
保育者が紙ひもを7・8重に巻き、輪を作ります。

2 リボンを巻く
1にリボンを巻きつけ、枝を差し込みます。丸めたモールやリボンを木工用接着剤で貼ります。

3 容器をつける
アルミホイルで容器を包んだものに穴を開けてひもを通し、2につけます。

お絵かき

もちつき 最後にもちを描くために、臼の線を一部途切れさせておきます。

少しくびれをつける

トナカイ つのの形がポイント。上向きのもくもく線で大きく描きます。

絵本

「ころんだ だあれ?」
作／垣内 磯子　絵／田中 清代
鈴木出版

湯船につかって「だるまさんがころんだ」を10回数えるけんちゃん。すると本当にダルマが転んでいて…。

「クリスマスのまえのよる」
著／クレメント・C・ムーア　絵／ロジャー・デュボアザン　訳／こみや ゆう　主婦の友社

クリスマス前夜、プレゼントを届けに来たサンタさんをパパが見かけて…。クリスマスの雰囲気を楽しめる一冊。

「5ひきのすてきなねずみ おんがくかいのよる」
作／たしろ ちさと　ほるぷ出版

カエルの音楽会に感動したネズミたちは、自ら音楽会を開こうと楽器を作り始めます。音楽の楽しさが伝わる絵本。

Part 1　クラスづくり　12月

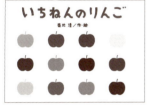

「いちねんのりんご」
作・絵／菊地 清
冨山房

月に1個、実のなるりんごの木。実が落ちて割れると、その月の風物詩に変身します。すてきな切り絵も見どころ。

「しんせつなともだち」
作／方 軼羣　訳／君島 久子　画／村山 知義
福音館書店

雪の日、食べ物を探しに出たウサギは、見つけたカブの1つをロバへ届けることに。思いやりの心を感じられる一冊。

「しゅくだい」
文・絵／いもと ようこ　原案／宗正 美子
岩崎書店

今日の宿題は、なんとおうちの人に"だっこ"してもらうこと。子どもも大人も笑顔になれる、心温まるお話です。

なぞなぞ

- Q 三角1つ、棒1つでチーン！　これ、なーんだ?
  A トライアングル
- Q 年に一度、クリスマスにしか会えないおじいさんは、だーれ?
  A サンタクロース
- Q 白くて、もっちもち。温めるとビヨーンと伸びる食べ物、なーんだ?
  A もち

うた

♪ **ジングルベル**
訳詞／宮澤章二　作曲／J・S・ピアポント

♪ **あわてん坊のサンタクロース**
作詞／吉岡 治　作曲／小林亜星

♪ **赤鼻のトナカイ**
作詞・作曲／J・マークス
日本語訳／新田宣夫

♪ **お正月**
作詞／東 くめ　作曲／滝 廉太郎

手あそび・うたあそび

♪ **きらきら星**
訳詞／武鹿悦子　フランス民謡

♪ **いちにのさん**
わらべうた

♪ **じゃがいも 芽だした**
わらべうた

♪ **アブラハムの子**
訳詞／加藤孝広　外国のうたあそび曲

行事のことばかけ

クリスマス 12月25日

クリスマスを楽しみに

ポイント サンタクロースやトナカイについて楽しく話しましょう。

　昨日、みんなといっしょにホールにクリスマスツリーを出しました。もうすぐこの園でもクリスマス会がありますね。クリスマスは、キリストという神様の誕生日をお祝いします。サンタクロースは来てくれるかな？　楽しみですね。そこで、今日はみんなでクリスマスツリーのかざりつけをしましょう。この前、長靴や星の形のいろいろなかざりをみんなで作りましたね。それをクリスマスツリーにつるしましょう。

もちつき

つきたてのおもちを食べよう

ポイント もちの作り方や風習を伝え、もちつきを楽しみにする気持ちをみんなで共有しましょう。

　もうすぐ、おもちつきですね。おもちは、もち米というお米からできています。昔は、どこのうちでもおもちをついてお正月を迎えたそうです。お正月に、二段に重なった丸いおもちを見たことはあるかな？　あれは「鏡もち」といって、新しい1年がよい年になることを願ってかざるものです。みんなはおもちが好きですか？　おもちつきでは、つきたてのおいしいおもちを食べますよ。きな粉やのり、あんこなどを用意するから、楽しみにしていてね。

ちょこっと ことばかけ

散歩　ポインセチア

クリスマスにぴったりな色のポインセチア。赤色の花のように見えるところは、実は葉っぱ。花は真ん中の黄色い部分なんだよ。

食育　ハクサイ

ハクサイは冬の代表的な野菜だよ。寒い日の朝、霜が降りることがあるけど、その霜にあたると、おいしいハクサイになるんだって。

季節　冬至(とうじ)

冬至(12月22日ごろ)は、1年のうちで昼間の時間が一番短い日。もっと寒くなるから、風邪を引かないようにとカボチャを食べるんだって。

12月のあそび

色探しゲーム

言葉 / ルール / じっくり

ねらい
* 色に興味・関心をもつ
* 身近な物から言葉を連想する

Part 1 クラスづくり 12月

あそび方
保育者がお題を出し、子どもは、順番に2回拍手をして答えていきます。

1 赤い物、なーんだ
（2回拍手してから）「イチゴ」（リンゴ・ポスト・消防車など）と答えます。

赤い物 →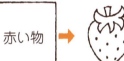

2 白い物、なーんだ
（2回拍手してから）「雪だるま」（歯・画用紙・トイレットペーパーなど）と答えます。

白い物 →

3 黄色い物、なーんだ
（2回拍手してから）「バナナ」（レモン・月や星・ヒヨコなど）と答えます。

黄色い物 →

ことばかけ
「みんなは何色が好き？ 先生が言う色の物が思いついたら答えてね」

保育者の援助
答えがなかなか出ないときは、「果物があるよ」「町で見かける働く車だよ」など、ヒントを出しましょう。

バリエーション

形探しゲーム
保育者が「丸い物なーんだ？」と聞きます。子どもは、「色探しゲーム」の要領で2回拍手をしてからリズムにのって答えます。

みんなで　ルール　見立て

○○さん出ておいで！

ねらい
* 身近な生き物になってあそぶことを楽しむ

準備する物
椅子

\ あそび方 /

1 輪になってうたう

ウサギ、カエル、カニに分かれ、輪に並べた椅子にランダムに座ります。『どこでしょう』のリズムで「♪ウサギさん　ウサギさん　どこでしょう　ここです　ここです　ここにいます」と手拍子しながらうたいます。「♪ここです…」はウサギの子のみうたいます。

ことばかけ
「ウサギさん、カエルさん、カニさんが出てくるよ。どんな動きかな？」

保育者の援助
ウサギは白、カエルは緑、カニは赤といったテープなどで腕に印をつけると、誰が何役かひと目でわかります。同じ役同士でかたまらないようにします。

2 歌に出た動物が移動

歌にウサギが出てきたら、ウサギ役の子どもはウサギジャンプで別のウサギの椅子に移動します。同じようにカエルやカニに替えてうたいます。カエルはカエルジャンプ、カニはカニ歩きで移動し繰り返しあそびます。

バリエーション

ほかの生き物に変身

腕を左右に動かす「ゾウ」や、両脇をピッと締めてヨチヨチ歩く「ペンギン」など、ほかにどんな生き物に変身できるかを子どもと考え、あそびましょう。

友達と　ふれあい　言葉

雪女おにごっこ

ねらい
* 友達と協力しておにごっこを楽しむ

Part 1 クラスづくり　12月

あそび方

1　おには雪女

おにを2人位決め、おにごっこの要領で追いかけます。おには雪女の役です。とても冷たいのでタッチされ「は～っ」と息を吹きかけられると氷になって動けません。

2　助けるには

ほかの子ども2人で動けない子を囲み、体をこすって「おんせん」とおまじないを言うと、雪女の呪いが解けてまた逃げられます。氷の人数が増えてきたら、保育者はようすを見てストップをかけます。

ことばかけ

「雪女に氷にされた子がいたら、おまじないで助けてね」

保育者の援助

子どものようすを見て、おに役の雪女を増やしてもよいでしょう。「おんせん」の呪文を「ストーブ」「こたつ」など、ほかの温かいものの言葉に変えても楽しめます。

あそびのヒント

雪女について伝えよう

あそぶ数日前に「雪女」の話をしましょう。「雪の日に現れるとてもきれいな女の人で…」と、子どもがあまり怖がらない程度に話します。

傘袋　じっくり　指先

えんとつからサンタさん

ねらい
* 自分で作った作品で楽しくあそぶ

準備する物
色画用紙、油性ペン、曲がるストローをつけた傘袋、底に穴の開いた紙コップ、セロハンテープ

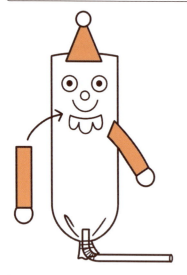
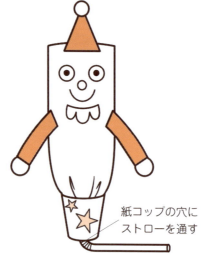
紙コップの穴にストローを通す

\ あそび方 /

1 サンタを作る

あらかじめ曲がるストローをつけた傘袋を作っておきます。子どもは油性ペンで目や口を描き、色画用紙で作った帽子や手を貼ります。

2 紙コップに入れる

底に穴の開いた紙コップの周りに、油性ペンで絵を描きます。その後紙コップの内側からサンタを入れて、穴にストローを通します。

3 膨らまそう

ストローに「ふーっ」と息を思いきり吹くことで、サンタが膨らみ立ち上がります。

ことばかけ
「もうすぐクリスマスだね、えんとつからサンタさんが出てくるよ」

保育者の援助
うまく膨らまない子どもは、ストローの横から息がもれていることがあるので、口をしっかりすぼめて吹くようにアドバイスしましょう。

あそびのヒント

クリスマス会で

みんなで順番に「さきちゃんサンタさん出てきてー」など呼んで、作ったサンタを披露するのも楽しいでしょう。

りかちゃんサンタさーん

バランス感覚 **空間認知力** **高所感覚**

1本橋横渡り

ねらい
* 平均台を渡ることを楽しむ

準備する物
平均台

あそび方
平均台に上がり、両腕を広げて横歩きします。

あそびのポイント
すり足で進むと安定します。また、両腕を広げるとバランスがとりやすくなります。

Part 1 クラスづくり 12月

空間認知力 **協応性** **瞬発力**

キックトンネル

ねらい
* ボールをけることを楽しむ

準備する物
ボール

あそび方
1. 少し距離を置き2人で向かい合い、両足を広げて立ちます。
2. 1人がボールをけり、もう1人の足の間に通します。2人の足に通るまで繰り返しあそびます。

あそびのポイント
地面にボールを置き、けるほうの足を後ろに引いて、勢いをつけてけります。うまくけることができない子は、最初は手で転がして行います。

ける方の足をぐっとひいてけります。

\ 読み取ろう！／ 子どもの育ち 12月

少し複雑なルールでも、クラスみんなで楽しくあそべるようになりました。
そんなあそびのシーンから、育ちを読み取りました。

雪女おにごっこ（p153）より

雪女がおにになるおにごっこで、おまじないの言葉も楽しんだ。

Sくん

タッチされたものの、息を吹きかけることを忘れていた雪女に「息がないから、今のタッチは、なし！」と抗議し、トラブルになった。その後も逃げ続けたが、誰にもタッチされなくなったので、機嫌が悪くなった。

関連する10の姿　健康な心と体

▼読み取り

【この場面での育ち】

氷にされるのが嫌で、息がなかったことを理由に「効力なし」を主張した。思いは通したものの、友達から相手にされなくなったことを感じたようだ。友達とうまく関わりながらあそぶにはどのようにふるまえばよいのか、考えるきっかけになったと思う。

今後の手立て

氷にならないなら、氷になった友達を助けることはできる。1人では助けられないので、友達と力を合わせる必要がある。目で合図したり、「いっしょに○○ちゃんを助けよう」と言ったり、友達と心を通わせる経験をさせたいと思う。

Tちゃん

「おんせん〜」のおまじないで友達を溶かすことがおもしろく、たくさんの子を溶かすために意欲的に走り回った。その後たくさん汗をかき、「先生、着替えたい」と言い、自分で着替え、かばんに服を片づけた。

関連する10の姿　自立心

▼読み取り

【この場面での育ち】

友達を助けるために力いっぱい走ったTちゃん。「おんせん〜」といっしょに言うのも楽しそうだった。十分に活動し満足感を味わうことができた。また、汗の始末も自分でしっかりと行うことができた。健康を自分で管理し、状況判断する力もある。

今後の手立て

このあそびのおもしろさを十分に味わうことができてよかったと思う。寒い時期でも体を使い、外で楽しく活動できた。Tちゃんは、まだ雪女を経験していないので、次は捕まえる側をやってみるとよいだろう。

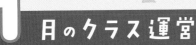

1月のクラス運営

| 冬休みの経験を話せるような機会を | 年末年始に経験した出来事を、保育者や友達の前で話をする機会をもちましょう。また、こま回しやかるたなど、正月の伝承あそびもみんなと楽しめるようにしていきます。 |

| 冬の健康に気をつける | 手洗い、うがいを自ら進んでできるように、その大切さを知らせ、衣服の調節にも気づけるような言葉をかけ、健康な生活を心がけられるようにしていきましょう。 |

1月の子どもたち

子どもの心と姿

トランプで「7並べ」をしよう

「トランプをしよう」「神経衰弱がいい」「わたし、7並べがいい」「知ってる!」。冬休みの間に覚えたあそびを友達とやってみようとします。ルールの解釈の違いはあっても、自分の思いを伝えたり、友達の思いを聞いたりしながら、友達といっしょにあそぶことを楽しみます。

いっしょに絵本を読もう

暖かい日、園庭の一角を段ボールで仕切って、数人で絵本を見ています。まだ文字は読めないけど、絵を見ながら話しているよう。狭い空間ならではの親密感がうれしくて、いつまでもくっついています。

くっついて絵本を見るのも楽しい!

けん玉、難しいな

「見てて! わたしのけん玉」「こま、なかなか回らない。どうしたらうまくできるのかな」。けん玉、凧あげ、こま回し、なんでもやってみたいようです。でも難しくてすぐにはできず、不機嫌になったり、保育者に助けを求めたり。挑戦する気持ちが大切です。

氷を見つけたよ!

「氷だ! きて」「ツルツル!」「滑る!」。園庭のあちこちで見つけた氷でツルツル滑ります。バケツの水も凍り、子どもは大喜び。とっておきたいけれど、徐々に解けてしまう不思議を体験しました。

すごろく、おもしろい!

床にビニールテープでマス目を作り、人間すごろくをしました。サイコロの目の数だけ、マス目を数えながら進みます。文字と数を、楽しく学ぶ機会にもなります。

> ### ねらい
> * 気の合う友達とイメージを出し合い、自分たちであそびを進める。
> * 寒さに負けず、園生活を元気に過ごす。
> * 冬の自然を見たりふれたりして、不思議な事象を知る。

環境構成 & 援助

難しいあそびにも挑戦を

こま回しや凧あげなど、少し難しいあそびに興味をもってやってみようとします。手に取りやすいよう、棚に整頓しておくことで友達といっしょにチャレンジできるでしょう。

寒い冬でも戸外あそび

運動あそびが楽しめる公園などを訪れ、みんなでたっぷりと体を動かせばポカポカに。運動が得意な友達を見て挑戦しようとする姿を認め、援助をしましょう。

ルールのあるあそびに親しんで

かるたやトランプなど、家庭で経験したあそびにみんなが集まります。必要な用具を整えておけば、自分たちであそびを始めます。ルールを教え合って楽しめるようにしましょう。

自分の体調変化に気づけるように

インフルエンザなど感染症の増える季節。悪寒や頭痛、発熱などの子どもの体調の変化に早く気づけるよう留意します。また、子ども自身が自分の体調を言葉で伝えられるよう、援助しましょう。

> #### チェックリスト ✓
> - ☐ 家庭での話に耳を傾け、楽しい思い出を共有する。
> - ☐ 伝統あそびの玩具をそろえ、あそび方を知らせる。
> - ☐ 雪や氷であそんだあとの着替えを準備し、体が冷えないよう援助する。
> - ☐ 子ども同士の会話のやりとりを見守り、友達関係を把握する。
> - ☐ 冬が楽しくなるような運動あそびを提供する。

Part 1 クラスづくり

1月

製作 1月のアイデア

[牛乳パックで作るこま]

お正月あそびに親しもう

材料
牛乳パック、キラキラテープ、ビニールテープ

作り方

1 土台を作る
保育者が牛乳パックの上部を切り取り、底をつなげたまま側面を切り開きます。先端を切ります。

2 テープを貼る
1 に油性ペンで描き、キラキラテープを貼ります。ビニールテープの持ち手を中央につけます。

[くしゃくしゃ紙の雪だるま]

紙をもみこんでやわらかい質感に

材料
厚紙、コピー用紙、綿、色画用紙、リボン、ボタン

作り方

1 紙を切り、もむ
コピー用紙を大小の丸に切り、くしゃくしゃにもみます。ペンで顔を描きます。

2 綿をのせて紙を貼る
厚紙に綿をのせ、その上から 1 を貼ります。

3 リボンやボタンを貼る
2 に色画用紙の帽子を貼り、リボンなどを木工用接着剤で貼ります。クレヨンで雪を描きます。

お絵かき

怪獣 体の形は「て」の形の変形を意識すると描きやすくなります。

しっぽは尻つぼみ

こま 最後にくるくると巻いたひもを足すのがポイント。

軸の部分はあける

絵本

「くまのこの としこし」
作／高橋 和枝
講談社

新年を迎える準備で大忙しのクマの一家。子グマも自分なりに準備をします。年越しのわくわく感が詰まったお話。

「十二支のしんねんかい」
文／みき つきみ　画／柳原 良平
こぐま社

十二支の動物たちが新年会を開きます。まずはそれぞれをテンポのよい言葉でご紹介。声に出して読みたい一冊。

「うちにかえったガラゴ」
作・絵／島田 ゆか
文溪堂

ガラゴが旅から帰ると、たくさんの仲間が家を訪ねて来て…。温かいお風呂にごはん、幸せいっぱいのお話。

「のはらでまたね」
作・絵／はせがわ さとみ
文溪堂

子グマのくれたマフラーの使い方がわからないタヌキ。森の動物たちも勘違いして…。春が待ち遠しくなる物語。

「もりのおくのおちゃかいへ」
作／みやこし あきこ
偕成社

おばあちゃんの家へ向かう途中、動物たちのお茶会に迷い込んだ主人公。白黒と赤黄で描かれた世界が印象的。

「オレ・ダレ」
文／越野 民雄　絵／高畠 純
講談社

夜空を背景に動物たちがシルエットで登場。声色を変えて読んだりしながら、一体誰なのか当てっこしてみて。

Part 1　クラスづくり　1月

なぞなぞ

Q お正月にもらえる、うれしい玉って、どんな玉？
A お年玉

Q 冬に着るものは「セーター」。では、つけるものといえば、なにかな？
A ヒーター（ストーブ）

Q コロコロ転がるサイって、なーんだ？
A サイコロ

うた

♪ たこの歌
文部省唱歌

♪ 雪
文部省唱歌

♪ うたえバンバン
作詞／阪田寛夫　作曲／山本直純

♪ ハッピーチルドレン
作詞／新沢としひこ　作曲／中川ひろたか

手あそび・うたあそび

♪ おせんべやけたかな
わらべうた

♪ 花いちもんめ
わらべうた

♪ きつねのおはなし
作詞／まど・みちお
作曲／渡辺 茂

♪ おてらのおしょうさん
わらべうた

161

行事のことばかけ

七草 1月7日

七草がゆで病気をしない体に

ポイント 春の七草に興味をもち、体によいことを知る機会にしましょう。

　お正月におせち料理やおもちをたくさん食べて、おなかが疲れていませんか？　新しい年になって7日目に、「七草がゆ」というおかゆを食べると、おなかが少し休まり、健康な1年を送れるといわれています。七草は「セリ、ナズナ、ゴギョウ、ハコベラ、ホトケノザ、スズナ、スズシロ」です。みんなでいっしょに言ってみましょう。スズナはカブ、スズシロはダイコンのことです。

鏡開き 1月11日

健康を願って鏡もちを食べる日

ポイント お正月に供えた鏡もちを、割って食べることを伝え、健康を願う気持ちを大切にします。

　今日は「鏡開き」です。園長先生がホールで、お正月にお供えした鏡もちを、みんなのために割ってくださいます。みんなのおうちでは、お正月に鏡もちをかざっていたかな？　このおもちをお雑煮やお汁粉に入れて食べる行事を、鏡開きといいます。鏡もちは神様にお供えしたおもちだから、このおもちをいただいて、「この1年をみんなが元気で幸せに暮らせますように」と願いながら食べましょう。

ちょこっと ことばかけ

散歩　ナンテン

　冬だけど、赤い実をつけている木があるね。あれはナンテンというんだよ。昔から、悪いことが寄りつかないよう、庭に植えたんだって。

食育　おせち料理

　おせち料理は、お正月に食べるおめでたい料理だよ。めでたさを重ねるという意味で、重箱という箱に詰めて重ねるんだよ。

季節　年賀状

　年賀状は、「あけましておめでとう」と、新しい年がきたことを祝う言葉を書いて送るあいさつのはがきだよ。今年の干支（えと）は何の動物かな？

1月のあそび

フープ　友達と　ルール

フープで玉取りゲーム

準備する物　フープ、紅白玉、かご

ねらい
* 友達と息を合わせて取り組む

Part 1　クラスづくり　1月

あそび方

1　2人組でフープに

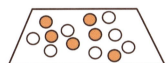

2人組になり、フープに入ります。腰のあたりまでフープを上げ、手を使わずに前へ進みます。

「落ちないように」

2　紅白玉を拾う

「ぼくは赤」

紅白玉の置いてある場所までいき、フープを置いて紅白玉をそれぞれ1個拾います。

3　走ってゴール

帰りは2人でフープを持ってゴールまで走ります。紅白玉をかごに入れて次の人へ。

ことばかけ

「2人で協力してフープを運ぶよ、引っ張り気味にするといいよ」

保育者の援助

あそびを始める前に、どうやったら手を使わないでフープを2人で運べるのか、保育者といっしょに実際にやってみましょう。

バリエーション

チーム対抗

「ガンバレー」

落とさないで運べるようになってきたら、チーム対抗であそびます。フープが落ちたら止まって手で拾い、その位置から再度スタートします。

友達と | 体を動かす | ルール

ニコニコプンプン

ねらい
* 友達と共感する喜びを味わう

準備する物
フープ、顔の絵を描いたキャップ

ポーズが合っていたら

ポーズが合わなければ

\あそび方/

1 フープの周りを歩く

子どもは1人1つずつニコニコかプンプンの顔が描かれたキャップを引きます（キャップの内容は秘密にします）。キャップを握ったまま、フープの周りを自由に歩きます。

2 フープの中でポーズ

保育者の合図でフープに入ります（1つのフープに2人まで）。「ニコニコプンプン 1、2の3」でキャップに描かれた顔のポーズをします。

● ニコニコ…おなかをかかえて笑うポーズ
● プンプン…怒った表情で片足を上げ下げするポーズ

3 ポーズを見せ合う

2人のポーズが合ったら、「イエーイ！」とタッチ、合わなければ「ざんねーん」と言い合います。

ことばかけ

「キャップには何が描いてあるかな。友達には内緒にしてね」

保育者の援助

ポーズの確認をこまめにするようにします。子どものようすを見ながら、ポーズを少しずつ変えてもよいでしょう。難しい子どもは、保育者といっしょに行います。

バリエーション

3人でポーズ！

1つのフープに、3人まで入れるようにします。同じポーズが揃うことはあるのかな？

| チームで | 自 然 | じっくり |

あっちこっち探検隊

ねらい
* 友達と話し合いながら、自然の中でかくしてあるものを探す

準備する物
丸シール、リボン

あそび方

1 チームに分かれ、宝物を決める

2チーム（あっちチーム、こっちチーム）に分かれ、それぞれ宝物を決めます。宝物を見せ合い、目印となる丸シールやリボンをつけます。

2 園庭にかくす

チームで話し合いながら、自分のチームの宝物を園庭にかくします。

3 宝物を探す

相手チームの宝物を探します。先に見つけたチームの勝ちです。

ことばかけ
「今日はみんな探検隊、かくした宝物を探しましょう」

保育者の援助
保育者はそれぞれのチームのかくし場所を覚えておき、なかなか見つからないときは「あれあれ、葉っぱの中かな?」などと子どもに伝えます。

あそびのヒント

手作り双眼鏡

トイレットペーパーの芯2本の間に、短く切ったトイレットペーパー芯を両面テープで貼ります。ひもをつけて双眼鏡の完成。あそびの小道具に。

Part 1 クラスづくり　1月

| 段ボール | 表現 | イメージ |

つながれ、段ボール

ねらい
* 平面から立体への変化に気づく
* 大きな物を作る楽しさを知る

準備する物
段ボール、ペン、ガムテープ

段ボールを組み立てよう

ここは丸くしてハートの窓もほしいな
いいね

バァ！
よいしょ

あそび方

1 立体に組み立てる

保育者が子どもたちに、畳んである段ボールを立ち上げて組み立てて見せ、ガムテープで留めます。子どもたちも立体に組み立て、ガムテープで留めます。

2 形を描いて切る

窓や入り口など、穴を開けたいところに大きくペンで形を描きます。保育者がそれを切ります。

3 つなげてあそぶ

みんなの段ボールを並べて長いトンネルにし、入り口からゴールまでくぐってあそびます。

ことばかけ
「段ボールを組み立てよう。できるかな？」
「段ボールって硬いね」

保育者の援助
あらかじめ、必要な長さのガムテープを、子どもの人数分切っておきます。段ボールをつなげるときは、倒れないように椅子などで支えます。

あそびが広がることばかけ

興味を引き出して
「トンネルがだんだん長くなってきたよ」「暗いとドキドキするから、もっと窓をつけてみようか」などと声をかけると、あそびが広がります。

暗いからもっと窓を作ろうか

バランス感覚 **回転感覚** **協応性**

ユラユラゆりかご

ねらい
* 体を支えながらゆらすことを楽しむ

準備する物
マット

あそび方
1. マットにひざを抱えて座り、背中を丸めます。
2. 反動をつけて後ろに倒れ、元の姿勢に戻ります。起き上がりこぼしのように連続で行います。

保育者の援助
背中をうまく丸められない子は、やわらかいボールをおなかに抱えてもよいでしょう。

背中を伸ばしたままだとうまく後ろに倒れません。背中は丸めます。

頭が床に着く前に起き上がります。

Part 1 クラスづくり 1月

バランス感覚 **支持力** **協応性**

空中自転車こぎ

ねらい
* 鉄棒に跳び上がり、体を支えることを経験する

準備する物
鉄棒

あそび方
1. 鉄棒をにぎり、ひざを曲げてつま先で跳び上がり、下腹部を鉄棒の上に乗せます。
2. 自転車のペダルをこぐように、足を回転させます。

あそびのポイント
跳び上がったら、腕をしっかり伸ばして体を支え、下腹部を鉄棒に乗せます。自転車をこぐまねをしている間、腕は伸ばしたままにします。

顔はまっすぐ前に向けるとバランスがとりやすくなります。
腕は伸ばします。

167

読み取ろう！子どもの育ち　1月

友達とのあそびが楽しくて仕方のない4歳児。室内で友達とふれあってあそびました。子どもがどう育ったか見てみましょう。

ニコニコプンプン（p164）より

「ニコニコ」と「プンプン」のキャップに合わせて、友達とポーズをしてあそんだ。

Uちゃん

キャップを引いたときに、思わず「わたし、ニコニコだよ！」と声に出して言ってしまった。友達に指摘されると、「そっかー」と笑ってやり直した。内緒にすることをもう一度伝えるとうなずき、にんまりとしながらフープの周りを歩き、あそびを楽しんだ。

関連する10の姿　自立心

読み取り

【この場面での育ち】

キャップのマークを引くのが楽しかったのだろう。また、「ニコニコ」が出てうれしくなったのかもしれない。ただ、今回はルールに応じてその気持ちを抑えることが大事だった。それを理解し、次には心のうちに秘めてゲームができた。自分の行動をコントロールしている。

【今後の手立て】

今回、Uちゃんはルールを理解してあそぶことができた。思いのままに発言したり行動することも大切だが、ときには我慢し、あえてだまっていることも必要である。今後もルールがあるからこそのゲームの楽しさを伝え、できたときには認めていきたい。

Vくん

フープの中で友達とポーズがそろうと、「やった！」と手を合わせて喜んだ。「プンプン」ポーズをもう一度いっしょにやり、笑い合った。3人でも偶然にそろい、「こんなことあるんだね！」と大喜び。友達との絆も深まり、午後も同じメンバーであそんでいた。

関連する10の姿　言葉による伝え合い

読み取り

【この場面での育ち】

ポーズが同じだったらいいな、という願いをもち、そろったら喜び合う姿に、友達と共感するようすが見てとれる。3人でそろうことはあまりないと感じていたので、そうなってびっくりしたことだろう。新たな友達との関わりが増えてよかったと思う。

【今後の手立て】

その場でポーズをいろいろと考えてやることもできるだろう。「ニコニコ」「プンプン」以外にも、感情の表し方（困った、照れる、もじもじ、など）を出し合い、自分たちでポーズを考えるのも楽しい活動になりそうだ。

2月のクラス運営

| 製作が楽しめる環境を | 作品展などの行事もこの頃です。自由に表現できるよう、絵の具や油性ペン、色画用紙やセロハンなどさまざまな道具や素材を使えるよう環境を整えておきます。 |

| 戸外で5歳児ともあそべるように | 戸外に出て大なわ跳びやおしくらまんじゅうなど、集団あそびを楽しみましょう。卒園間近の5歳児ともあそび、刺激を受けたり意欲をもたせたりできるよう関わりましょう。 |

2月の子どもたち

子どもの心と姿

わたしのと同じハンカチ

「このハンカチ、誰の?」「わたしのと同じだ」「渡してくる!」「わたしも行く!」。仲よしの友達のことはよく知っています。同じ物を持っていることが、仲よしの意識をより深めます。1対1の関係を核に、友達の輪を広げます。

もうすぐ大きいクラスだもん!

2歳児クラスの保育室へあそびに行く子どもたち。交流を重ねながら、「もうすぐ大きいクラスだから」とお世話する姿も見られます。小さい子に優しく接し、誇らしげな表情。そうしてお兄さん、お姉さんとしての振る舞いを身につけます。

"お兄さん"の自覚が湧いてきます。

じゃあ、わたしはお姉さんね

「わたし、お母さん! お料理するね」「じゃあ、わたしは…お姉さんね」「中学校のお姉さんになる。勉強しなくちゃ」。お姉さん役になって、紙に文字や数字を書きます。相手を意識し、相手の動きを見ながら自分のイメージを伝えて、ともに楽しみます。

チューリップの芽? どこ?

「チューリップの芽が出たよ」「どこ?」「行ってみよう」「わたしも行く」。1人の発見と驚きが広がって、園庭へ飛び出していきます。チューリップがかわいい芽を出しているのを見つけ歓声をあげます。

すもうで体も心もポカポカ

「はっけよーい、のこった!」。2人組になってすもうごっこです。体がふれあって、あそんでいるうちに体はポカポカ。ふれあいあそびは、心も温めてくれます。

ねらい

* 気の合う友達とイメージを受け止め合い、あそびを広げる。
* あそびの中でイメージを膨らませ、表現活動を楽しむ。
* 冬から春への季節の移り変わりを感じ、興味・関心をもつ。

環境構成 & 援助

友達と関わりやすい素材を

気の合う友達と、言葉を交わしながら製作あそび。友達のアイデアに刺激を受け、工夫できる素材を準備しましょう。

率先して戸外であそぼう

「いーち、にー！」

寒さの厳しい季節ですが、保育者が率先して戸外へ出て、体を動かすあそびに誘いましょう。なわ跳びやすもうごっこなど、子どもが夢中になるあそびを提供します。

氷の不思議さを体験

寒くなりそうな日は前日から容器に水をためておき、氷をたくさん作ります。翌朝、できた氷をみんなで観察し、水に変わる不思議を体験します。冬ならではのあそびを展開しましょう。

年下の子と関わる機会を

間もなく5歳児クラス。不安を感じる子どもの気持ちに寄り添い、異年齢児とのあそびで年下の子と関わる機会を増やします。年下の子に優しくする姿を認め、自覚を育てましょう。

チェックリスト ✓

- ☐ 室内の温度や湿度に配慮し、感染症が流行しないように努める。
- ☐ トランプやあやとり、パズルなどじっくりあそべる玩具を出しておく。
- ☐ 冬ならではの自然事象と関われるよう、準備する。
- ☐ 進級に備え、異年齢児との交流を増やす。
- ☐ リズムあそびを楽しめるよう、楽器を保育室に出しておく。

Part 1 クラスづくり

2月

製作 2月のアイデア

[カラー工作用紙のお面]

カップ容器と丸めた紙で立体的に

材料
カラー工作用紙、色画用紙、カップ容器、ホイル折り紙、画用紙、輪ゴム

作り方

1 土台を作る
保育者がカラー工作用紙の台紙を切り、細長い画用紙と輪ゴムでお面のベルトを作ります。

2 紙を貼る
カラー工作用紙に、色画用紙の耳や口など、丸めたホイル折り紙を貼ったカップ容器を貼ります。裏に、ベルトをつけます。

[紙コップの豆入れ]

ちぎった折り紙で鬼のパンツに

材料
紙コップ、カラー工作用紙、折り紙、毛糸

作り方

1 紙を貼る
紙コップの下部に、ちぎった折り紙を貼り、内側にカラー工作用紙のつのを貼ります。

2 毛糸を貼る
1に毛糸の髪を木工用接着剤で貼り、ペンで顔を描きます。

お絵かき

節分 下がりまゆ毛のかわいいおに。牙も小さく描きましょう。

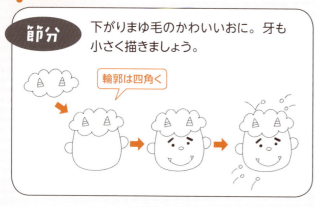

輪郭は四角く

クッキング 顔を描いたら、体は台形を意識して描きます。

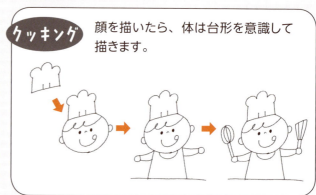

絵本

「おにはそと」
作・絵／せな けいこ
金の星社

子おにと仲よくなった人間の子どもたち。おにの親分が子おにを連れ戻しに来て…。おにとの交流が楽しい絵本。

「あるひ こねこね」
作／高畠 那生
好学社

ある星に宇宙人がやって来て「こねこね」と動物を作り始めます。逆さ言葉が楽しいユーモア満点の絵本。

「なにをかこうかな」
作／マーグレット&H・A・レイ
訳／中川 健蔵　文化出版局

ウサギのビリーが絵を描いていると、次々と友達が来ては絵を描き足していき…。読後に絵を描きたくなる一冊。

「しもばしら」
写真／細島 雅代　文／伊地知 英信
岩崎書店

霜柱ができるようすやそのメカニズムを写真で紹介しています。身近な自然現象に興味をもつきっかけに。

「ワニぼうのゆきだるま」
文／内田 麟太郎　絵／高畠 純
文溪堂

ワニぼうとお父さんは作った雪だるまがさみしくないよう仲よく並べると…。春が待ち遠しくなる、心温まるお話。

「オニじゃないよ おにぎりだよ」
作／シゲタ サヤカ　えほんの杜

おにぎり好きのオニたちが人間においしいおにぎりを届けようとして…。試行錯誤の末のアイデアに大爆笑です。

なぞなぞ

Q おにぎりを巻くものじゃないよ。紙をくっつけるものだよ。これ、なーに？　**A** のり

Q おにが逃げる日。この日から季節が春に変わるよ。なんの日かな？　**A** 節分

Q きび団子を動物にあげたのは桃太郎。では、リンゴを食べて倒れたのは？　**A** 白雪姫

うた

🎵 **豆まき**
作詞・作曲／日本教育音楽協会

🎵 **こんこんクシャンのうた**
作詞／香山美子　作曲／湯山 昭

🎵 **たのしいね**
作詞／山内佳鶴子（補詞／寺島尚彦）
作曲／寺島尚彦

🎵 **世界中のこどもたちが**
作詞／新沢としひこ　作曲／中川ひろたか

手あそび・うたあそび

🎵 **おにのパンツ**
作詞／不詳　作曲／L. Denza

🎵 **かなづちトントン**
作詞／幼児さんびか委員会
作曲／不詳

🎵 **竹やぶのなかから**
わらべうた

🎵 **でんでら りゅうば**
わらべうた

Part 1 クラスづくり　2月

行事のことばかけ

節分 2月3日ごろ

歳の数＋1個の豆を食べるよ
（プラス）

ポイント 豆まきの行事や製作活動をする前に、その意味を伝えましょう。

　みんなは、「鬼は外、福は内」という言葉を聞いたことはありますか？　そうですね、豆まきのときに言いますね。毎年節分の日は、豆まきをして、そのあとに豆を食べます。豆の数は、自分の歳より1個多く食べるんですよ。みんなはいくつかな？　4歳だったら5粒、5歳だったら6粒です。節分のときに豆を食べると、体が丈夫になるといわれているんですよ。

作品展

みんなの作品を見てもらおう

ポイント 製作の中で工夫したことや、気持ちをこめたところを話し合うのもおすすめです。

　みんながいつも、園でどんな絵を描いたり、どんなものを作ったりしているのか、おうちの人に見てもらうために、作品展を開きます。園が美術館に変身するのです。今日から1週間、みんなの作品をかざっておくので、おうちの人が見にいらしたら、「ぼくはここをていねいに描いたよ」「わたしはここを作るのが楽しかった」というところを、教えてあげてくださいね。おうちの人も楽しみにしていらっしゃいますよ。

ちょこっと ことばかけ

散歩　ウメ

ウメの花が咲いているね。近づくと、よい香りもするよ。ウメはこの時期、葉っぱが出てくる前に咲くよ。6月ごろには実がなるんだって。

食育　恵方巻（えほうまき）

恵方巻は、節分の日に、その年のよい方向を向いて食べる太巻き寿司のこと。おしゃべりしないで食べると、願い事がかなうんだって。

季節　雪

雪は、実はすごく小さい氷なんだ。とても寒いと雲の中の水が凍って、そのまま解けずに降るので雨じゃなくて雪になるよ。

2月のあそび

みんなで ルール じっくり

手袋ポン

準備する物
椅子、手袋（2組・ミトン型）

ねらい
* ルールに合わせた動作をして、集団あそびを楽しむ

\あそび方/

1 手袋を渡す

全員が円形に並べた椅子に座り、保育者が子ども2人にそれぞれ手袋を1組ずつ渡します。保育者の「スタート」の合図で、それぞれの子が手袋をはめます。

2 手袋をはめて拍手

「手袋ポン！」と言いながら1回拍手をし、左隣の子に両手を差し出します。左隣の子は手袋を外し、自分の手にはめて同様にします。これを繰り返します。

3 手袋が2つでアウト

1人の子どものところに2組の手袋が来たら「アウト」です。アウトになった子は、保育者と交代してスタート役になり、**1**からまたあそびます。

ことばかけ
「手袋をはめて拍手をポンとするよ。拍手をしたら隣の子に渡してね。2つ来たらアウトだよ」

保育者の援助
手袋は、簡単に手を出し入れできる大きさや素材の物を選びましょう。

バリエーション

軍手で対抗戦

2列に並び、先頭の2人に軍手を渡します。合図で軍手をはめ、1回拍手をしたら、後ろを向き、後ろの子が軍手を外します。早く全員がはめ終わったチームの勝ちです。

ふわふわゲーム

うちわ　ルール　チームで

ねらい
* 友達といっしょに力を合わせながら楽しむ

準備する物
お花紙、うちわ

あそび方

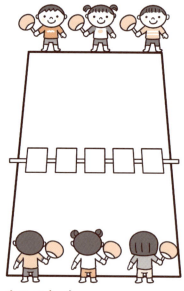

1 お花紙を置く

陣地を決めて、中央にラインを引きお花紙を置きます。3人組になり各自うちわを持ちます。

2 お花紙をあおぐ

合図があったら、うちわであおいで、お花紙を相手の陣地に入れます。1試合20〜30秒位が目安。

3 勝敗を決める

合図で終了。自分の陣地にお花紙の少ないチームの勝ちです。

ことばかけ

「うちわであおぐとふわっと浮くよ。友達と協力してあおごうね」

保育者の援助

最初はお花紙をたくさん敷いて、みんなであおいであそびます。うちわは夏だけでなく、寒い時期の室内あそびとしても楽しい小道具になります。

あそびのヒント

待っている子は外野に

他の子どもは、陣地の周りにいてお花紙がとんできたら、あおいで中に入れる役にすると、みんなで楽しめます。

雪　チームで　表現

いろんな顔の雪だるま

ねらい
* 雪に触り冷たい感触を楽しむ

準備する物
ごっこあそびのスプーンやおたまなど

\ あそび方 /

1 雪に顔を描く

雪が降った日、地面に指で雪だるまの顔の輪郭を描きます。目や鼻のパーツは、葉っぱ、木の枝、ごっこあそびのスプーンなどで自由に表現します。

2 体は自由に

体の部分は、子どもの思いのままに描きます。

丸い目にしよう
冷たーい
目は石で

Part 1 クラスづくり
2月

ことばかけ
「雪ちゃん、雪太郎くん…いろんな顔の雪だるまを作りましょう」

保育者の援助
このあそびはうっすらと積もった雪の日でも楽しめます。どういうものが顔のパーツにできるか、保育者が少し提案してもいいでしょう。

バリエーション

雪ウサギ作り

雪を固めて雪ウサギを作りましょう。目に使うナンテンの実や耳にするツバキの葉がなくても、木の枝や石など子どもの自由な発想に任せます。

耳をつけて

| 色厚紙 | 見立て | 友達と |

へんてこ合体

ねらい
* 見立てあそびで想像力を養う

準備する物
不定形に切った色厚紙、割りピン、つっぱり棒、穴開けパンチ、ペン

\あそび方/

1 パーツを組み合わせる

あらかじめ切った不定形な色厚紙の中から、好きな色や形の物をいくつか選び、組み合わせます。

2 つなげて顔を描く

穴開けパンチで穴を開け、割りピンで留めます。ペンで目や口を描き、手足などをのりでつけます。

3 みんなに紹介する

つっぱり棒につけ、子ども2人がつっぱり棒の端を持ち、自分の作った人形の紹介をします（棒が伸縮して人形が動きます）。

ことばかけ

「いろいろな形の色紙があるよ。自由に組み合わせて人形を作ってみよう」

保育者の援助

穴開けパンチの使い方と、割りピンの使い方を伝え、できない子には補助します。動物や人間でなくても、自分の思ったものを自由に作るように促します。

あそびが広がることばかけ

進まない子には

迷ったり、色厚紙を多く取ったりしている子には、「組み合わせたらどうなるかな?」「いろいろな組み合わせをいっぱい探してみよう」と言葉をかけましょう。

| 空間認知力 | 協応性 | 瞬発力 |

大きくバウンドキャッチ

ねらい
* ボールをついたり、取ったりすることを楽しむ

準備する物
ボール

あそび方
ボールを両手でついて大きくバウンドさせ、落ちてくるボールを空中でキャッチします。

あそびのポイント
地面にボールをたたきつけると、反動で背丈より大きくボールがはずみます。上がったボールが体から離れすぎないよう、足元になるべくまっすぐバウンドさせましょう。

高く上がったボールから目を離さないようにします。

Part 1 クラスづくり

2月

| 跳躍力 | 空間認知力 | 瞬発力 |

横ヘビジャンプ

ねらい
* なわを跳ぶことを楽しむ

準備する物
長なわ

あそび方
1 保育者2人で長なわを横にゆらしてヘビを作ります。
2 手を胸の前で軽く曲げて腰をかがめ、つま先でジャンプして跳び越えます。

保育者の援助
なかなか跳び越えられない子には、ゆっくりなわをゆらします。最初はジャンプではなく、またぐようにするとよいでしょう。

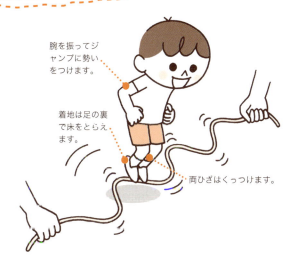

腕を振ってジャンプに勢いをつけます。

着地は足の裏で床をとらえます。

両ひざはくっつけます。

読み取ろう！子どもの育ち 2月

いろいろな形のパーツを前に、組み合わせを考え出した子どもたち。その育ちの読み取りを紹介します。

へんてこ合体（p178）より

不定形のパーツを自由に組み合わせて人形を作り、簡単なお話をつくった。

Wくん

仲よしの友達と話しながら、パーツの上下を逆さにしたり、おもしろい形同士をつなげてみたり。アイデアを出し合っておもしろい形の人形を作った。「ぶらぶら星人1号、2号」というキャラクターを友達と考え、いっしょに宇宙の話をつくった。

関連する10の姿　協同性

読み取り

【この場面での育ち】

友達と心を通わせながら、共通の目的をもって楽しい話をつくる喜びを味わっている。パーツを組み合わせながら、形のおもしろさに気づいた。丸みを帯びているものととがっているものの印象の違いも、言葉に出して伝えあった。協力することも学んでいる。

今後の手立て

「ぶらぶら星人」のお話が漫才のようにおもしろかったので、続きのお話をさらに進めてもよいだろう。また「ブラブラダンス」と自分たちも体を揺らしてあそんでいたことから、彼らのやりたい方向へ発展させていくことを見守ろうと思う。

Xちゃん

パーツはスムーズに選んだが、穴開けパンチのやり方がわからず戸惑っていた。すでに穴を開けた友達に「どうやってやるの？」と自分でたずねた。どうにか穴を開けて自分の力でやりとげた。その後、同じようにやり方がわからない子に気づくと、ていねいに教えていた。

関連する10の姿　思考力の芽生え

読み取り

【この場面での育ち】

以前なら「できない」と言って保育者のそばへ来ることが多かったが、今回は違った。自分から友達にたずねることができたのは大きな成長だ。自分でできた喜びから、次には友達に教えることへと向かっている。自信を得る体験になったと思われる。

今後の手立て

Xちゃんに教えてもらったYちゃんが、「ありがとう」と言ってうれしそうにしていた。これをきっかけに、Yちゃんへ親しみをもち、いっしょに活動できるようになったらいいなと考える。

3月のクラス運営

| 5歳児になる あこがれをもつ | 卒園式やお別れ会など、5歳児との関わりが深まる中で感謝の気持ちがもてるような言葉をかけます。さらに来年度への自信と自覚がもてるよう、一人一人の成長を認めていきます。 |

| 保護者の気持ちも 受け止めて | 進級を前にして焦る保護者には、その気持ちを受け止めつつ、子どもの育ちをていねいに伝えます。保育者同士も互いに連携を取り、引き継ぎ事項などの確認の場を設けます。 |

3月の子どもたち

子どもの心と姿

負けたら、下りるんだよ

「じゃんけんぽん！ あー負けた」「負けたら下りるんだよ」「入れて」「うん、いいよ。あの平均台からスタートだよ」。どんじゃんけんが始まると、5歳児がしていたように、3歳児にルールを知らせます。5歳児から学んだことは、心に深く残ります。

このクラス、大好き！

このクラスの友達とあそべるのも、あとわずか。みんなが好きなあそびをしたり、歌をうたったりします。この1年で友達の性格やくせを知り、譲ったり譲られたりしながら折り合いをつけ、生活をともにしてきたのです。

クラスのまとまりを感じるひととき。

花が咲いた、春がきたね

園庭にウメの花が咲き、ジンチョウゲの甘い香りがただよいます。「見て！ わたしのチューリップ」。芽が出て、伸びていることを発見し、その感動を伝えます。身近な木や草が芽吹く明るい春に、希望を感じます。

大きいクラスになったら

「〇〇組（5歳児クラス）は、ウサギのお世話をするんでしょう?」「わたし、ウサギ大好き」「手伝ったことあるよ」「ちゃんとできたよ」。自分でできたという自信がベースになって成長していきます。

お別れ会を準備しよう

5歳児とのお別れ会は、4歳児が中心に行います。リーダーシップをとって取り組むことに喜びを感じる子どもや、緊張気味の子どももいます。準備をしている中で、5歳児になる自覚が育ちます。

ねらい

* 気の合う友達とあそぶ中で、自分の力を発揮する。
* 5歳児クラスに進級することを楽しみにし、期待する。
* 春を感じながら、ルールのある戸外あそびを楽しむ。

環境構成 & 援助

感謝の気持ちをもって

5歳児とのお別れ会に参加したり、1年間使った保育室をみんなで掃除したりすることで、年度末の雰囲気を感じます。進級への期待がもてる言葉をかけましょう。

戸外あそびで春を感じる

「風だ〜！」

戸外に出て、日差しや風の暖かさを感じてあそびましょう。保育者は気づきを言葉にして子どもに伝え、子どもの興味・関心を引き出します。

クラスみんなでルールのあるあそび

ルールのある集団あそびを、みんなで楽しみます。「思いきり力を出せた」「クラスみんなでやって楽しかった」と思えるような満足感の味わえるあそびを提供しましょう。

生活習慣の見直しを

1年間の締めくくりの3月、子どもそれぞれの生活習慣をチェックしましょう。手洗いやうがいが雑になったり、身だしなみまで気が回らなかったりする子もいるかもしれません。

チェックリスト ✓

- ☐ 5歳児クラスに進級する自覚を促す言葉をかける。
- ☐ 楽しく卒園プレゼントを作る。
- ☐ 保育室の掃除を、子どもが役割分担をして行えるようにする。
- ☐ 生活を子どもが主体的に進められるよう、配慮する。
- ☐ 次年度への引き継ぎの書類を作る。

Part 1 クラスづくり

3月

製作 3月のアイデア

[円すいのおひなさま]

材料
色画用紙、千代紙、折り紙

千代紙で着物らしい雰囲気に

作り方

1 土台を作る
半円形の色画用紙を重ねて貼り、円すいにします。

2 紙を巻いて貼る
折り紙と千代紙をずらして重ね、1に巻いて貼り、はみ出た部分を裏へ折ります。

3 紙を貼る
2にペンで描いた色画用紙の顔や扇を貼ります。

[紙皿の吊りびな]

モビールタイプのおひなさま

材料
紙皿、千代紙、折り紙、色画用紙、ストロー、糸、クリップ

作り方

1 クレヨンで描き、絵の具で塗る
6分の1に切った紙皿にクレヨンで描き、その上から絵の具で塗ります。ペンで顔を描きます。

2 紙を貼る
千代紙や折り紙を切り、1に貼ります。

3 糸をつける
保育者が中央にクリップをつけたストローに糸を通します。糸の両端に2を貼ります。

お絵かき

お子様ランチ
ライスは半円でこんもりと。旗をプラスして雰囲気バッチリ!

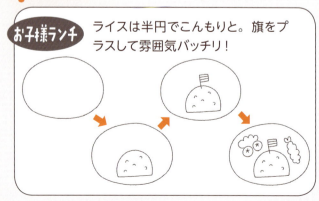

ネコ
耳は三角形に。前足の外側に後ろ足を加えます。

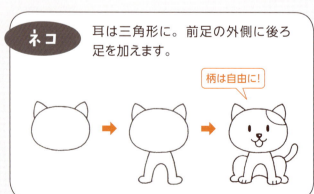

柄は自由に!

絵本

「ひなまつりの ちらしずし」
作／宮野 聡子
講談社

ひな祭りのちらし寿司に込められた意味をお母さんから教わるきみちゃん。ひな祭りの楽しい雰囲気が伝わります。

「はるがきた」
著／ジーン・ジオン　絵／マーガレット・ブロイ・グレアム　訳／こみや ゆう　主婦の友社

みんなで町を春にしようと花や緑の絵を町中に描いたのに、夜、雨が降り始めて…。春の到来に胸躍るお話です。

「ぐりとぐらのおおそうじ」
作／中川 李枝子　絵／山脇 百合子
福音館書店

春の大掃除を始めたぐりとぐら。冬の間にたまったほこりを取ろうと、自らぞうきんやほうきに変身すると…。

「どうぶつしんちょうそくてい」
文／聞かせ屋。けいたろう　絵／高畠 純
アリス館

動物園で動物たちの身長測定を始めたものの、一筋縄ではいかず…。身長測定が楽しくなる愉快な絵本です。

「ちいさい わたし」
さく／かさい まり　え／おかだ ちあき
くもん出版

上手にできないことがあるわたしは、まだ成長途中。いつかできると前向きになれる、子どもの心に寄り添うお話。

「ちょっとだけ」
作／瀧村 有子　絵／鈴木 永子
福音館書店

赤ちゃんのお世話で忙しいママに頼らず、何でも自分でしようとがんばるなっちゃん。母娘のやりとりに感動の一冊。

Part 1　クラスづくり　3月

なぞなぞ

Q ひな祭りで食べるお菓子、なーんだ？
A ひなあられ

Q くしはくしでも、春に出てくる植物のくしは、なーんだ？
A ツクシ

Q センはセンでも、電車が走るセンはなんというのかな？
A 線路（路線名の○○線）

うた

♪ **うれしいひなまつり**
作詞／サトウハチロー　作曲／河村光陽

♪ **手のひらを太陽に**
作詞／やなせたかし　作曲／いずみたく

♪ **ともだち讃歌**
訳詞／阪田寛夫　アメリカ民謡

♪ **ありがとう・さようなら**
作詞／井出隆大　作曲／福田和禾子

手あそび・うたあそび

♪ **パンやさんにおかいもの**
作詞／佐倉智子　作曲／おざわたつゆき

♪ **キャベツはキャッキャッキャッ**
作詞・作曲／不詳

♪ **たまごのうた**
作詞・作曲／不詳

♪ **たけのこ いっぽん**
わらべうた

行事のことばかけ

ひな祭り 3月3日

女の子の成長をお祝いする日

ポイント 女の子の成長を祝う行事ですが、みんなが元気であることを喜び合いましょう。

　もうすぐ3月3日の「ひな祭り」ですね。園でもひな祭り会をするので、今日はいっしょにホールでひな人形をかざりましょう。お内裏様やおひな様、三人官女、五人ばやしなどがいますよ。よく見てみましょうね。ひな人形は、子どもたちが病気やケガをしないように、元気に健やかに育ちますようにという願いをこめてかざります。ひな祭り会では、みんなで歌をうたったりしてお祝いをしましょうね。

春分の日 3月21日ごろ

もうすぐ春になるよ

ポイント 春が来る喜びを、身近な園庭の風景で伝えると子どもにもわかりやすいでしょう。

　今日、園庭の掃除をしていたら、小さな黄色の花が咲いていました。なんという花か、あとで調べてみましょう。寒い冬のときとは違い、園庭のあちらこちらの花を見て、「ああ、春だなー」と思ったの。みんなは何か気づいたことがあるかな？　「もうすぐ春になりますよ」という日が、「春分の日」です。この日は、昼の時間と夜の時間が同じ長さになるんですよ。

ちょこっと ことばかけ

散歩　ツクシ

春になると、筆を上に向けたような形のツクシが出てくるね。本当の名前はスギナというんだよ。ツクシは食べることもできるよ。

食育　ひしもち

ひしもちは、赤、白、緑などのおもちが重なっているよ。どれも長生きと健康を願う意味がこめられているよ。

季節　渡り鳥

北の国からやってきて、冬を日本で過ごすハクチョウやツグミなどの渡り鳥を、冬鳥というよ。春になると、また北の国へ帰っていくんだ。

3月のあそび

> みんなで　ルール　体を動かす

満員電車でポッポッポ〜

準備する物：椅子、フープ

ねらい
* 友達との関わりを楽しむ
* 電車ごっこのおもしろさを感じる

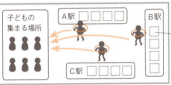

あそび方

1 運転士が迎えに行く

運転士役の子ども（2〜3人）はフープに入って、子どもの集まる場所まで電車を走らせます。着いたら、友達を1人選んで名前を呼び、電車に乗せます（お客はフープを外から持つ）。

2 駅まで行って交代

フープ電車で好きな駅に行きます。着いたら、役を交代します（運転士は駅の椅子に座る、お客は運転士になって出発する）。繰り返しあそびます。

3 満員電車が出発

駅の椅子が満員になったら、最後のお客が運転士になり、子どもの集まる場所にみんなでつながって、満員電車で戻ります。

ことばかけ
「運転士さんがお客さんを迎えに行くよー！」

保育者の援助
「〇〇くんが運転士です。お客さんは誰かな〜？」などと言葉をかけながら、あそびを盛り上げましょう。待つ時間が長くならないように、椅子の数を調整します。

バリエーション

変化のある線路に

友達を乗せた駅までの道のりは、まっすぐ進むだけではなく、コーンを置いてジグザグにするなど、変化をつけると楽しいでしょう。

| じっくり | ルール | リズム感覚 |

お手玉とんとん

ねらい
* 友達と協力しながらあそぶ
* 歌に合わせてあそびを楽しむ

準備する物
お手玉

あそび方

1 お手玉2つを回す

1グループ6人で輪になります。1グループお手玉を2つ使います（初めにお手玉を持つ子ども同士は対角線上に）。『アルプスいちまんじゃく』をうたいながら、右隣の人の左手にお手玉をのせて回していきます。

ことばかけ
「お手玉が2つ回るよ。テンポよく隣の友達に回してね」

保育者の援助
初めはお手玉を順番に回していくだけにします。慣れてきたら、歌のリズムに合わせず、すばやく回していくと楽しさが増します。

2 お手玉を持っていた子は別の輪へ

最後の「ヘイ!」のときにお手玉を持っていた2人の子どもは、お手玉を持ちながらスキップして、違うグループに移動します。繰り返しあそびます。

バリエーション

お手玉を3つに

回すお手玉を3つに増やします。すぐに回ってくるため、うたいながら回す子どもたちの緊張感も高まります。

| 体を動かす | 見立て | 表現 |

のびのび ツクシさん

ねらい
* 春の植物に注目し、それを表現して楽しむ

Part 1 クラスづくり 3月

あそび方

1 最初はしゃがんで

「ツクシになってみよう!」の言葉で、しゃがんで両手を胸の前で合わせます。

2 伸びていく

「のびのび　ぐんぐん…」の言葉に合わせて、少しずつ立って体を伸ばしていきます。

3 もっと伸びる

「のびのび　ぐんぐん　ツクシがぐーん」で、両手を頭の上にあげて思いきり伸びます。

ことばかけ

「ツクシみたいに、ぐんぐん伸びようね」

保育者の援助

子どもといっしょに行えるように「のびのび　ぐんぐん　ツクシがぐーん」のフレーズを、あらかじめ何度か声に出しておきます。ツクシを想像してできるとさらにいいでしょう。

あそびのヒント

ツクシを知ろう

見られるようであれば、子どもたちといっしょにツクシを見に行きます。それが難しい場合には、図鑑や絵本などで形や伸びるようすを知らせましょう。

| 画用紙 | 指先 | 表現 |

つながれ アオムシくん！

ねらい
* はさみの扱いに慣れ、紙を丸く切る経験をする

準備する物
8cm四方に切った色画用紙、セロハンテープ、モール、クレヨン、割り箸

あそび方

1 丸に切る

色画用紙は、あらかじめ8cm四方に切っておきます。子どもたちが角を切って丸を作ります。

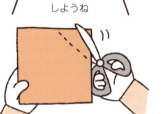
角をちょっきんしようね

2 のりで貼りつなげる

丸を1人5個ずつ作ったら、のりで貼ってつなげます。

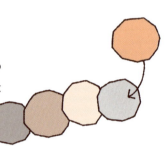

3 頭をつける

先頭の丸にクレヨンで顔を描き、モールを丸めて触角にしてセロハンテープで貼ります。

4 劇あそびで楽しむ

保育者が裏面から割り箸をテープで貼りつけ、ペープサートにしてあそびます。

ことばかけ
「アオムシくんの体を、丸くちょっきんしてあげようね」

保育者の援助

角を見つけられない子には、いっしょに指で角を触って確認するようにします。
紙をうまく回せない子には、はさみを使う前に手を添えて回し方を伝えます。

あそびが広がることばかけ

角ちょっきん 回してちょっきん

「大きい角ちょっきん！」と、画用紙を回しながら4つの角を大きく切ります。さらに、「小さい角ちょっきん！」と、紙を回しながら角を切り、形を整えて丸にします。

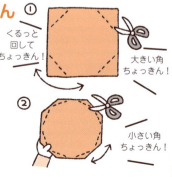
①くるっと回してちょっきん！ 大きい角ちょっきん！
② 小さい角ちょっきん！

懸垂力　逆さ感覚　協応性

子ブタちゃんの丸焼き

ねらい
* 鉄棒にぶら下がり逆さ感覚を楽しむ

準備する物
鉄棒

あそび方
1. 支柱に体を向け、鉄棒をにぎり、支柱に足をついて登ります。
2. 鉄棒に片足ずつ順にひざの裏をかけて、ぶら下がります。
3. 腕を伸ばし、顔を地面に向けるようにします。

あそびのポイント
地面を見るようにすると自然に背中が反ります。逆さの感覚を怖がる子どもには、保育者が背中を支えるなど補助に入りましょう。

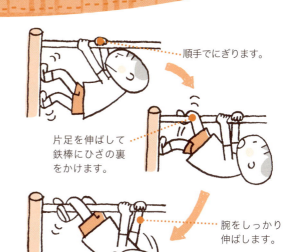

順手でにぎります。
片足を伸ばして鉄棒にひざの裏をかけます。
腕をしっかり伸ばします。

Part 1　クラスづくり　3月

空間認知力　協応性　瞬発力

2人でバウンドパス

ねらい
* 友達とボール投げを楽しむ

準備する物
ボール

あそび方
1. 少し離れて2人で向かい合って立ちます。
2. 互いにワンバウンドでボールを投げ合います。

保育者の援助
ボールは弾みやすいものを使います。また、頭の上から両手でボールを投げ下ろすやり方を、保育者が見本で示しましょう。

肩幅くらいに足を開きます。
両手で上から投げます。

読み取ろう！子どもの育ち 3月

春が待ち遠しい季節。ストレッチのように体を動かすあそびを、みんなで楽しみました。そこでの育ちを考えます。

のびのび ツクシさん（p189）より

ツクシになったつもりで、体を伸ばしてあそんだ。ツクシについて詳しく知ることができた。

Yちゃん

散歩中に見かけたツクシを思い出し、「こんなふうに細長いよね」と、思いきり手を伸ばし、かかともあげて十分に体を伸ばした。スピードアップすると大きな声で「ぐーん」と言いながら、体を動かしてツクシを表現した。

関連する10の姿　豊かな感性と表現

読み取り

【この場面での育ち】

ツクシを見たことがあるという経験は、Yちゃんにとって自信につながったようだ。ツクシをイメージして体を十分に使って表現することができた。スピードアップすることも楽しみ、生き生きと表現する姿をうれしく思う。

今後の手立て

ツクシに親しみをもつことができた。春の植物はまだいろいろあるので、図鑑や絵本を見たり、咲いているところへ見に出かけたりと、春の自然を満喫したい。また、身体表現だけでなく、絵を描くことや製作などでも表現できるような環境を整えたい。

Zくん

「ツクシなんて見たことないもん」と、やる気のないZくん。かけ声をみんなで唱えると、少しずつ興味が出て、みんなが表現するようすを眺めていた。ツクシが主人公の絵本を見せると親しみがもてたようで、その後はいっしょに体を動かした。

関連する10の姿　自然との関わり・生命尊重

読み取り

【この場面での育ち】

イメージがもてないものを無理にやらせるのは、好ましいことではない。ツクシを見ることから始めようと絵本を見せたところ、興味をもつきっかけになった。みんなといっしょに表現したことで、自然への関心をもち、春を楽しみにできることを願う。

今後の手立て

Zくんは自然の体験が少ないことがわかったので、散歩の折には意識してZくんが自然に目を向けられるように関わりたい。また、自然に関する絵本や図鑑をさり気なく保育室に置き、目に入るようにしていきたい。

Part 2

指導計画はデータつき!

指導計画

年間計画　月案　事故防止チェックリスト

- 保育園
- 幼稚園
- 認定こども園

4歳児の年間指導計画

おさえたい3つのポイント

年間指導計画は、4歳児のクラス担任全員で話し合って作成します。一年間の集団としての育ちを見通しながら計画を立てていきます。

1 生活の流れを理解する

園の暮らしには、流れがあり手順があります。朝の活動をしてから好きな遊びへ、片付けてからおやつへなど、生活の流れを自分なりに把握し、見通しをもって生活できるようにします。そのためには、明日の予告をしたり、先の行事を楽しみにしたりできるようにしましょう。

2 友達の存在に気付く

友達も自分と同じように思いがある存在なのだ、と気付くようになります。したいことがあり、されると嫌なことがあります。泣いているこの子は今、どんな気持ちかなと考えることができるよう、相手の思いに気付く姿を認めていきましょう。

3 葛藤や経験をしながら育つ

やりたいけれどできない、入りたいけれど拒否されるかもしれない。子どもは揺れ動きながら、行動しています。その中で、自分なりに考えたり試行錯誤したりしながら葛藤を乗り越えていきます。温かく見守りながら、自分で乗り越えられるように導きましょう。

保育園

♣ 年間目標 ①

- 健康的で安全な環境のもとで、安定して過ごす。
- 生活に必要な基本的習慣と態度を身に付ける。
- 友達とのつながりを広げ、集団で遊び、生活することを楽しむ。
- 生活や遊びの中で、必要なルールやマナーがあることを知り、守ろうとする。

		1期（4〜6月）	2期（7〜9月）
子どもの姿	②	●進級したことを喜び、張り切って生活をする子、新しい環境に戸惑う子がいる。 ●自己主張が強く、トラブルも起きる。	●夏ならではの遊びに意欲的で、毎日楽しみに登園する。 ●プール遊びの際は水着に着替えるなど、身の回りのことはほとんど自分でできるが、中には保育者の援助が必要な子もいる。
ねらい	③	●保育者との信頼関係のもと、自分の気持ちや要求を伝え、安定した気持ちで生活する。健康 表現 ●好きな遊びを見付け、友達や保育者と関わりながら楽しむ。健康 協同	●梅雨期や夏期の健康と安全に留意し、清潔な環境の中でのびのびと生活する。健康 ●友達と、夏ならではの遊びや戸外遊びを思いきり楽しむ。協同 自然 ●お年寄りと触れ合い親しみをもつ。社会
内容 養護	④	●安定した気持ちで過ごす。 ●身の回りの始末が分かり、自分でできることはしようとする。	●食事のマナーに気を付け、友達と楽しく食事をする。 ●排便後の始末を、保育者と一緒にする。
内容 教育		●春の草花（シロツメクサなど）でおままごとをしたり、虫（アリやダンゴムシ）などを観察したりして楽しむ。	●お年寄りにあいさつをしたり、話を聞いたりする。 ●砂、土、水などの感触を味わい、友達と関わり合いながら存分に楽しむ。
環境構成	⑤	●子どもが自分でやりたい遊具を取り出せるような環境設定にする。 ●個人の靴箱やロッカーにシールを用意しておき、子どもと一緒に場所が分かるようにする。 ●遊具や用具は、安全に使えるよう点検しておく。	●様々な素材に触れる機会をつくり、夏の遊びを十分に楽しめるようにする。 ●夏の昆虫や草花などの自然物に興味や関心をもち、遊ぶことが予想されるので、それらの図鑑や虫かごなどをそろえておく。 ●プールなど夏ならではの遊びを安全に楽しむため、健康チェック表をつくり、保護者と確実に連絡を取る。
保育者の援助	⑥	●子どもの緊張や不安な気持ちを受け止め、一人一人が安心して過ごせるようにして信頼関係を築く。 ●新しい環境での生活の流れや決まりを丁寧に知らせ、できたときには十分に認め、自分でしようとする気持ちを育てる。	●プールや水遊びを安全に楽しむため、衛生面や健康面について、職員間で共通理解する。 ●暑さにより体調を崩しやすいので、健康状態に気を配り把握する。 ●お年寄りに感謝の気持ちを言葉で表すよう伝える。

① 年間目標

園の方針を基に、一年間を通して、子どもの成長と発達を見通した全体的な目標を記載します。

② 子どもの姿

1〜4期に分けて、予想される子どもの発達の状況や園で表れると思われる姿を書きます。保育者が設定した環境の中での活動も予測します。

③ ねらい

「年間目標」を期ごとに具体化したもの。育みたい資質・能力を子どもの生活する姿からとらえたものです。本書は「幼児期の終わりまでに育ってほしい姿」と関連のある「ねらい」にマークを付けています。

4 内容

「ねらい」を達成するために「経験させたいこと」です。環境に関わって展開する具体的な活動を通して、総合的に指導されるものです。

5 環境構成

「ねらい」を達成するために「内容」を経験させる際に、どのような環境を設定したらよいのかを考えて記載します。

6 保育者の援助

「ねらい」を達成するために「内容」を経験させる際に、どのような援助をしたらよいのかを考えて記載します。

幼稚園 認定こども園

	3期（10〜12月）	4期（1〜3月）
	●自己主張をしてトラブルになることは多いが、友達の話を聞いて相手の気持ちが分かるようになる。 ●友達への思いやりの気持ちが出てきてルールのある遊びを楽しんだり、共同で取り組む活動ができるようになったりする。	●クラスの友達との関係が強くなり、みんなで共通の目標に向かって協力する。 ●5歳児クラスへの期待が出てきて、自主的に生活する。
	●友達と一緒に集団のルールを守り、戸外で体を動かして運動遊びを楽しむ。健康 規範 ●身近な自然物を見たり触れたりして、興味や関心を高める。自然 ●玉入れなどを通し、数に興味をもつ。数・字	●話し合いなどを通じて友達との関わりを深め、共通の目標に向かって協力しながら活動をする。協同 言葉 ●自分の健康や安全に必要なことを知り、意識して行おうとする。健康 自立 ●生活に必要な習慣や態度が身に付き、進級することへの喜びと自信をもつ。健康 自立
	●自分でできることに喜びを感じながら、生活に必要な身の回りのことを行う。	●身だしなみや清潔を意識して生活する。 ●危険なこと、物、場所を判断して、気を付けて行動する。
	●体育的な遊具や道具を使って、体のいろいろな部分を動かす遊びを楽しむ。 ●簡単なルールを守りながら遊ぶ。	●ルールを守ると楽しく遊べることを知り、友達と集団遊びを楽しむ。 ●友達とイメージを共有して遊ぶ。
	●運動用具は一人一人の子どもの発達に合ったものを準備する。 ●子どもがそれぞれの力に応じたものをイメージしてつくれるように、素材や道具を十分に用意し、満足感を味わえるようにする。秋の自然物を使い玩具や飾りをつくり、遊んだり飾ったりして楽しめるようにする。 ●生活や遊びの中で、子どもが数、量、形などに興味をもてるようにする。	●冬や春の自然物に関心をもてるよう、図鑑や絵本を用意したり、散歩などを通してその様子に気付いたりする。 ●お正月遊びを楽しめるよう玩具を用意し、遊びのコーナーを整理しておく。
	●一人一人の運動遊びの発達段階や興味を把握し、それぞれの子どもが意欲をもてるような誘いかけや励ましの言葉をかける。	

♣ 年間目標 ①

- 園生活のリズムや決まりが分かり、基本的な生活習慣を身に付ける。
- 友達と関わり合いながら、一緒に遊んだり生活したりすることを楽しむ。
- 身近な自然事象や社会事象に関心をもち、見たり触れたり遊びに取り入れたりする。
- 思ったことを表現し、相手の思いにも気付いて受け入れようとする。

	1期（4〜6月）	2期（7〜9月）	3期（10〜12月）	4期
子どもの姿 ②	●初めての保育室、人、空間に不安を感じながら入園してきた子が、担任と好きな遊具で遊んだりしながら、安心して過ごすようになる。 ●保育者に対し、安心感を持つ存在を目で追う子がいる。	●砂場で遊具や水を使って、泥や水で遊ぶことを好む。 ●友達と一緒に、同じ動きをくり返し楽しむ。 ●小動物や昆虫、草花を見たり、触れたりして遊ぶことを楽しむ。	●木の葉が落ちる様子を見たり、触れたり、落ち葉やドングリなどを使って遊んだりする。 ●友達に思いを伝えようとするが、うまく相手に伝えられず、トラブルが多くなる。	●休み明け、友達と会もって登園してくる。 ●簡単なルールを理解 ●こま回しや製作では、
ねらい ③	●園や保育者に親しみをもち、喜んで登園する。健康 ●好きな遊びを見付けて遊んだり、保育者や同じ場にいる友達と一緒に遊ぶ。健康 協同 ●園での過ごし方が分かる。	●いろいろな活動に興味をもち、自分のしたいことを存分に行う。健康 ●園生活の流れが分かり、安定して遊ぶ。健康 ●日常の生活習慣を身に付け、自分でできることは自分でしようとする。自立 ●草花や小動物と触れ合い親しみをもつ。自然	●友達と遊ぶ中で、自分の思いや考えを伝え、相手を意識して遊ぶ。協同 言葉 ●ゲームや集団遊びに喜んで参加し、楽しみながら友達との関係を深める。協同 規範 ●様々な素材を特徴を生かし、試しながら自分のイメージしたものを表現する。思考 表現	●友達の考えを受け入 ●クラスの中で自分のする。規範 ●5歳児になるという意
内容 ④	●保育者とあいさつをしたり、名前を呼び合ったりする。 ●保育者の歌を聞いたり、知っている歌を一緒に歌ったりする。 ●今まで経験したこと遊具、用具を使って遊ぶ。 ●春の草花や虫に触れ、親しむ。	●自然物の生長に気付き、野菜、草花の形や色、様子などに関心をもつ。 ●砂や泥などで、感触や解放感を味わい、楽しむ。 ●プール遊びで水の冷たさを感じ、水に親しみをもつ。 ●簡単な鬼ごっこや集団遊びをする。	●家族ごっこ、宇宙ごっこ、電車ごっこなどのごっこ遊びで、気の合う友達と考えを出し合いながら、遊びをつくる楽しさを味わう。 ●工夫したり試したりして、遊びに必要なものをつくって遊ぶ（空き箱製作、動物園づくり、車づくり、切り紙など）。	●戸外遊びで十分に体助け鬼、なわとび、 ●こま回しやなわとび ●友達の動きや言葉を ●遊びを進める。
環境構成 ⑤	●明るく清潔な雰囲気になるように、また安全に遊べるように室内の環境を整える。 ●家庭で経験したと思われる遊びや、興味のある遊具の選択や配置などに留意し、子どもたちが遊べるように準備する。 ●子どもの様子に合わせて、遊具の種類、内容、道具に配慮する。	●水や泥の感触が十分に味わえるように、時間を確保する。 ●園庭で体を十分に動かして遊べる時間と場所を整えておく（クラスごとに時間を調整する）。 ●物を大切にする気持ちがもてるよう、保育者たちと一緒に片付け場所を整えたり、分かりやすく表示したりしておく。	●いろいろな色、大きさ、形などを考えて素材や用具を用意しておく。 ●4期にすることを紹介させながら、3学期も気持ちよく遊びに関われるように、保育室や遊具を整理する。	●2学期末に親しんで整え、自分から遊びる楽しさを取れる ●新遊びの つくれるように、材 したい」という思いにくれるような環境を
保育者の援助 ⑥	●一人一人にできるだけ多く名前で呼びかけ、スキンシップを図る。 ●子どもの行動を肯定的に受け止め、保育者との関わりがもてるようにする。 ●保育者が丁寧に、愛着が持てるように関わり、したいに安心して自分で動き出し、気持ちよく過ごせるように配慮する。	●水遊びは個人差を配慮し、一人一人が無理なく、水に親しめるようにする。着替えに慣れるまで温かく励ます。 ●保育者もごっこ遊びに参加し、思いきり遊んだりなりきったりして遊びを十分に楽しむ。 ●少し走る子どもに声をかけ、スキンシップを図り丁寧に関わる。	●自己主張する時期だからこそ、トラブルが多く、やり取りを見逃せない。時に必ず相手の思いに気付かせ、その中でどうしたらいいかを考えと保育者と共に話をするような場に応じた援助を行う。 ●保育者も進んで戸外に出て、子どもが体を動かす心地よさを感じ取れるようにする。	●自分の力を十分に発遊げた満足感を味わえ ●寒さや慣れから、手ないように、そのつ ●5歳児になることを るように励ます。

4歳児の月案

おさえたい3つのポイント

月ごとに特に力を入れて保育をする視点を書き表す月案。前月と同じ記述では意味がありません。当たり前のことにならないよう、その月独自の記述を目指しましょう。

1 豊かな素材の体験を

厚い紙や薄い紙、クレヨンや絵の具、木材やペットボトルなど、様々な活動でいろいろな素材を使い、豊かな体験ができるように心がけましょう。接着にはセロハンテープと粘着テープのどちらがよいのか、自分で判断できるようにしたいものです。

2 身近な環境に興味がもてるように

知的好奇心が芽生える時期です。季節の自然を十分に味わい、遊びに取り込めるようにしましょう。また、ニュースから得た社会的な事象も知り、話題にしたり調べてみたりという活動も大切にしたいものです。アンテナを張った生活を楽しみましょう。

3 トラブルは学びのチャンス！

友達とのトラブルが多くなります。早く解決することだけが大切なのではありません。自分の思いを語り、相手の気持ちを知り、こういうときにはどういう行動をとればよかったのかを学ぶ場にしましょう。行動の選択肢が増えることが、その子の成長といえるでしょう。

---

1 前月末の子どもの姿

前月末の園生活における子どもの育ちの姿をとらえます。興味や関心、どんな気持ちで生活しているのかなどを詳しく書きます。※4月は「今月初めの子どもの姿」となります。

保育園

	＊内容	環境構成
養護　生命の保持・情緒の安定	●新しい保育室、担任に慣れ、生活する。 ●自分のマークやロッカー、靴箱の場所、持ち物の用意の仕方などが分かり、自分でやろうとする。 ●自分の思っていることや困ったことを言葉や態度で表す。 ●日常生活に必要なあいさつや返事をする。 ⑤ ●トイレの使い方を知る。 ●手洗い、うがいの仕方を身に付ける。	●子どもたちが使いやすいように遊具などの環境を整えておく。 ●個人のマークを用意しておき、靴箱、ロッカーなどに一緒にはりながら、場所や使い方を確認する。 ●うがいや手洗いをする場は、いつも清潔にしておく。 ⑥
教育　健康・人間関係・環境・言葉・表現	●遊具や用具の使い方を知り、安全に友達と遊ぶ。 ●保育者や友達と一緒に、体を動かして遊ぶ。 ●身近な春の自然に気付いたり、触れたりして遊ぶ。 ●絵本や紙芝居などを、見たり聞いたりして楽しむ。 ●折り紙でつくりたい物をイメージし、ちぎったり、はったり、折ったりして遊ぶ。 ●いろいろな素材やクレヨン、絵の具などで、こいのぼりをつくる。 ●季節の歌やリトミックを楽しむ。	●季節に合った絵本をゆったり見られるように、絵本コーナーを設定しておく。 ●イメージしたものがつくれるように、様々な材料をそろえておく。 ●はさみを安全に使うための約束事を子どもたちと確認する。また、安全な場所にしまっておく。 ●みんなで楽しめるような歌やリトミックを準備する。

食育 ⑨	職員との連携 ⑩
〈ねらい〉友達や保育者と一緒に、楽しく食事をする。 〈環境構成〉楽しい雰囲気をつくる。 〈予想される子どもの姿〉友達と一緒に食べる。 〈保育者の援助〉おしゃべりが多いときは、楽しい雰囲気をこわさないよう声をかけ、箸が止まらないように促す。	●全職員で年間の指導計画について話し合う。 ●クラスの担任間で同じように対応できるように、子どもの様子や姿について確認し合う。

2 ねらい／月のねらい

今月、子どもたちに育みたい資質・能力を、生活する姿からとらえて書きます。本書は「幼児期の終わりまでに育ってほしい姿」と関連のある「ねらい」にマークを入れています。

3 月間予定

園またはクラスで行われる行事を書き出します。

4 週のねらい（幼稚園・認定こども園）

今週、「子どもの中に育つもの・育てたいもの」です。どのように心情・意欲・態度が育つのかを踏まえて、「ねらい」を立てます。

5 内容

「ねらい」を達成するために「経験させたいこと」です。環境に関わって展開する具体的な活動を通して総合的に指導されるものです。

6 環境構成

「ねらい」を達成するために「内容」を経験させる際に、どのような環境を設定したらよいかを具体的に書きます。

7 予想される子どもの姿（保育園）

環境構成された場に子どもが入ると、どのように動き、どのように活動するのかを予想して書きます。

8 保育者の援助

「ねらい」を達成するために「内容」を経験させる際に、どのような保育者の援助が必要かを具体的に書きます。

9 食育

「食育」のための援助について、環境のつくり方から保育者の言葉かけまで、具体的に書きます。

10 職員との連携

担任やクラスに関わる職員間で、子どもや保護者の情報を共有したり助け合ったりできるよう、心構えを記します。

11 家庭との連携

保護者と園とで一緒に子どもを育てていくうえで、伝えることや尋ねること、連携を図って進めたいことについて記載します。

12 評価・反省

翌月の計画に生かすため、子どもの育ちの姿を通して、「ねらい」にどこまで到達できたか、援助は適切だったかを振り返って書き留めます。

年間指導計画

保育園

♣ 年間目標
- 健康的で安全な環境のもとで、安定して過ごす。
- 生活に必要な基本的習慣と態度を身に付ける。
- 友達とのつながりを広げ、集団で遊び、生活することを楽しむ。
- 生活や遊びの中で、必要なルールやマナーがあることを知り、守ろうとする。

		1期（4～6月）	2期（7～9月）
子どもの姿		●進級したことを喜び、張り切って生活をする子、新しい環境に戸惑う子がいる。 ●自己主張が強く、トラブルが起きる。	●夏ならではの遊びに意欲的で、毎日楽しみに登園する。 ●プール遊びの際は水着に着替えるなど、身の回りのことはほとんど自分でできるが、中には保育者の援助が必要な子もいる。
◆ねらい		●保育者との信頼関係のもと、自分の気持ちや要求を伝え、安定した気持ちで生活する。[健康][表現] ●好きな遊びを見付け、友達や保育者と関わりながら楽しむ。[健康][協同]	●梅雨期や夏期の健康と安全に留意し、清潔な環境の中でのびのびと生活する。[健康] ●友達と、夏ならではの遊びや戸外遊びを思いきり楽しむ。[協同][自然] ●お年寄りと触れ合い親しみをもつ。[社会]
★内容	養護	●安定した気持ちで過ごす。 ●身の回りの始末ややり方が分かり、自分でできることはしようとする。	●食事のマナーに気を付け、友達と楽しく食事をする。 ●排便後の始末を、保育者と一緒にする。
	教育	●春の草花（シロツメクサなど）でおままごとをしたり、虫（アリやダンゴムシ）などを観察したりして楽しむ。	●お年寄りにあいさつをしたり、話を聞いたりする。 ●砂、土、水などの感触を味わい、友達と関わり合いながら存分に楽しむ。
環境構成		●子どもが自分でやりたい遊具を取り出せるような環境設定にする。 ●個人の靴箱やロッカーにはるシールを用意しておき、子どもと一緒に場所を決めるようにする。 ●遊具や用具は、安全に使えるよう点検しておく。	●様々な素材に触れる機会をつくり、夏の遊びを十分に楽しめるようにする。 ●夏の昆虫や草花などの自然物に興味や関心をもち、遊ぶことが予想されるので、それらの図鑑や虫かごなどをそろえておく。 ●プールなど夏ならではの遊びを安全に楽しむため、健康チェック表をつくり、保護者と確実に連絡を取る。
保育者の援助		●子どもの緊張や不安な気持ちを受け止め、一人一人が安心して過ごせるようにして信頼関係を築く。 ●新しい環境での生活の仕方や決まりを丁寧に知らせ、できたときには十分に認め、自分でしようとする気持ちを育てる。	●プールや水遊びを安全に楽しむため、衛生面や健康面について、職員間で共通理解する。 ●暑さにより体調を崩しやすいので、健康状態に気を配り把握する。 ●お年寄りに感謝の気持ちを言葉で表すよう伝える。

「幼児期の終わりまでに育ってほしい姿」の　[健康]：健康な心と体　[自立]：自立心　[協同]：協同性　[規範]：道徳性・規範意識の芽生え　[社会]：社会生活との関わり　[思考]：思考力の芽生え

3期（10〜12月）	4期（1〜3月）
●自己主張をしてトラブルになることは多いが、友達の話を聞いて相手の気持ちが分かるようになる。 ●友達への思いやりの気持ちが出てきてルールのある遊びを楽しんだり、共同で取り組む活動ができるようになったりする。	●クラスの友達との関係が強くなり、みんなで共通の目標に向かって協力する。 ●5歳児クラスへの期待が出てきて、自主的に生活する。
●友達と一緒に集団のルールを守り、戸外で体を動かして運動遊びを楽しむ。 健康 規範 ●身近な自然物を見たり触れたりして、興味や関心を高める。 自然 ●玉入れなどを通し、数に興味をもつ。 数・字	●話し合いなどを通じて友達との関わりを深め、共通の目標に向かって協力しながら活動をする。 協同 言葉 ●自分の健康や安全に必要なことを知り、意識して行おうとする。 健康 自立 ●生活に必要な習慣や態度が身に付き、進級することへの喜びと自信をもつ。 健康 自立
●自分でできることに喜びを感じながら、生活に必要な身の回りのことを行う。	●身だしなみや清潔を意識して生活する。 ●危険なこと、物、場所を判断して、気を付けて行動する。
●体育的な遊具や道具を使って、体のいろいろな部分を動かす遊びを楽しむ。 ●簡単なルールを守りながら遊ぶ。	●ルールを守ると楽しく遊べることを知り、友達と集団遊びを楽しむ。 ●友達とイメージを共有して遊ぶ。
●運動用具は一人一人の子どもの発達に合ったものを準備する。 ●子どもがそれぞれの力に応じたものをイメージしてつくれるよう、素材や道具を十分に用意し、満足感を味わえるようにする。秋の自然物を使い玩具や飾りをつくり、遊んだり飾ったりして楽しめるようにする。 ●生活や遊びの中で、子どもが数、量、形などに興味をもてるようにする。	●冬や春の自然物に関心をもてるよう、図鑑や絵本を用意したり、散歩などを通してその様子に気付いたりする。 ●お正月遊びを楽しめるよう玩具を用意し、遊びのコーナーを整理しておく。 ●今まで使ってきた自分の靴箱やロッカー、引き出し、保育室の玩具などを友達と一緒に掃除する中で、次に使う人が気持ちよく使えることに気付かせる。
●一人一人の運動遊びの発達段階や興味を把握し、それぞれの子どもが意欲をもてるような誘いかけや励ましの言葉をかける。 ●保護者に運動会などの行事に参加を呼びかけ、集団の中での子どもの姿を知ってもらい、成長の喜びを共有する。	●健康や安全に必要な基本的な生活習慣が身に付いているか、一人一人を確認して見直す。 ●5歳児の当番の仕事や遊びを折に触れて紹介したり、話す機会をつくったりし、進級に期待をもてるようにする。

自然：自然との関わり・生命尊重 　数・字：数量や図形、標識や文字などへの関心・感覚 　言葉：言葉による伝え合い 　表現：豊かな感性と表現　を表しています。

4月月案

保育園

安心できる居場所づくりを

新しい保育室や担任になり、すぐに遊び始める子もいれば、なじむまでに時間を要する子もいます。保育室内に、仕切りなどで囲われた空間をつくり、隅っこが好きな子どもや人にあまり見られたくない子どもも安心して過ごせるような居場所づくりに配慮します。そして、担任がいつも優しい笑顔を向けると、子どもは認められていることを感じ、ほっとできるでしょう。

keikaku → P200-201

	★ 内 容	環境構成
養護 生命の保持・情緒の安定	●新しい保育室、担任に慣れ、生活する。 ●自分のマークやロッカー、靴箱の場所、持ち物の用意の仕方などが分かり、自分でやろうとする。 ●自分の思っていることや困ったことを言葉や態度で表す。 ●日常生活に必要なあいさつや返事をする。 ●トイレの使い方を知る。 ●手洗い、うがいの仕方を身に付ける。	●子どもたちが使いやすいように遊具などの環境を整えておく。 ●個人のマークを用意しておき、靴箱、ロッカーなどに一緒にはりながら、場所や使い方を確認する。 ●うがいや手洗いをする場は、いつも清潔にしておく。
教育 健康・人間関係・環境・言葉・表現	●遊具や用具の使い方を知り、安全に友達と遊ぶ。 ●保育者や友達と一緒に、体を動かして遊ぶ。 ●身近な春の自然に気付いたり、触れたりして遊ぶ。 ●絵本や紙芝居などを、見たり聞いたりして楽しむ。 ●折り紙でつくりたい物をイメージし、ちぎったり、はったり、折ったりして遊ぶ。 ●いろいろな素材やクレヨン、絵の具などで、こいのぼりをつくる。 ●季節の歌やリトミックを楽しむ。	●季節に合った絵本をゆったり見られるように、絵本コーナーを設定しておく。 ●イメージしたものがつくれるように、様々な材料をそろえておく。 ●はさみを安全に使うための約束事を子どもたちと確認する。また、安全な場所にしまっておく。 ●みんなで楽しめるような歌やリトミックを準備する。

食育

〈ねらい〉友達や保育者と一緒に、楽しく食事をする。
〈環境構成〉楽しい雰囲気をつくる。
〈予想される子どもの姿〉友達と楽しく食べる。
〈保育者の援助〉おしゃべりが多いときは、楽しい雰囲気をこわさないよう声をかけ、箸が止まらないように促す。

職員との連携

●全職員で年間の指導計画について話し合う。
●クラスの担任間で同じように対応できるように、子どもの様子や姿について確認し合う。

今月初めの子どもの姿

- 保育者との信頼関係のもと、自分の気持ちを受け入れてもらい、安心して生活をしている。
- 簡単な決まりを守ろうとする。

◆ねらい

- 新しい環境に慣れ、生活の流れや決まりを知り、安心して過ごす。 健康
- 新しい担任や友達に親しみ、好きな遊びを一緒に楽しむ。 健康 協同
- 身近な春の自然に触れて遊ぶ。 自然

月間予定

- 入園の会
- 身体測定
- 避難訓練
- 保護者会
- おめでとうの会

予想される子どもの姿

- 進級や入園をして、新しい保育室、担任になったことを喜び、期待して登園してくる子と、戸惑う子や、保護者と離れられずに泣いてしまう子がいる。
- 身の回りのことを自分でする子、配慮の必要な子と、個人差がある。
- 春の草花を見たりつんだり、アリやダンゴムシなどに興味をもち、捕まえたり集めたりして遊ぶ。

- 一人一人が自分の気持ちを主張し、いろいろな場面でトラブルが起こる。
- 友達と戸外で思いきり体を動かして遊ぶ。
- やりたい遊びを見付けて元気に遊ぶ子、なかなか遊びだせない子がいる。
- 絵の具を使うが、いろいろな色をパレットに出し、最後は全部を混ぜる。

保育者の援助

- 進級や入園をした嬉しい気持ちに共感して接する。また、不安な気持ちにも気付き、優しく受け止めて見守る。
- 保護者には今の姿を丁寧に伝え、安心感をもってもらい、信頼関係の第一歩とする。
- 身の回りのことを自分でしようとしたり、できたりした際は十分にほめ、認める。
- トイレの使い方を一緒に確認する。

- 子どもの話を聞くときは、きちんと相手に体を向け、顔を見て聞くようにし、自分の話を聞いてもらったという満足感を味わえるようにする。
- 一人一人の遊びや興味や関心のあることを把握し、これからの遊びや活動のヒントとする。
- 興味のある遊びや新しい遊びを取り入れながら、友達や保育者と体を動かして遊ぶ楽しさを味わえるようにする。
- 身近にいる虫や草花などを観察したり、名前を調べたり、つんできた草花で遊んだりして、関心がもてるようにする。

家庭との連携

- 登降園時の保護者への対応を丁寧に行い、信頼関係を築く。
- 連絡帳、クラスだより、壁新聞などで、子どもの姿や取り組んでいる活動などを知らせる。

評価・反省

- 身の回りのことを自分でするが個人差が大きいため、一人一人への丁寧な対応に欠けたと反省する。来月は、一人一人のよいところを認めながら、できないところを見極め、丁寧に指導したい。
- はさみの使用には個人差があり、そばに付いて指導した。手先を使うのが苦手な子が多い。手先を使った遊びを工夫したい。

自然：自然との関わり・生命尊重 数字：数量や図形、標識や文字などへの関心・感覚 言葉：言葉による伝え合い 表現：豊かな感性と表現　を表しています。

5月 月案 保育園

keikaku → P202-203

行動範囲の広がりを予想して

新しいクラスに慣れてくると、子どもの視線は外へ向かいます。こいのぼりを見たりさわやかな風を感じたりすると、自然に走りたくなってくるはずです。園庭の隅々を探検する子どもたちもいるでしょう。子どもを外に誘うグッズを用意しながら、新しい出会いや経験ができるように、環境を整えたいものです。室内遊びが多く見られる子も、時には優しく外へ誘ってみましょう。

	★内容	環境構成
養護 生命の保持・情緒の安定	●新しい保育室や保育者に慣れ、安心して過ごす。 ●戸外から戻ったら手洗い、うがいを丁寧に行う。	●自分からやりたい遊びが始められるよう、遊びだしのきっかけになる玩具を、目に付きやすい場所に用意しておく。 ●手洗いやうがいが病気の予防になることを、絵を使って知らせる。
教育 健康・人間関係・環境・言葉・表現	●身の回りのことを、自分でしようとする。 ●戸外で体を動かして遊ぶ。 ●遊具、用具の正しい使い方を知り、守ろうとする。 ●自分の気持ちや要求などを、言葉で伝えようとする。 ●保育者の話に耳を傾け、聞こうとする。 ●いろいろな素材で、つくったりかいたりすることを楽しむ。 	●足洗いの場、着替えの場などの動線を整理する。 ●園庭の整備や安全点検を行う。遊び出す前には準備体操をする。 ●そのつど、遊具や用具の使い方をやって見せながら知らせる。 ●しっかり視線を合わせて話す。全体に向けて話すときには、保育者の立ち位置を工夫する。 ●素材を十分に用意する。
食育	〈ねらい〉楽しい雰囲気の中で、マナーを意識して食べる。 〈環境構成〉食べはじめる前に、マナーを再確認する。 〈予想される子どもの姿〉保育者に声をかけられてマナーを意識する。 〈保育者の援助〉楽しい雰囲気を保ちながら、自分で気付けるように声をかける。	
職員との連携	●一人一人の好きな遊びや身支度の状況などを把握し、担任同士で援助の仕方を共有する。	

「幼児期の終わりまでに育ってほしい姿」の 健康:健康な心と体 自立:自立心 協同:協同性 規範:道徳性・規範意識の芽生え 社会:社会生活との関わり 思考:思考力の芽生え

前月末の子どもの姿

- 進級したことが嬉しく、興奮して走り回る子がいる。あちらこちらに興味が分散し、動き回る子もいる。
- はさみを使ったこいのぼりづくりをきっかけに、製作が楽しくなる。はさみの使用には個人差がある。

◆ねらい

- 生活の流れを知り、身の回りのことを自分でやろうとする。 自立
- 自分の好きな遊びを、保育者や友達と十分に楽しむ。 健康 協同

月間予定

- こどもの日の集い
- おめでとうの会
- 避難訓練
- 春の園外保育（遠足）
- 身体測定

予想される子どもの姿

- 新しい環境に慣れて、緊張がほぐれて自分の気持ちをストレートに出す子と、まだ自分を出せない子がいる。
- 声をかけられると、意識して丁寧にやろうとする。

- 自分で見通しをもつ子、声をかけられながら行う子がいる。
- 友達や保育者と、走って体を動かすことを楽しむ。
- 遊具や用具の使い方を意識し、違う使い方をしている子を指摘する。
- 自分の気持ちを言葉ではっきり出す子と、なかなか言葉に出せない子がいる。
- 都合が悪いときには、聞こうとしない。
- つくりたいもののイメージをもって材料を組み合わせる子、材料を集めることで満足している子がいる。

保育者の援助

- 子どもの興味や関心があるものに共感し、一緒に遊びながら安心感がもてるようにする。
- 保育者も進んで行う姿を見せる。また、丁寧に行っている姿を認めながら、習慣となるようにする。

- 見通しがもてるように声をかけ、自分でできるように見守る。
- 保育者からも積極的に誘い、一緒に体を動かす。
- はじめて使う遊具は遊びながら、正しい使い方に慣れるようにする。
- 必要に応じて言葉を引き出したり、付け加えたりする。
- それぞれの理解力に合わせた話し方をする。
- イメージを大切に見守り、つくる楽しさにつなげる。はさみの使い方も丁寧に知らせる。

家庭との連携

- 登降園時に積極的にコミュニケーションを図ったり、クラスだよりを通して園生活の様子を具体的に知らせたりしながら、保護者が安心できるようにする。
- 園外保育時のお弁当の協力を依頼する。

評価・反省

- 子どもと積極的に関わりをもって遊んだことで、担任に心を開いてきている。中には、まだ自分を出せない子もいるので、今後も一人一人との関わりを大切にしていきたい。
- 身の回りのことは雑になりがちで、それぞれのペースに差がある。来月からプールの支度が加わるので、丁寧にやり方を知らせたい。

Part 2 指導計画 5月 月案 保育園

自然:自然との関わり・生命尊重　数字:数量や図形、標識や文字などへの関心・感覚　言葉:言葉による伝え合い　表現:豊かな感性と表現　を表しています。

6月 月案

保育園

keikaku → P204-205

自分のことができる自信を

身の回りのことは、かなり自分でできるようになっています。「さすが○○ちゃん」とその自信を育てながら、頻繁になる着替えも手早くできるように促しましょう。また、新しい出会いや活動に臆病になっている際には、「○○ちゃんは自分で〜ができるものね」とできた達成感を思い出させながら背中をそっと押して、一歩前へ踏み出す勇気を呼び起こしましょう。

	★ 内容	環境構成
養護 生命の保持・情緒の安定	●梅雨の時期の特徴を理解し、快適に過ごす。 ●汗をかいたら、着替えたりシャワーを浴びたりする。 ●手洗い、うがいを丁寧にする。	●この時期の特徴を、絵本などを通して具体的に伝える。 ●気温、湿度に留意し、室温を調節する。
教育 健康・人間関係・環境・言葉・表現	●水遊びに必要な支度や後始末の仕方を知り、自分で行う。 ●簡単なルールのある遊びを、保育者や友達と一緒に楽しむ（フルーツバスケット、引っこし鬼など）。 ●自分の感じたことや思ったことを、相手に伝えようとする。 ●5歳児に関心をもち、一緒に遊ぶことを楽しむ。 ●身近な生き物、植物、栽培物に興味・関心をもつ。 ●様々な素材で、つくって表現することを楽しむ。	●水遊びの支度の仕方を丁寧に知らせる。動きやすい動線を意識する。 ●ルールのある遊びをする機会をつくり、継続する。 ●思っていることを言える場、言ってもいい場をつくり、安心感が得られるようにする。 ●5歳児との混合グループの活動を定期的に行う。 ●飼育箱、図鑑を用意する。栽培物は目に付くところに置く。 ●様々な材料をそろえ、十分に楽しめる場所や時間を確保する。

食育

〈ねらい〉給食メニュー、食材に興味をもつ。
〈環境構成〉毎朝、食材を見て触れる機会をつくる。
〈予想される子どもの姿〉食べながら、朝に見て触れた食材を探し、興味を示す。
〈保育者の援助〉食事前に、どんな食材が入っているのかなど声をかけ、興味や関心がもてるようにする。

職員との連携

●プール、シャワーの支度がスムーズに行えるように動線を確認し合う。
●健康チェック表に漏れがないか、職員同士で確認する。
●5歳児とのグループ活動では、一人一人の姿と援助の方法を5歳児の担任と共有しておく。

前月末の子どもの姿
- 担任との信頼関係ができ、甘えを見せるなど親しさが増す。
- 朝夕の支度など、身の回りのことは自分でできるが、めんどうな気持ちもあり、なかなか進まないこともある。

◆ねらい
- 生活の流れが分かり、身の回りのことを丁寧にやろうとする。[自立]
- 気の合う友達と一緒に、好きな遊びを楽しむ。[協同]
- 思っていることを言葉にして伝える。[言葉]

月間予定
- おめでとうの会
- 身体測定
- 避難訓練
- 歯科検診
- プール開き

予想される子どもの姿	保育者の援助
●水分補給をこまめに行う。 ●汗をかいたら着替えたり、シャワーを浴びたりする。 ●この時期の特徴を理解し、手洗い、うがいなどを丁寧にしようとする。 ●手洗い、うがいは、慣れるまでは声をかけられながら行う。	●言葉と視覚で伝えることにより、理解を深める。 ●着替えや水分補給を促す。
●ルールどおりに進まず、トラブルになる。 ●保育者に気持ちを支えられて、自分の思いを伝えようとする。 ●一緒に活動することを楽しみ、5歳児から刺激を受け、まねをする。 ●見付けた虫を飼育箱に入れ、観察したり調べたりする。 ●つくることを楽しんだり、つくったもので友達と遊んだりする。	●一日の生活に見通しがもてる声をかけ、自分でできるように見守る。 ●一緒に遊びながらくり返しルールを説明し、ルールがあるからこそ楽しいという経験ができるようにする。 ●自分の思いを伝えられるように気持ちをくみ取って促す。 ●分からないことを聞くきっかけをつくり、関わりがもてるようにする。 ●子どもの気付きに共感し、一緒に調べて関心を高める。 ●発想やアイデアを認め、つくる楽しさにつなげる。

家庭との連携
- 汗をかいて着替えることが多いので、衣服を補充してもらう。
- プールの支度の準備、健康チェック表を毎日、記入してもらう。

評価・反省
- 湿度が高く不快さを感じたため、冷房を利用して室温調節をした。
- プール遊びが始まったばかりで、支度の仕方が身に付くところまでいかない。今後は混乱なく進められるように丁寧に確認していきたい。
- 来月の夏祭りへの期待が膨らんで、週に一度の5歳児とのグループ活動にも意欲的である。夏祭り後もこの関わりを継続したい。

[自然]：自然との関わり・生命尊重　[数･字]：数量や図形、標識や文字などへの関心・感覚　[言葉]：言葉による伝え合い　[表現]：豊かな感性と表現　を表しています。

7月 月案

保育園 keikaku → P206-207

大好きな水遊びの季節が到来

水の感触が気持ちよい季節です。子どもは、水遊びを楽しみに登園してくるでしょう。その期待にこたえ、楽しい水遊びグッズを準備し、友達とも楽しく関われるようにしたいものです。まだ水が怖い子どもには無理なく水と親しめるような遊びを展開しながら、時には水しぶきを浴びるチャンスをつくり、顔に水がかかっても大丈夫だという自信がもてるようにしましょう。

	★内容	環境構成
養護 生命の保持・情緒の安定	●水の危険性を知り、安全に気を付ける。 ●休息を取りながら、健康に過ごす。	●プールでの約束や危険性を、絵などを使って具体的に知らせる。 ●遮光ネットを取り付け、涼しく遊べる場をつくる。 ●水分補給を適切にできるように準備する。
教育 健康・人間関係・環境・言葉・表現	●水遊びやプール遊びを楽しむ。 ●身の回りの掃除や片付けを行い、気持ちよく過ごす。 ●七夕の由来を知り、笹飾りをつくったり七夕集会に参加したりして楽しむ。 ●夏祭りに向けて、5歳児と一緒に活動することを楽しむ。 ●栽培物の生長に興味をもちながら収穫する（ピーマン、キュウリ、ナス、トマトなど）。 ●相手に自分の気持ちを伝え、相手にも思いがあることに気付く。	●水が苦手な子、大胆に遊ぶ子に分かれて遊ぶ時間をつくる。 ●片付ける場所を、分かりやすく表示する。 ●折り紙、はさみ、のりなど笹飾りをつくるための材料を用意し、保育者がつくった見本も置いておく。 ●活動に必要な様々な素材を用意しておく。 ●収穫できた野菜の数の表示、形などを確認する場をつくる。 ●お互いに自分の思いを言い合える場をつくる。

食育

〈ねらい〉栽培している夏野菜に興味や関心をもつ。
〈環境構成〉生長過程に気付かせながら、一緒に世話をする。
〈予想される子どもの姿〉生長の変化に気付き、収穫できることを楽しみにする。
〈保育者の配慮〉子どもたちの気付きに共感し、収穫への期待が膨らむようにする。

職員との連携

●プール、シャワーで他のクラスと一緒になることもあるので、職員同士で動線を確認し、保育者の立ち位置も明確にしながら危険のないように進める。

前月末の子どもの姿

- ルールのある遊びが少しずつ楽しくなった。ルールがあるからこそ楽しい思い、悔しい思いをしている。
- 5歳児との活動で、他のグループがどのような準備をしているのか話すなど、夏祭りへの期待をもつ。

◆ねらい

- 保育者や友達と、水遊びやプール遊びを楽しむ。 協同 自然
- 生活や遊びに必要な約束が分かり、守ろうとする。 規範

月間予定

- 夏祭り
- 七夕・笹燃やし
- おめでとうの会
- 身体測定
- 総合避難訓練

予想される子どもの姿	保育者の援助
●水の危険性を理解し、気を付けようとする。 ●保育者に促されたり、自分で気付いたりして水分補給をする。	●危険につながる行為を、そのつどしっかり知らせる。 ●水分補給をこまめに促し、静と動の活動のバランスを工夫する。
●自分のペースで水遊びを楽しむ。 ●自分で使った物などを、自分で片付ける。 ●5歳児から刺激を受け、まねをして製作する。 ●収穫を喜び、野菜の数を数えたり、形を比べたりする。 ●自分の主張を優先するため、トラブルになる。 ●保育者に自分の思いを聞いてもらうと、落ち着いて泣きやむ。	●水に対する一人一人の状況を把握し、それぞれの目標を明確にして水遊びを進める。 ●保育者も手伝い、きれいになった気持ちよさを実感できるようにする。 ●夏祭りを楽しく迎えられるように、十分に準備や企画をしておく。 ●収穫物の数や形などにも関心を向けられるよう、一緒に数えたり比べたりする。 ●トラブルの際は仲介に入り、お互いの思いに気付けるようにする。

家庭との連携

- プールの健康チェック表に、忘れずに記入してもらう。
- 夏祭りでの様子を、壁新聞で伝える。
- 汗をたくさんかくため、帽子や上履きの洗濯をこまめにしてもらう。

評価・反省

- 夏祭りの5歳児との活動をきっかけに関わりが自然になり、お互いの保育室を行き来するようになった。
- プール遊びが本格的になった。水に抵抗を示す子もいるため、交代で入る工夫をしたところ、自分のペースで楽しめるようになった。
- 避難訓練では、消防署員からの指導を真剣に聞いていた。

自然：自然との関わり・生命尊重　数・字：数量や図形、標識や文字などへの関心・感覚　言葉：言葉による伝え合い　表現：豊かな感性と表現　を表しています。

8月 月案

保育園

keikaku　P208-209

動と静のバランスに配慮して

水遊びが楽しい毎日ですが、動的な遊びが長時間続くと子どもは体力を消耗し、疲れきってしまいます。適度な休息を取りながら、また、静的な活動の楽しさも十分に取り入れて、8月の計画を立てましょう。お盆の時期など人数が少ないときには、今まで出会ったことのない異年齢児とも遊べるチャンスです。少人数だからこそできる楽しい活動も、準備しましょう。

	★ 内容	環境構成
養護 生命の保持・情緒の安定	●水の危険性を知り、プールでの決まりを守って安全に遊ぶ。 ●夏の一番暑い時期の生活の仕方を知り、快適に過ごす。	●水遊びの約束の再確認をし、自分で考える機会をつくる。 ●休息の必要性を伝え、十分な休息が取れる場所や時間を確保する。
教育 健康・人間関係・環境・言葉・表現	●全身を使って水に親しみ、水の心地よさを感じる。 ●自分のプール遊びでの目標に向かって取り組む中で、友達に励まされたり、共に達成感を味わったりしながら、つながりを深める。 ●夏の自然事象に関心をもつ。 ●身近な夏の虫（カブトムシ、セミ）に興味をもち、世話をする。 ●経験したことを保育者や友達に話したり、聞いたりする。 ●みんなで歌ったり、体を動かしたりして、表現することを楽しむ。 ●異年齢児に親しみをもつ。	●みんなで楽しめるゲームや、友達と触れ合う遊びを用意する。 ●一人一人の目標を明確にし、友達と応援し合う場もつくる。 ●夏の虫や自然に関する、絵本や図鑑などを準備しておく。 ●話したい気持ちを受け止め、最後まで耳を傾ける。 ●歌ったり踊ったりして、音楽に触れる機会をつくる。 ●異年齢児と一緒に遊んだり食事をしたり、午睡をしたりする機会を設ける。

食育

〈ねらい〉トウモロコシの皮むきやエダマメの収穫などを通して、食材に関心をもつ。
〈環境構成〉むいた皮やひげを入れる袋を用意する。
〈予想される子どもの姿〉皮を何枚もむくと、実が出てくることに驚く。
〈保育者の援助〉調理前後での食材の変化（形や硬さなど）に気付くよう、声をかけながら関心を向ける。

職員との連携

●保育者同士の連絡や引き継ぎをきちんと行い、子どもが安定して安全に過ごせるようにする。
●異年齢での活動が増えるので、子どもの様子など、情報を共有するとともに、援助の仕方についても共通認識をもつ。

前月末の子どもの姿
- 夏祭り当日は、5歳児と一緒に初めてお店屋さんごっこを行い、「楽しかった」「忙しかったけど頑張った」など、達成感を味わえた。この活動がきっかけになり、関わりが自然になりつつある。

◆ねらい
- 保育者や友達と一緒に、夏ならではの解放的な遊びを楽しむ。 協同 自然
- 生活に必要なことを、自分なりに考えて行う。 自立 思考

月間予定
- おめでとうの会
- 身体測定
- 避難訓練
- 幼児の活動（ゲーム、お化け屋敷、スイカ割り）

予想される子どもの姿
- 水遊びの決まりを守って遊ぶ。
- 促されて涼しい場所で遊んだり、休息を取ったりする。

- 水の中に潜ったり浮いたりして、水の心地よさを感じる。
- 自分の目標を意識して努力し、友達と互いに応援し合う。
- 雷、虹、夕立ちなどの自然現象に興味をもって観察する。
- 自分の経験を、保育者や友達に話したがる。
- 歌うことや、音楽に合わせて動くことを楽しむ。
- 好きな歌をくり返し聞きたがる。
- 異年齢児に優しく接し、一緒に遊ぶが、思いが一方通行になることもある。

保育者の援助
- 慣れたころに水遊びの事故の危険性が高まるので、子どもたちの行動を見落とさず、安全に過ごせるようにする。
- 活動のバランスを考慮する。体調の変化に注意し、一人一人の健康状態を観察する。

- 自信をもって取り組む姿が増えているので、その場をとらえて言葉をかけ、みんなにも知らせる。友達と励まし合ったり、認め合う場をつくることで、つながりを深められるようにする。
- 子どもの発見や驚き、不思議さに共感しながら、関心を深められるようにする。
- 話す側、聞く側を整理し、両者が満足できるようにする。
- 保育者自身が楽しんで歌ったり、体を動かしたりして楽しさを伝え、共感する。
- 保育者が異年齢児に話しかけたり、遊びに誘ったりして、交流がもてるようなきっかけをつくる。

家庭との連携

- 夏の暑さから疲れが出やすい時期なので、朝の受け入れ時に健康状態について連絡を取り合う。
- プールチェック表に記入してもらう。

評価・反省

- プール遊びでそれぞれの目標を明確にしたことで、挑戦する姿が見られた。一つ前に進むことができると自信になり、達成感につながっている。また、友達が応援し、認めてくれた喜びも、感じることができた。今後は、運動遊びでも目標に向かって取り組めるようにしたい。

自然:自然との関わり・生命尊重　　数字:数量や図形、標識や文字などへの関心・感覚　　言葉:言葉による伝え合い　　表現:豊かな感性と表現　を表しています。

9月 月案 保育園

keikaku → P210-211

残暑と上手に付き合って

まだまだ水遊びも十分に楽しみたいですが、子どもには夏の疲れが出てくる時期です。運動的な遊びも始まりますが、同時に保育室での落ち着いた遊びも設定したいもの。疲れたときに保育室に帰ると、別の世界で遊べるような活動があるとすてきです。お話の世界などを上手に取り入れて、心がホッとするようなコーナーをつくりましょう。

	★ 内容	環境構成
養護 生命の保持・情緒の安定	●汗をかいたらシャワーを浴びたり、体をふいたりして清潔に過ごす。 ●気温や活動に合わせて、自分で衣服を調節する。	●シャワーを浴びる際は、温度、洗い場の設定などを十分に行い、安全に手際よく行えるようにする。 ●着替えの支度や衣服の始末などがスムーズに行えるように、スペースを確保する。
教育 健康・人間関係・環境・言葉・表現	●友達や保育者と一緒に体を動かすことを楽しみ、自分の目標に向かって最後まで取り組む（鉄棒、大なわとびなど）。 ●安全のルールを意識し、気を付けて行動しようとする。 ●自分の気持ちを伝えたり、相手の気持ちを聞いたりしながら、相手の気持ちに気付く。 ●異年齢児と一緒に遊んだり活動したりする中で、親しみをもち、関わりを深める。 ●人の話を注意して聞き、聞いた内容を理解する。	●様々な運動遊びを取り入れ、目標をもって取り組めるようにする。 ●生活に必要なルールを伝える。 ●言葉で気持ちを表現したり、聞いたりする場をつくる。 ●生活や遊び、運動会に向けての活動を通して、異年齢児と関わって活動する機会を多くもつ。 ●話を聞く際は聞く姿勢を伝え、話す人の顔を見るようにする。 ●子どもが好きな歌や、楽しく体を動かせる曲を取り入れる。

食育

〈ねらい〉自分たちでつくったものを味わって喜ぶ。
〈環境構成〉ホットプレートを用意し、栄養士と共に調理活動をサポートする。
〈予想される子どもの姿〉期待をもって調理活動に参加し、おいしく味わう。
〈保育者の援助〉作業工程を分かりやすく伝える。ホットプレートを使うため、やけどには十分に気を付ける。

職員との連携

●運動遊びでは、園庭やホールを使う時間帯、職員配置、分担など、各クラス間で調整し合う。運動遊びや散歩などの様々な遊びを十分に、かつ安全に楽しめるようにする。

「幼児期の終わりまでに育ってほしい姿」の 健康：健康な心と体　自立：自立心　協同：協同性　規範：道徳性・規範意識の芽生え　社会：社会生活との関わり　思考：思考力の芽生え

前月末の子どもの姿

- プール遊びを楽しみ、蹴伸びやフープくぐりなどをしてダイナミックに遊ぶ。
- 水に対して苦手意識がある子もまだいるが、少しずつ慣れ、楽しめるようになっている。

◆ねらい

- 友達や保育者と、様々な運動遊びやルールのある集団遊びを楽しむ。 協同 規範
- 生活や遊びの中で、身の回りのことを自分で行いながら、健康や安全の習慣を身に付ける。 健康 自立

月間予定

- プール閉じ
- 身体測定
- 避難訓練（引き取り訓練）
- おめでとうの会
- お月見

予想される子どもの姿

- シャワーを浴びたり、汗をふいたりして気持ちよさを味わう。
- 汗や汚れに気付き、着替える子がいる。一方で、自分では気付けないが、声をかけられて着替える子もいる。

- 鉄棒、大なわとび、鬼ごっこなどを友達や保育者と一緒に楽しむ。
- 安全のルールを意識して行動しようとする。
- 思っていることを言葉でうまく表現できない。
- 自分の気持ちばかりを主張して、相手の気持ちに気付けない。
- 5歳児にあこがれてまねをする。
- 年下の子に優しく接する。
- 話す人の顔を見て話を聞き、内容を理解する。
- 音楽に合わせて楽しく歌ったり、体を動かしたりする。

保育者の援助

- 体を丁寧にふくことを知らせ、背中や髪の毛など、ふきづらいところも自分で意識してふくように伝える。
- 汗や汚れに気付けない子には、言葉をかけて知らせ、意識をもたせる。

- 運動遊びは、やり方のコツを伝えたり、やって見せたりして、目標に向かって楽しみながら取り組めるようにする。
- ルールを守る意味を分かりやすく伝え、状況に応じてくり返し知らせる。
- 気持ちを引き出して、相手の気持ちにも気付けるような仲介をする。
- 異年齢児との関わり方が分からない子には、きっかけをつくって関わり方を知らせ、親しみがもてるようにする。
- 聞いたことを理解し、行動に移せるかを確認しながら話を聞くことの大切さを伝える。

家庭との連携

- 残暑や活動内容から疲れが出やすい時期なので、子ども一人一人の健康状態を把握し合い、十分な休息を取り、規則正しい生活が送れるようにする。
- 運動会に向けての取り組みと期待が高まっている様子や、成長したところなどを、掲示やおたよりで伝える。

評価・反省

- 様々な運動遊びを取り入れ、友達や保育者と共に楽しみながら、全身を動かして遊ぶことができた。できなかったことができるようになり、子どもは達成感を味わっている。ルールのある集団遊びでは、ルールの理解に個人差がある。今後も確認しながら楽しみたい。
- 身の回りのことを自分で行っている。援助が必要な子には、継続して個別に伝えたい。

自然：自然との関わり・生命尊重　数字：数量や図形、標識や文字などへの関心・感覚　言葉：言葉による伝え合い　表現：豊かな感性と表現　を表しています。

10月月案 保育園

keikaku P212-213

運動遊びに楽しく取り組む

　思いきり体を動かす運動遊びが、そう快な季節です。運動会のために練習をくり返すのではなく、毎日が「運動を楽しむ運動会」。その延長線上に、今日は「おうちの人も見にくる運動会」があるように、毎日を積み重ねていきましょう。また、待ち時間が長すぎたり、何度も練習したりすると、活動自体が嫌になってしまいます。運動遊びは楽しいという経験が残ることを大切にしたいものです。

★内容 / 環境構成

養護（生命の保持・情緒の安定）

内容：
- 手洗い、うがいを丁寧に行う。
- 排便後の始末を、自分でやってみる。
- 気温や活動内容に応じて、自分で衣服の調節をする。

環境構成：
- 水道が混み合って危険がないように、順序よく行うように伝える。
- トイレは清潔に保っておく。
- トイレットペーパーの使い方を、絵で表示する。

教育（健康・人間関係・環境・言葉・表現）

内容：
- 目標に向かい、思いきり体を動かしていろいろな運動遊びを楽しむ（大なわとび、両足ジャンプ、鉄棒など）。
- 共用の用具や遊具を大切にし、片付けを丁寧に行う。
- 運動遊びを通して協力したり、互いの姿を認めたりする中で、友達との関わりを深める。
- 質問や問いかけに、自分なりに答えようとする。
- 音楽に親しみ、曲やリズムに合わせて体を動かしたり歌ったりすることを楽しむ（スキップ、遊戯など）。

環境構成：
- 運動遊びが楽しめるように、遊具や用具を使いやすいように整える。
- 片付けやすいよう、物の置き場を分かりやすく伝えておく。
- 友達と協力して行う運動遊びを取り入れる。
- 自分の気持ちを言葉で表現する場をつくる。
- 他のクラスと関わる機会を増やし、話を聞くときの姿勢を伝える。
- 親しみがわき、リズムの取りやすい曲や歌を取り入れる。

食育

〈ねらい〉食べ物の栄養に関心をもつ。
〈環境構成〉地域の子どもや保護者に、食べ物が出てくる歌を発表する場を設ける。
〈予想される子どもの姿〉地域の子どもや保護者の前で自信をもって発表する。
〈保育者の援助〉歌を通して食材や栄養について興味がもてるよう、一緒に楽しみながら歌う。

職員との連携

- 運動会に向けて、他のクラスと関わる機会が増えるため、職員同士の連絡を密にする。

前月末の子どもの姿

- 走るなどの、様々な運動遊びを意欲的に楽しんでいる。
- 音楽に合わせて歌ったり、踊ったりすることをくり返し楽しんでいる。
- 友達や異年齢児との関わりが深まっている。

◆ねらい

- 友達と一緒に戸外で十分に体を動かして遊ぶ。 健康 協同
- 秋の自然に触れて遊ぶことを楽しむ。 自然
- 自分の物を大切にし、始末や片付けをする。 自立 規範

月間予定

- 運動会総練習
- 運動会
- 避難訓練
- おめでとうの会
- 身体測定

予想される子どもの姿

- 外遊び後や食事前に手洗い、うがいを進んでする。
- トイレットペーパーを適当な長さで切り、自分でふいてみる。

- 不安になることもあるが、意欲的に運動遊びに取り組む。
- 物を大切にしようとし、使った物の片付けを行う。
- 友達と力を合わせたり、認め合ったりして、一緒に取り組む。
- 戸惑ったり口ごもったりすることもあるが、自分の気持ちを話す。
- 話す人の顔を見て聞こうとする。
- リズムを意識し、曲に合わせて体を動かしたり、歌ったりする。

保育者の援助

- 体調を崩しやすい時期なので、より丁寧に手洗い、うがいをする必要性を知らせ、気付けるようにする。
- 排便後の始末のやり方や、トイレットペーパーの使い方を一緒に行いながら知らせ、自分でもやってみるように促す。また、ふききれているかを確認する。

- 子どもの努力する姿や成果を十分に認め、励ます。
- 玩具や本などの片付け方や扱い方を知らせ、大切にしようとする気持ちがもてるようにする。
- 一人一人の姿を認め、友達のよいところ、努力しているところに気付けるように働きかける。
- 言葉で答えることを待ったり、必要に応じて言い方を伝えたりする。
- 話を聞くときの姿勢をくり返し伝え、気付かせるとともに、自分でやろうとするのを待つ。

家庭との連携

- 活動しやすい服装や靴を選び、気温や活動に応じた調節しやすい衣服の必要性を知らせる。
- 運動会への取り組みなどについて、壁新聞やおたよりを通じて子どもの様子を伝える。

評価・反省

- 体を動かす遊びや活動に積極的に取り組み、思いきり体を動かして遊ぶ楽しさを味わえた。目標に向かい、一生懸命に取り組んだことで達成感を得られたと思う。
- 秋の自然に触れて様々なことを感じ、遊びに取り入れて楽しめた。
- 自分の物を大切に扱うことや、みんなと共有する物をきちんと片付けることの大切さを、引き続き伝えていきたい。

自然 :自然との関わり・生命尊重　数・字 :数量や図形、標識や文字などへの関心・感覚　言葉 :言葉による伝え合い　表現 :豊かな感性と表現　を表しています。

11月 月案

保育園

秋の自然に十分に親しんで

自分たちで拾ってきた秋の宝物を、保育の中に上手に生かしたいものです。ドングリを種類別に分けて十分に観察し、形の違いに気付いたり、帽子の微妙な質感を感じたり、五感をフルに働かせて秋を満喫しましょう。また、芸術の秋です。美しい秋の自然を製作に取り入れ、できた作品をみんなで鑑賞し合うのもおすすめです。

CD-ROM keikaku → P214-215

	★ 内 容	環境構成
養護 生命の保持・情緒の安定	●手洗い、うがいを丁寧に行い、健康に過ごす。 ●できるだけ薄着で過ごす。 ●気温に合わせて、衣服の調節をする。	●看護師と連携し、手洗い、うがいの指導を行う。 ●薄着で過ごす大切さを伝え、薄着の習慣が身に付くように伝える。
教育 健康・人間関係・環境・言葉・表現	●友達と一緒に、ルールのある遊びや体を動かして遊ぶことを楽しむ（鬼ごっこ、はないちもんめなど）。 ●公共の場でのマナーや約束を知り、意識して行動する（バス、水族館など）。 ●自分の要求や気持ち、感じたことを、友達に分かりやすく話す。 ●好きな曲で、楽器遊びやリズム打ちを楽しむ。 ●身近な自然に触れ、遊びや製作に取り入れて、いろいろなことに気付く。 ●絵本やお話に親しみ、イメージを膨らませて楽しむ。	●遊びのルールを分かりやすく伝える。 ●公共の場や乗車のマナー、約束事をしっかり伝え、意識をもたせる。 ●思いを表現したり、質問し合う場をつくる。 ●いろいろな楽器を用意する（カスタネット、タンバリン、鈴など）。 ●散歩や戸外遊びを通して秋の自然にたくさん触れ、遊びに取り入れるための素材や用具を準備する（ドングリ製作、三つ編みなど）。

 食育
〈ねらい〉収穫の喜びや食べる楽しさを味わう。
〈環境構成〉抜いたダイコンを調理するため、園庭にかまどを設置する。
〈予想される子どもの姿〉ダイコン抜きに期待をもち、楽しく参加する。
〈保育者の援助〉抜いたダイコンを調理して食べることを事前に伝え、期待が膨らむようにする。

 職員との連携
●園外保育やダイコン抜きでは引率の職員間で動きや流れなどを十分に確認する。
●抜いたダイコンは屋外で調理して食べるため、その準備や設定を協力して行う。

前月末の子どもの姿

- 運動会への取り組みを通して、努力し自分の力を発揮したことで達成感を味わい、自信を付けている。
- 友達や異年齢児と関わり、協力して活動することを楽しみ、関係を深めている。

◆ねらい

- 秋の自然に触れ、遊びに取り入れたり、いろいろな事象に気付いたりする。[自然]
- 友達と一緒に、ルールのある遊びや体を使った遊びを思いきり楽しむ。[協同][規範]

月間予定

- ダイコン抜き
- 身体測定
- おめでとうの会
- 個人面談
- 避難訓練
- 保育参観
- 園外保育

予想される子どもの姿	保育者の援助
●手洗い、うがいの指導をよく聞き、行う意味ややり方を理解して行おうとする。 ●寒さから、厚着になりがちになる。 ●活動していると体が温まってきて、汗をかく子がいる。	●朝夕、寒くなり風邪をひきやすく、様々な感染症が流行する時期なので、看護師と連携し、手洗い、うがいの重要性を伝え、習慣づける。 ●厚着にならないよう調節することを促す。
●ルールを守れずにトラブルになることもあるが、共に伝え合い、遊びを楽しむ。 ●公共の場でのマナーや約束事を意識して行動しようとする。 ●思ったことを言葉にして話す。 ●楽器に興味をもち、音を鳴らすことを楽しむ。 ●秋の自然に触れ、季節ならではの事象に気付く。 ●落ち葉やドングリなどを使い、つくって遊ぶことを楽しむ。 ●落ち葉からイメージを広げ、いろいろなものに見立てて遊ぶ。	●共に遊び、必要に応じてルールを伝え、仲介しながら、遊びの楽しさを共有できるようにする。 ●公共の場では事前にも伝えるが、そのつど必要な言葉をかける。 ●言葉にすることが苦手な子に対しては、さり気なく言葉をかけ、気持ちを引き出す。 ●楽器の扱い方を、丁寧に伝える。 ●自然物を使って遊ぶ機会を多く取り入れ、秋を感じられるようにする。 ●イメージが膨らむように、みんなで想像したことを話し合う機会をもつ。

家庭との連携

- 保育参観を通して、保育園での活動内容を知ってもらい、共通理解を深める。
- 個人面談で、園での生活と家庭での姿、保護者の悩みなどをじっくりと話し合う。

評価・反省

- 散歩に多く行き、体を動かすことや自然物を使った製作を楽しむことができた。子どもから、落ち葉やドングリを使って「何かをつくりたい」という思いも出てきた。今後も散歩に多く出かけたい。
- 園外保育やダイコン抜きなど、公共の場に出かけることが多く、とても期待して楽しく参加できた。

[自然]:自然との関わり・生命尊重　[数・字]:数量や図形、標識や文字などへの関心・感覚　[言葉]:言葉による伝え合い　[表現]:豊かな感性と表現　を表しています。

12月月案 保育園

みんなが主役の発表会へ

劇遊びを楽しみながら、発表会へのステップも踏み固めていきたいもの。作品ありきで演目を選ぶのではなく、子どもの興味や関心、春から楽しんできた遊び、子どもが発表したいことを探り、コーディネートしましょう。やりたくない役を無理にさせても、何の育ちも期待できません。「私はこの役をやりたい！」という気持ちを大切にすれば、様々な工夫やアイデアが生まれてくるでしょう。

	★ 内容	環境構成
養護 生命の保持・情緒の安定	●冬の健康に関心をもち、身の回りのことを進んでしようとする。 ●鼻水が出たらかんだり、咳、くしゃみのエチケットを身に付ける。	●暑さ寒さを、衣服で調節する必要性を伝える。 ●ティッシュケースやゴミ箱は、子どもの取りやすい場所、捨てやすい場所に置く。
教育 健康・人間関係・環境・言葉・表現	●寒さに負けず、戸外で友達と関わりながら体を動かして遊ぶ（鬼ごっこ、鉄棒、なわとびなど）。 ●自然の移り変わりや、季節の変化に興味をもつ。 ●一年の終わりであることを知り、年末年始の過ごし方を知る。 ●好きなお話を題材に、劇遊びを楽しむ。表現することで、更に民話や童話に親しむ。 ●様々な素材を使い、製作を楽しむ（クリスマスの製作、劇の小道具づくり）。 ●異年齢児と一緒に遊び、活動を通して親しみをもち、関わりを深める。	●寒さからけがをしやすいため、戸外遊びの前には体操をして体をほぐすようにする。 ●散歩先で、季節ならではの事象に触れる機会を多くもち、絵本や図鑑を用意する。 ●必要な用具、道具などを準備する。 ●友達とイメージを共有し、楽しく表現できるお話や音楽を選ぶ。 ●つくりたい物に合った素材や道具を用意する。 ●一緒に遊んだり、劇遊びを互いに見せ合ったりする場をつくる。
食育	〈ねらい〉冬野菜の生長を楽しみにしながら世話や収穫をし、おいしく食べる（コカブ、コマツナ）。 〈環境構成〉土づくりから一緒に行う。 〈予想される子どもの姿〉生長に期待をもち、収穫を喜ぶ。 〈保育者の援助〉興味をもって世話ができるよう、変化していく様子を子どもと楽しみながら育てる。	 職員との連携：●定期的に温度、湿度を確認し合い、子どもの体調や気付いたことを伝え合う。 ●発表会のプログラム構成を確認する。

前月末の子どもの姿

- 秋の自然に触れたり、自然物の製作に取り組んだりして、季節を体で感じて楽しんでいる。
- 公共の場所での約束事やマナーを、意識している。

◆ねらい

- みんなで劇づくりに取り組み、つくりだす楽しさを味わう。　協同　表現
- 様々な素材を使って、遊ぶ物や飾る物などを工夫しながらつくることを楽しむ。　思考　表現

月間予定

- 年末子ども会（クリスマス会）
- 発表会
- 身体測定
- おめでとうの会
- 避難訓練

予想される子どもの姿	保育者の援助
●寒さから室内に閉じこもりがちな子どももいるが、活発に戸外遊びを楽しむ子が多い。 ●鼻水が出たらすぐにかむ子もいるが、出てもそのままにしている子もいる。 ●咳、くしゃみは口を押さえずにする子が多い。	●防寒や安全のために、上着のファスナーは必ず閉めることを伝える。 ●鼻水が出たらかみ、気持ちよく過ごすことを伝える。咳、くしゃみは口を押さえてすることを、その場で逃さず伝える。
●鬼ごっこや鉄棒などで、体をよく動かして遊ぶ。 ●散歩や絵本、図鑑などを通して季節の変化に気付く（落ち葉、北風、霜など）。 ●室内の大掃除や、年賀状づくりをする。 ●感じたことやイメージしたことを、いろいろなやり方で表現する。 ●リースや劇の役に合わせた小道具をつくる。 ●一緒に遊んだり、散歩に行ったりする。 ●劇遊びを見せ合う。	●体の温まる運動遊びを、保育者も共に楽しみながら行う。 ●季節ならではの事象に気付けるように、言葉をかける。 ●大掃除や年賀状づくりをする意味を伝えながら取り組めるようにする。 ●子どものイメージや表現したい気持ちを引き出し、楽しみながら劇遊びにつなげる。 ●イメージしたものをつくりあげる楽しさが味わえるようにする。 ●異年齢児との関わり方を、具体的に伝えていく。

家庭との連携

- 体調を崩しやすい時期なので家庭でも手洗い、うがいの徹底をしてもらい、異常が見られたら栄養や休息を十分に取るよう呼びかける。
- 行事のねらいや取り組みについて知らせ、理解してもらうとともに、おたよりなどで子どもの姿や成長を伝える。

評価・反省

- 発表会に向けて劇遊びを楽しんだ。一人一人がお話のイメージを広げ、役になって表現することができた。最初は言葉や歌など、気持ちがのらずに表現することが難しい子もいたが、励まし合ったり、小さなことを認められたりしたことで、少しずつ自信を付けていった。発表会当日も、張り切って表現することができてよかった。

1月 月案 保育園

日本のお正月を満喫しよう

家庭ではお正月らしさを味わうのが難しくなってきました。園は、日本の伝統行事を子どもや地域に伝えていくという役割も担っています。おせち料理の意味、七草がゆ、鏡開きのいわれなども、子どもに知らせていきたいものです。また、かるたやすごろくなどを通して、文字に興味をもったり、ルールを守って遊ぶと楽しいと感じたりと、様々な経験ができるように組み立てましょう。

	★ 内 容	環境構成
養護 生命の保持・情緒の安定	●手洗い、うがいを丁寧に行い、健康に過ごす。 ●鼻のかみ方、咳のエチケットを知り、自分で意識して行う。 ●気温や活動に合わせて、衣類の調節を行う。 ●トイレの使い方やマナーを守り、安全、清潔に使用する。	●手洗い場を清潔に保つ。 ●室内の換気、温度、湿度の調節をする。 ●外遊びのときは、上着を着用するなど、衣類の調節をさせる。
教育 健康・人間関係・環境・言葉・表現	●新年のあいさつや行事などを知る。 ●年末年始に経験したことを、保育者や友達に話す。 ●正月遊びを楽しむ（かるた、トランプ、すごろく、こま回し、凧あげ）。 ●様々な素材を使って、凧づくりや節分のお面などの製作を楽しむ。 ●戸外で体を動かして遊ぶ（凧あげ、鬼ごっこ）。 ●冬の自然の変化や、吐いた息が白いことなどに気付く。 ●かるた、トランプ、すごろくなどで遊び、文字や数字に興味をもつ。 ●豆まき集会に向け、鬼についてイメージを膨らませ、自分の中の退治したい鬼（直したいこと）について考える。	●正月遊びの用具を子どもが、取り出しやすい場所に準備する。 ●凧、鬼のお面などを製作する際に使う、用具、素材を用意する。 ●冬の自然が見付けられる場に行く機会をもつ。 ●かるたやすごろくは、4歳児が楽しめるものを用意する。 

 食育
〈ねらい〉おせち料理、雑煮、七草がゆ、鏡開きなど、日本の伝統的な食事や由来について知る。
〈環境構成〉おせち料理の写真などをはる。
〈予想される子どもの姿〉食べ慣れない食材は、すすめられると食べるようになり、おいしさを知る。
〈保育者の配慮〉もちはのどに詰まらせないよう、小さくちぎって食べることを伝える。

職員との連携
●感染症の対応（下痢、嘔吐などの始末）を、職員間で共有して理解する。

前月末の子どもの姿
- 劇遊びの取り組みを通して、みんなの前で表現できたことが自信になっている。
- 友達と一緒に遊ぶ楽しさを感じる半面、遊びの途中で思いがぶつかり合うこともある。

◆ねらい
- 伝承行事を知り、正月ならではの遊びを楽しむ。 [社会]
- 寒さに負けず、友達や保育者と一緒に体を動かして遊ぶ。 [協同][自然]
- 遊びを通して、数を数えることに興味をもつ。 [数・字]

月間予定
- 新年子ども会
- おめでとうの会
- 身体測定
- 避難訓練

予想される子どもの姿
- 手洗い、うがい、衣類の調節など、冬の健康な生活の仕方を進んで行おうとする。
- 手洗いでは、水で手を濡らした程度で終わらせる。
- 自分で鼻をかむがうまくできず、保育者に援助を求める。

- こま回しができるように、くり返し挑戦する。
- 凧や鬼のお面、節分のますをいろいろな素材で工夫してつくる。
- かるたやトランプなどは勝ち負けを意識してトラブルになる。
- 霜柱や氷などを発見すると、保育者や友達に目を輝かせて知らせる。
- 霜柱を踏んだときや氷を触ったときなどの感触がおもしろくて、くり返し踏んだり触ったりする。

保育者の援助
- 鼻のかみ方や、くしゃみや咳をした際のエチケットについて知らせる。
- トイレのサンダルをそろえること、ドアの開閉に気を付けることを、確認する。

- 凧あげ、こま回しに挑戦している姿を認めたり一緒に遊んだりしながら、達成感を味わえるようにする。
- 寒い時期なので、戸外遊びの前に体を十分にほぐすことを伝えて、一緒に準備運動を行う。
- 霜柱、氷など冬の自然に対する子どもたちの気付きを受け止め、保育者も共感し、興味や関心が広がるようにする。

家庭との連携
- 外出後の手洗い、うがい、薄着の習慣、ポケットに手を入れないことなど、冬の健康で安全な習慣が身に付くように、家庭と協力し合う。
- 保護者会のお知らせを配布する。
- 伝統的な料理や遊びの様子を、壁新聞などで知らせる。

評価・反省
- 凧あげ、かるた、すごろくなどを一緒に楽しむことができた。こま回しは友達ができるようになると、自分もやってみようとする姿が見られる。回せたことが自信につながった。
- 凧あげは自分でつくったもので遊べたので、大いに楽しさを味わえた。
- 積極的に戸外に出て、氷鬼やなわとびなどで元気に遊ぶことができた。

[自然]:自然との関わり・生命尊重　[数・字]:数量や図形、標識や文字などへの関心・感覚　[言葉]:言葉による伝え合い　[表現]:豊かな感性と表現　を表しています。

2月 月案

保育園

keikaku P220-221

自分の健康は自分で守る

寒くなり、風邪をひきやすく、インフルエンザも流行する時期です。自分の体は自分で守ることを伝えると、手洗い、うがい、鼻をかむことも丁寧に取り組めるでしょう。上手にできている子を認めながら、他の子にも注目させて、みんながウイルスを園にもち込まないマナーを遂行できるとよいでしょう。また、冬の自然に出会うチャンスを逃さずに、どの子も経験できるような配慮が大切です。

	★ 内容	環境構成
養護 生命の保持・情緒の安定	●手洗い、うがいを丁寧に行い、冬の健康的な生活に必要な習慣を身に付ける。 ●おなかが痛い、頭が痛いなどの体の不調を保育者に伝える。 ●着替えた服をたたんでしまうなど、身の回りのことを丁寧に行う。	●空気が乾燥しているので、水分補給を促す。 ●室内の換気をして、適切な温度、湿度を保つ。
教育 健康・人間関係・環境・言葉・表現	●節分の行事に喜んで参加する。 ●進んで戸外に出て、運動遊びを楽しむ。 ●いろいろな素材や用具を使い、丁寧にひな人形をつくろうとする。 ●雪や氷、霜柱などの冬の自然を発見し、不思議さを感じたり、それを手にして遊んだりする。 ●人の話を最後まで聞き、理解して行動しようとする。 ●鬼ごっこなど、簡単なルールのある遊びを楽しむ。 ●日だまりの暖かさや木の芽、花のつぼみなどから、春が近づいていることを感じる。	●節分集会では、子どもの動きを予測して危険がないように、場にゆとりをもたせて設定する。 ●様々な素材を用意し、自分で選ぶ楽しさを味わいながら製作に取り組めるようにする。 ●雪や氷での遊びは、着色したり凍らせたりして、冬ならではの遊びが楽しめるように、アイデアを提供する。 ●必要なことを友達や保育者に伝達する機会をつくる。 ●春の訪れを感じられるように散歩の機会を設けたり、園庭の自然を観察したりする時間をとる。

食育
〈ねらい〉豆やイワシなどを食べて、節分の由来を知る。
〈環境構成〉炭で焼いたイワシを見せたり、ヒイラギと一緒に飾ったりする。
〈予想される子どもの姿〉節分の行事に喜んで参加し、豆を食べる。
〈保育者の援助〉伝統的な行事を通して、イワシなどの食材を食べる経験をさせる。

職員との連携
●卒園式に向けての参加の仕方、お別れのプレゼントの確認、渡し方などの話し合いを進める。
●一人一人の成長や次につなげていく課題を、担任間で確認し、保護者会で伝える。

前月末の子どもの姿
- かるた、すごろくなど様々な正月遊びの経験や、戸外での鬼ごっこなどを通して、友達と一緒にルールを守って遊ぶ楽しさが分かるようになった。

◆ねらい
- 健康や安全の習慣を身に付け、身の回りのことを丁寧に行う。 健康
- 寒さに負けず、戸外で体を使った遊びを十分に楽しむ。 自然

月間予定
- 節分
- おめでとうの会
- 身体測定
- 避難訓練
- 保護者会

予想される子どもの姿
- 鼻をかむとき、片手でかもうとしたり、かまずにふき取ったりする。
- 手洗いやうがいについて、慣れてきて雑になる。
- 戸外で体を動かして遊び、汗をかいたままの子もいる。

- 保育者が演じている鬼を怖がる子や、おもしろがる子がいる。
- 自分で工夫して、いろいろなひな人形をつくろうとする。
- 寒さから、ポケットに手を入れたまま遊んだり、戸外に出たがらなかったりする子もいる。
- 雪や氷を使って、ごっこ遊びなどを楽しむ。
- ひなたを見付けて、暖かさを感じながら遊ぶ。

保育者の援助
- 戸外から帰ったときの手洗いやうがい、衣服調節や始末などを保育者が一緒に行うことで、確認して習慣づけるようにする。
- ポケットに手を入れたままでは、転倒したとき危険であることを伝える。

- 鬼役の保育者は、子どもの様子を見ながら演じる。
- 動くと体が温かくなることを感じられるよう、積極的に鬼ごっこなど取り入れて一緒に遊ぶ。
- 身近な自然について、一人一人の気付きや疑問を大切にし、子どもと共に調べたり、一緒に考えたりする。
- 聞いたことを理解して行動できるか確認し、その子に応じた説明をする。
- なわとび、フープ、マラソンなど、体を動かす遊びを提案して一緒に楽しむ。

家庭との連携
- 風邪の予防に留意してもらう。園内で流行している感染症について、掲示で知らせる。
- 登降園の際に着る上着に、自分でフックにかけられるようにループを付けてもらう。

評価・反省
- 節分の由来について関心をもち、伝承行事に参加することで興味が広がっていった。
- 保育者がルールを守って遊ぶ楽しさをくり返し知らせたことで、途中で抜けることがなくなり、遊びが続くようになった。

自然：自然との関わり・生命尊重　数・字：数量や図形、標識や文字などへの関心・感覚　言葉：言葉による伝え合い　表現：豊かな感性と表現　を表しています。

3月 月案

保育園

keikaku P222-223

卒園児を見送る中で

卒園児をお祝いする様々な行事を経験しながら、見送る側の中心としての役割を担う子どもたち。当番活動も引き継ぎ、いよいよ4月からは自分たちが5歳児になるという自覚をもちはじめます。過度にプレッシャーをかけず、「みんななら、すてきなお兄さん、お姉さんになれるよ」と励ましながら、一つ一つの役割や活動をまっとうできるように配慮しましょう。

	★内容	環境構成
養護 生命の保持・情緒の安定	●健康に過ごすための手洗い、うがい、着替えなどの基本的な生活習慣の必要性が分かり、積極的に行う。 ●トイレの使い方やマナーを守り、排泄する。 ●進級に備え、保育室の整理や大掃除をする。	●安全のルールを意識し、気を付けて行動する。 ●次の友達に気持ちよく使ってもらうことを理解し、みんなで保育室、ロッカー、靴箱、遊具などの清掃や整理整とんを行えるようにする。
教育 健康・人間関係・環境・言葉・表現	●ひな祭りの由来を知り、優しい気持ちでひな人形を見たり、ひな祭り集会に参加したりする。 ●春を探しに散歩に行く。 ●遊具の清掃や花壇の手入れをする。 ●5歳児と楽しく遊ぶ。 ●5歳児を送るために、プレゼントをつくったり、お別れの言葉を考えたりする。 ●お別れ会でみんなに聞いてもらう歌や、手遊びなどを心を込めて発表する。 ●季節の歌を楽しんで歌う。 ●一年間に製作してきた作品をまとめ、自分の成長を感じる。	●ひな祭り集会は、ゆったりとした内容を考え、春らしい飾り付けをして季節感のある中で行う。 ●園庭の砂場、遊具の点検や花壇の手入れなど、みんなで作業することを通して、5歳児クラスへの期待をもたせる。 ●5歳児が取り組んでいる園の仕事や、やり方などを教えてもらう場をつくる。

 食育
〈ねらい〉つくったものを食べてもらうことを喜ぶ。
〈環境構成〉エプロン、三角きん、マスクで身支度をし、爪を切って活動できるようにする。
〈予想される子どもの姿〉喜んで参加し、思い思いのクッキーをつくる。
〈保育者の援助〉クッキーをつくる工程を丁寧に説明しながら、楽しんでつくれるようにする。

 **職員との連携**
●全職員で年間指導計画、園の目標、各クラスの運営などについて、次年度につなげるための反省をする。
●担任間で一年間の成長を確認し、次年度の担任に引き継ぐ。

前月末の子どもの姿

- 見通しをもって生活ができるようになる。
- 自分の身の回りのことが、ひととおりできるようになる。
- 自分たちでルールのある集団遊びを始め、楽しめるようになるが、ルールの理解には個人差がある。

◆ねらい

- 友達と一緒に、様々な活動に自信をもって取り組む。 協同 自立
- 5歳児クラスに進級することへの期待と自覚をもつ。 自立

月間予定

- ひな祭り
- 卒園式
- 身体測定
- 避難訓練
- おめでとうの会

予想される子どもの姿

- 何でも自分でやろうとし、できることが自信になるが、中にはまだ保育者に頼ろうとする子もいる。
- 5歳児クラスになることに大きな期待があり、何ごとにも張り切って取り組む。

- ひな祭り集会を楽しみにしており、自分でつくったひな人形を保護者に見せたり、園の大きなひな人形を興味深く見たりする。
- 卒園式の練習など、いつもと違う雰囲気に緊張したり不安になったり、落ち着かない状態になる子がいる。
- 自分のやりたい遊びを見付け、友達と楽しく遊ぶ。
- クラスのみんなでするゲームを楽しむ。
- 当番活動に期待をもちながら、5歳児からやり方を教えてもらう。
- 卒園式当日は緊張しながらも、歌や言葉を発表する。

保育者の援助

- 身の回りのことがどの程度できるのかを一人一人の様子を見て確認し、できないところは丁寧に指導して見守る。
- 最後までやることを認め、自信をもたせるようにする。

- 5歳児クラスへの期待が言葉のやり取りだけにならないように、具体的な活動を通して意識を高めたり、もたせたりする。
- 5歳児をお祝いする気持ちや、今までの感謝の気持ちをもって卒園式に参加できるように話をする。
- この一年間で成長したところ、いろいろな活動の楽しかったことなどを話題にし、次年度への自信につなげる。
- 卒園式の練習への参加は、長時間になりすぎないように配慮する。

家庭との連携

- 一年間の子どもの姿を保護者に伝え、共に成長を喜ぶ。気になることは、誤解のないように丁寧に伝える。

評価・反省

- 課題のある活動が多い月だったが、子どもの自主的な遊びの時間を保障することができた。
- 様々な活動を通して、5歳児クラスになることへの期待をもった。
- 指示されたことをできるようになったが、やらなければならないことを見付けたら自発的に自分のこととして取り組めるように、次年度へ引き継ぎたい。

自然：自然との関わり・生命尊重　数・字：数量や図形、標識や文字などへの関心・感覚　言葉：言葉による伝え合い　表現：豊かな感性と表現　を表しています。

年間指導計画

幼稚園・認定こども園

keikaku → P224-225

♣ 年間目標
- 園生活のリズムや決まりが分かり、基本的な生活習慣を身に付ける。
- 友達と関わり合いながら、一緒に遊んだり生活したりすることを楽しむ。
- 身近な自然事象や社会事象に関心をもち、見たり触れたり遊びに取り入れたりする。

	1期（4〜6月）	2期（7〜9月）
子どもの姿	●初めての保育室、人、空間に不安を感じながら入園してきた子が、担任と接したり好きな遊具で遊んだりしながら、安心して過ごせるようになる。 ●保育者に対し、安心感を求め、存在を目で追う子がいる。	●砂場で遊具や水を使って、泥や水で遊ぶことを好む。 ●友達と一緒に、同じ動きをくり返し楽しむ。 ●小動物や昆虫、草花を見たり、触れたりして遊ぶことを楽しむ。
ねらい	●園や保育者に親しみをもち、喜んで登園する。[健康] ●好きな遊びを見付けて遊んだり、保育者や同じ場にいる友達と一緒に遊んだりする。[健康][協同] ●園での過ごし方が分かる。[健康]	●いろいろな活動に興味をもち、自分のしたいことを存分に行う。[健康] ●園生活の流れが分かり、安定して遊ぶ。[健康] ●日常の生活習慣を身に付け、自分でできることは自分でしようとする。[自立] ●草花や小動物と触れ合い親しみをもつ。[自然]
内容	●保育者とあいさつをしたり、名前を呼び合ったりする。 ●保育者の歌を聞いたり、知っている歌を一緒に歌ったりする。 ●今まで経験したことのある遊具、用具を使って遊ぶ。 ●春の草花や虫に触れ、親しむ。	●自然物の生長に気付き、野菜、草花の形や色、様子などに関心をもつ。 ●砂や泥などで、感触や解放感を味わい、楽しむ。 ●プール遊びで水の冷たさを感じ、水に親しみをもつ。 ●簡単な鬼ごっこや集団遊びをする。
環境構成	●明るく楽しい雰囲気になるように、また安全に遊べるように室内の環境を整える。 ●家庭で経験したと思われる遊びや、興味のある遊具の選択や配置などの環境設定に留意し、子どもたちが遊べるように準備しておく。 ●子どもの様子に合わせて、遊具の種類、内容、道具に配慮する。	●水や泥の感触が十分に味わえるように、時間を確保する。 ●園庭で体を十分に動かして遊べる時間と場所を整えておく（クラスごとに時間を調整する）。 ●物を大切にする気持ちがもてるよう、子どもたちと一緒に片付け場所を整えたり、分かりやすく表示したりしておく。
保育者の援助	●一人一人にできるだけ多く名前で呼びかけ、スキンシップを図る。 ●子どもの行動を肯定的に受け止め、保育者との関わりがもてるようにする。 ●保育者が丁寧に、愛情が伝わるように関わり、しだいに安心して自分で動き出し、気持ちよく過ごせるように配慮する。	●水遊びは個人差を配慮し、一人一人が無理なく、水に親しめるようにする。着替えに慣れるまで温かく励ます。 ●保育者もごっこ遊びに参加し、思いきり遊んだりなりきったりして遊びを十分に楽しむ。 ●不安定な子どもに声をかけ、スキンシップを図り丁寧に関わる。

「幼児期の終わりまでに育ってほしい姿」の　[健康]：健康な心と体　[自立]：自立心　[協同]：協同性　[規範]：道徳性・規範意識の芽生え　[社会]：社会生活との関わり　[思考]：思考力の芽生え

●思ったことを表現し、相手の思いにも気付いて受け入れようとする。

3期（10〜12月）	4期（1〜3月）
●木の葉が落ちる様子を見たり、触れたり、落ち葉やドングリなどを使って遊んだりする。 ●友達に思いを伝えようとするが、うまく相手に伝えられず、トラブルが多くなる。	●休み明け、友達と会うことを楽しみにし、遊びたい欲求をもって登園してくる。 ●簡単なルールを理解し、遊びを楽しむようになる。 ●こま回しや製作では、自分なりに目的をもって試す。
●友達と遊ぶ中で、自分の思いや考えを伝え、相手を意識して遊ぶ。協同 言葉 ●ゲームや集団遊びに喜んで参加し、楽しみながら友達との関係を深める。協同 規範 ●様々な素材を特徴を生かし、試しながら自分のイメージしたものを表現する。思考 表現	●友達の考えを受け入れながら、目的をもって遊ぶ。協同 ●クラスの中で自分の存在を意識し、みんなと一緒に行動する。規範 ●5歳児になるという意識をもって、園生活を送る。自立
●家族ごっこ、宇宙ごっこ、電車ごっこなどのごっこ遊びで、気の合う友達と考えを出し合いながら、遊びをつくる楽しさを味わう。 ●工夫したり試したりして、遊びに必要なものをつくって遊ぶ（空き箱製作、動物園づくり、車づくり、切り紙など）。	●戸外遊びで十分に体を動かす（マラソン、サッカー、氷鬼、助け鬼、なわとび、リレー、どろけいなど）。 ●こま回しやなわとびなどで、くり返し試して遊ぶ。 ●友達の動きや言葉を受け止め、イメージを広げながら遊びを進める。
●いろいろな色、大きさ、形などを考えて素材や用具を用意しておく。 ●学期末であることを知らせながら、3学期も気持ちよく遊びに関われるように、保育室や遊具を整理する。	●2学期末に親しんでいた遊びが始められるように、環境を整え、自分から遊びに取り組み、遊びを通して友達と関わる楽しさを感じ取れるようにする。 ●劇遊びの中で、必要な物に気付き、友達と力を合わせてつくれるように、材料や用具を準備する。子どもが「こうしたい」という思いに合うような素材、材料を提示し、つくれるような環境を整えておく。
●自己主張する時期だからこそ、トラブルが多く、やり取りを見逃せない。場に応じて相手の思いにも気付かせ、その中でどうしたらいいか双方と保育者とで話をするなど、場に応じた援助を行う。 ●保育者も進んで戸外に出て、子どもが体を動かす心地よさを感じ取れるようにする。	●自分の力を十分に発揮できるような素材を用意し、やり遂げた満足感を味わえるように援助する。 ●寒さや慣れから、手洗い、うがいなどがおろそかにならないように、そのつど声をかける。 ●5歳児になることを意識し、当番活動を意欲的に取り組めるように励ます。

自然 ：自然との関わり・生命尊重　数字 ：数量や図形、標識や文字などへの関心・感覚　言葉 ：言葉による伝え合い　表現 ：豊かな感性と表現　を表しています。

4月 月案

新しいクラスになじめるように

新入園児も進級児も、新しい保育室、新しい担任と出会い、自分の安定の基地をつくっていきます。一人一人の好きな遊びや関心のあることを的確にとらえ、自分を発揮できるような環境をつくっていきましょう。また、みんなで楽しむ時間を設け、一緒に活動することはおもしろい！ と思える経験を重ねていきたいものです。

幼稚園 認定こども園

 keikaku P226-227

	第1週	第2週
週のねらい	●園生活を楽しみに登園する。 ●保育者と触れ合い、安心感をもつ。	●保育者に親しみをもち、喜んで登園する。 ●保育者と関わりながら、園生活の仕方を知る。
内容	●保育者と触れ合い、親しみをもつ。 ●5歳児と一緒に活動する楽しさを味わう。	●保育者と触れ合ったり、遊んだりしながら、安心して過ごす。 ●自分の場所や、園内での約束事を知る。
環境構成	●出席ノートや名札、カラー帽子などの保育用品を準備する。 ●机や椅子の数を確認し、配置を考える。 ●ロッカー、タオルかけ、荷物かけ、靴箱など、子どもが使用する場所に名前やマークをはる。	●子どもが興味をもちそうな遊びを楽しめるように、室内の環境を整える。子どもの様子に合わせて、玩具の種類、内容、数などを考え、場所の広さを調節する。 ●子どもが楽しめるような手遊びや歌、紙芝居などを準備しておく。
保育者の援助	●名前を呼びかけたり、会話を楽しんだり、スキンシップを図ったりして、子どもの行動を温かく受け止める。 ●保育者と一緒に話をしたり、遊んだりすることで、少しずつ環境に慣れるように援助する。 ●トイレに対する恐怖心や不安をもたないように、丁寧に指導する。	●子どもも保護者も期待や不安を感じているので、笑顔で迎える。 ●その日にする楽しいことを話したり、抱っこしたり、スキンシップを図りながら保育室に入れるようにする。 ●身の回りの習慣は、自分でできるように励ます。 ●トイレの使い方を丁寧に知らせる。

食育

●初めての昼食の時間では、子どもと一緒に、ゆっくりと一つ一つ確認しながら準備をする。
●昼食の時間が苦痛にならないように、楽しい雰囲気で食べる。

 職員との連携

●避難訓練の際は、サイレンの音や緊張感のある雰囲気に恐怖を感じる子がいるので、補助の保育者と連携しながら様子を見ていく。

「幼児期の終わりまでに育ってほしい姿」の　**健康**：健康な心と体　**自立**：自立心　**協同**：協同性　**規範**：道徳性・規範意識の芽生え　**社会**：社会生活との関わり　**思考**：思考力の芽生え

今月初めの子どもの姿

- 園生活を楽しみに、保護者からスムーズに離れられる子もいれば、緊張や不安からなかなか離れられない子もいる。
- 緊張や不安を感じて、保育者のそばにいることで安心できる子もいる。

◆月のねらい

- 園生活を楽しみにし、喜んで登園する。 [健康]
- 保育者と関わりながら、園生活の過ごし方を知る。 [健康]
- 春の自然に触れ、五感で味わう。 [自然] [表現]

月間予定

- 入園式
- 迎える会
- 保護者会
- 身体測定
- おひさま会（学年全体の活動）
- 誕生会
- 避難訓練

第3週	第4週
●保育者のそばで歌ったり、安心して遊んだりする。 ●一日の生活の中で、自分ですることが分かり、自らやってみようとする。	●保育者や友達と触れ合って、楽しく遊ぶ。 ●一日の生活の流れや、生活の仕方を知り、園生活に親しむ。
●保育者や友達の名前、自分のクラスを覚え、親しみをもつ。 ●持ち物の始末やトイレの使い方が分かり、自分でしようとする。	●好きな遊びを見付け、同じ場にいる友達に気付く。 ●みんなとお弁当を食べる楽しさを感じる。
●園内探検、園庭探検をして、園の様子が分かるようにする。 ●好きな遊びを見付けられるように、玩具を出し、安心して遊べる場所を確保する。	●ブロックやペープサートなど、つくったもので遊べる場所を準備し、楽しめるようにしておく。 ●「おひさま会」ってこんなことをするんだな、楽しそうだなと感じられるように、事前に内容を話す。
●保育者といることで安心できるように、子どもに寄り添ったり、一緒に遊んだりする。 ●たくさんの友達、たくさんの保育者、楽しそうな保育室の存在を知り、期待をもてるように話をする。	●保育者や友達が遊ぶ姿を見て興味をもつ子もいるので、タイミングを見ながら声をかけ、一緒に楽しめるように促す。 ●昼食後にカバンの中を確認し、お弁当が片付けられているか様子を見る。 ●衣服の着脱の際には励ましたり、必要なときは援助したりする。

家庭との連携

- 保護者と話したり質問を受けたりしながら、積極的に交流する。
- 食事の様子を見て、必要なときは保護者に様子を伝え、お弁当の量などを調節してもらう。
- 身体測定の前に保護者に声をかけ、脱ぎ着しやすい服装で登園してもらうようにする。

評価・反省

- 鬼遊びや、かくれんぼに積極的に取り組もうとする子と関わり、一緒に遊びを楽しむことができた。他の遊びをしている子の様子をなかなか見ることができなかったので、補助の保育者と連携を図りながら役割を交代し、戸外遊びで関わりの少なかった子どもたちとも関わっていきたい。

[自然]:自然との関わり・生命尊重　[数・字]:数量や図形、標識や文字などへの関心・感覚　[言葉]:言葉による伝え合い　[表現]:豊かな感性と表現　を表しています。

5月 月案

好きな遊びを存分に楽しむ

やってみたくなる遊びの素材を出しておき、子どもが自分から関われるような環境に誘いましょう。友達が遊んでいる姿を見て、自分もやってみたいと思う子もいます。そこでまねをしながら遊んだり、言葉を交わしたりすることで、遊びはより楽しくなるでしょう。帰りの会などで、みんなの遊びを紹介するのもおすすめです。

幼稚園・認定こども園

CD-ROM keikaku → P228-229

	第1週	第2週
◆週のねらい	●保育者や友達と触れ合って、楽しく遊ぶ。 ●一日の生活の流れや、生活の仕方を知り、園生活に親しむ。	●保育者や友達と触れ合って、楽しく遊ぶ。 ●一日の生活の流れや、生活の仕方を知り、自分で行おうとする。
✴内容	●好きな遊びを見付け、同じ遊び場にいる友達に気付く。 ●園生活に必要な生活習慣が分かる。 ●遊具や道具の使い方、約束事を知る。	●好きな遊びを見付け、同じ遊び場にいる友達と関わって遊ぶ。 ●みんなと一緒の活動や、昼食を楽しむ。
環境構成	●粘土、ブロック、パズル、ままごとなどは、遊びに慣れてきたら少しずつ道具を多くする。 ●保育室で飼育しているザリガニ、メダカを子どもの目の高さに置く。	●手洗い、うがいを行えるように前日の降園時に話をし、絵表示などをはっておく。 ●スクーター遊びが楽しめるように準備し、どこで走ればよいかが分かるように地面にルートをかいておく。
保育者の援助	●のりを使う指導をする。準備する物、1本の指にのりを付けること、はりたい物の裏側にのりを付けること、のりを付ける量など、実際に保育者が行いながら伝える。 ●誕生児の二人は、初めての活動に緊張感もあるので、実際のステージやクラスのみんなの前でインタビューを事前に何度か行い、安心して参加できるようにする。	●はさみを使うときの約束（使わないときや持ち歩くときは必ずキャップをする、はさみの刃で指を切らないように気を付ける、刃を人に向けないなど）を伝える。 ●やりたい遊びを見付けられない子や、取り組めない子と、意識的に関わる。

食育
●友達と昼食を食べる楽しさを感じられるように配慮する。
●野菜の苗を植え、水やりや肥料をまくなどの世話をし、生長を楽しみにできるようにする。

職員との連携
●散歩で歩く際は、先頭と列の後に保育者を配置して連携し、横断歩道の渡り方や通行する人の有無などを、声を出して知らせる。

前月末の子どもの姿

- 室内や戸外で好きな遊びを見付けて、楽しんでいる。中には、興味があってもまだ見ているだけの子や、不安があり友達との遊びに入ることができず、保育者に見ていてほしいという子もいる。

◆月のねらい

- 好きな遊びを見付けて楽しんだり、身近にいる友達に関心をもったりする。 健康 協同
- いろいろな遊びや活動の中で、園生活の仕方を知り、楽しんで取り組む。 規範
- 積み木やブロックの形、積み方を楽しむ。 数・字

月間予定

- 弁当参観
- 散歩
- 園庭での昼食
- おひさま会
  （学年全体の活動）

	第3週	第4週
	●保育者や友達と触れ合って、楽しく遊ぶ。 ●一日の生活の流れや生活の仕方を知り、自分で行う。	●好きな遊びを楽しみ、身近な友達に関心をもつ。 ●一日の生活の流れや、生活の仕方を知り、自分で行う。
	●春から夏にかけての気候や自然を感じながら、戸外遊びを楽しむ。 ●所持品の始末、手洗い、うがいなどに気付いて、自分で行う。	●友達のしている遊びに興味をもち、やってみようとする。 ●自分の思いや感じたことを、自分なりに表現する。
	●散歩の順路を確認し、交通量や工事中の場所がないか調べ、安全点検をする。 ●散歩先の公園にある遊具や広さなどを確認しておく。	●おひさま会で経験した体操やリズムを保育室でもくり返し楽しめるように、CDなどを準備しておく。
	●散歩の際は暑さも予想されるので、水分補給をするよう声をかける。園への帰り道は疲れも出るので、安全に十分に気を付ける。 ●水を使った砂遊びでは、水の気持ちよさや泥の感触を楽しめるように、保育者も一緒に楽しむ。	●お弁当を箸で食べる習慣が少しずつ身に付くように、保育者が見本になり、マナーよく食べている友達に気付けるよう声をかける。

家庭との連携

- 保護者に昼食時の活動の様子を見てもらう。自分たちで準備を進めようとしている姿や、手洗い、うがいに取り組んでいる姿から、園で気を付けて取り組んでいることや、いま子どもたちに身に付けてほしいことなどを保護者に伝える。

評価・反省

- おひさま公園に4歳児だけで歩いた際、手を離して自分勝手に歩く子はほとんどいなかった。声をかけると気付き、自分たちで手をつなぐことができた。上手に歩けた姿を認め約束を守っている姿上に歩けるようにする。また、前の人と間が空きすぎたり、横断歩道でもゆっくり歩く姿が見られたりしたので、どう歩いたらいいのかを、具体的に伝えたい。

自然 : 自然との関わり・生命尊重　数・字 : 数量や図形、標識や文字などへの関心・感覚　言葉 : 言葉による伝え合い　表現 : 豊かな感性と表現　を表しています。

6月 月案

幼稚園 認定こども園

keikaku　P230-231

トラブルは子どもが学ぶチャンス

友達とのトラブルが多い時期ですが、困ったなと思わずに、ここで子どもが成長するチャンス！ととらえましょう。お互いの思いを言葉で語らせながら、どうすればよかったのかをじっくり考える場にします。そして最後に、「こんなときにはこうすれば二人とも嫌な気持ちにならずに済むことが分かって、よかったね」と新たな方法を得たことを共に喜びましょう。

	第1週	第2週
週のねらい	●同じ場で遊んでいる友達と関わることを楽しむ。 ●みんなと一緒に体を動かす活動に、喜んで参加する。	●保育参加で保護者と一緒に遊ぶ。 ●散歩へ行き、戸外遊びを楽しむ。
内容	●友達のしている遊びに興味をもち、同じようにすることを楽しむ。 ●遊具や道具（はさみ）の扱い方を知り、約束を守って遊ぶ。	●自分の思いや感じたことを自分なりに表現し、相手に伝える方法を知る。 ●クラスの活動の中で、簡単な集団遊びを楽しむ。
環境構成	●はさみの持ち方は、保育者が見本を見せる。 ●はさみの役割、扱い方、危険性について知らせる時間をとる。 ●はさみを収納する場所を決め、出しっぱなしにしないようにする。	●保育参加で保護者と一緒に製作した遊びを引き続き楽しみたい子もいるので、準備しておく。 ●公園へ散歩に行く際には、ザリガニ釣りが楽しめるように準備する。 ●室内で体を動かしたり集団遊びを楽しんだりできるように準備しておく。
保育者の援助	●はさみをどちらの手で持ったらいいのか戸惑っている子、持ち方が身に付いていない子には個別に声をかけ、はさみの使い方を知らせる。 ●お互いの思いを聞いたり、相手の思いを聞いて代弁したりすることで、相手の気持ちに気付けるようにし、友達との関わり方が分かるように援助する。	●水遊びでは、子どもたちのイメージしている動きを出すために、どんな工夫をしたらいいのか、保育者がアイデアを提供しながら、子どもがいろいろな遊び方や工夫が分かるように援助する。 ●室内でも汗をかきやすい気候なので、水分補給するように声をかける。

食育
●自分たちで収穫したイチゴで、イチゴジャムパーティーを開き、イチゴジャムの作り方を知りイチゴを味わう機会をもつ。
●みんなで同じ物を食べることを楽しんだり、収穫できた喜びを共感したりしながら、食べることを楽しめる雰囲気をつくる。

職員との連携
●水遊びの際は、水温や気温に気を配る。
●ピアノが得意な保育者に、子どもがイメージを膨らませて動くにはどんな曲が適しているのかアドバイスしてもらう。

前月末の子どもの姿

- 周りにいる友達や一緒に遊んでいる友達に興味をもつ子が増えた。楽しむ姿、一緒に遊ぶことを喜ぶ姿も見られるが、中には接し方が分からず、遊び方が違うためトラブルになることもある。

◆月のねらい

- 気の合う友達の中で、自分の思いを出しながら遊ぶことを楽しむ。[協同]
- 日常の生活習慣が身に付き、できることは自分でしようとする。[健康][自立]

月間予定

- 視力検査
- 歯科検診
- 保育参加
- 水遊び
- プール遊び
- イチゴジャムパーティー

第3週	第4週
●梅雨期の草花やカタツムリなどの小さな生き物に興味、関心をもつ。 ●リズムに合わせて体を動かしたり、保育者と運動遊びをしたりする。	●自分の思ったことや考えたことを表す。 ●水遊びをする中で、水に慣れたり、気持ちよさを感じたりする。
●雨の日に傘をさして園庭を探検し、初夏の自然に気付く。 ●音楽に合わせて、イメージを膨らませながら体を動かす。	●自分の好きな物や遊びに必要な物をつくろうとする。 ●水遊びに必要な約束事を知る。 ●水の冷たさや気持ちよさを感じる。
●園庭の水たまり、ぬかるみなどの状態を把握しておく。散歩後に濡れたところをふくぞうきんを準備する。 ●子どもがイメージしやすい曲を選ぶ。	●シャボン玉遊びでは、新しい道具を出し、せっけんから泡をつくる経験ができるよう準備をする。 ●読み聞かせでは早めに準備をし、落ち着いて読みはじめられるようにする。
●アジサイの花の色や、カタツムリに気付けるような言葉をかける。 ●雨の様子に関心がもてるような言葉をかける。 ●「カエルさんになってみよう」などと保育者が声をかけながら、子どもと一緒に体を動かす。	●プール遊びでは、恐怖心がある子や支援を要する子などの様子によって、小さなプールを用意し、その子なりのペースで水遊びを楽しめるようにする。

家庭との連携

- 初めての保育参加では、自分から能動的に遊びに取り組んでいる姿に気付いてもらえるように、特に心配している保護者には声をかけながら活動を進める。

評価・反省

- 水への慣れぐあいには個人差が見られる。水遊びを存分に楽しんでいる子もいれば、水につかってゆったりと気持ちよさを味わっている子もいた。大きなプールでは、みんなで一緒の活動が多くなるので、少しずつ水に慣れるような活動をしていきたい。

[自然]:自然との関わり・生命尊重　[数・字]:数量や図形、標識や文字などへの関心・感覚　[言葉]:言葉による伝え合い　[表現]:豊かな感性と表現　を表しています。

7月 月案

幼稚園　認定こども園

CD ROM　keikaku　→　P232-233

その子に応じた水遊びを

水に潜って遊べる子から、水が顔にかかることが怖い子まで、子どもたちの水遊び経験には大きな差があります。その子の今の状況を認め、次のステップに楽しく進めるように関わりましょう。水しぶきをかける遊びをすることで、水に慣れることもあります。自分にもできたという自信が、次へのチャレンジの原動力となるはずです。

	第1週	第2週
週のねらい	●いろいろな活動の中で、自分の思いを伝えながら友達や保育者と関わる。 ●みんなと一緒に水遊びをする心地よさやおもしろさを感じる。	●いろいろな活動の中で、自分の思いを伝えようとしながら、友達や保育者と関わる。 ●水遊びの心地よさを味わう。
内容	●友達のつくっているものに興味をもち、自分でもつくってみようとする。 ●水の気持ちよさを感じながら、友達と一緒に遊ぶ楽しさを感じる。	●自分の思いを自分なりの言葉で表現しようとする。 ●相手にも思いがあることに気付く。 ●水遊びでの約束事を知る。
環境構成	●空き箱製作用に、様々な大きさや形の空き箱を集めておく。 ●プールや水遊びの道具は、使用後に水をきって乾かす。	●色水遊びやシャボン玉遊びの用具を準備する。 ●ビート板やフープなど、プールで使う用具を準備する。
保育者の援助	●空き箱製作では、つくったものを見て、まねをしてつくれる子もいれば、セロハンテープの使い方がうまくいかず、思ったようにつくれない子もいる。一人一人に合わせて援助し、一緒につくる中で少しずつ道具の使い方や、セロハンテープのはり方などを伝える。	●お互いに自分の思いを伝えながら、より遊びを楽しめる経験ができるように、必要なときは保育者が仲介役になり遊びを進める。 ●プール遊びでは、保育者も一緒に遊びながら、いろいろな動きに挑戦できるように声をかけたり、楽しさを伝えたりする。

食育
●スイカ割りでは、みんなで一緒に同じ食べ物を食べる経験を通して、さらにおいしさや楽しさを感じられるようにする。
●自分たちで掘ったジャガイモを、みんなで食べることを楽しめるようにジャガイモパーティーの内容を考える。

職員との連携
●5歳児から譲ってもらったジャガイモを掘るにあたり、5歳児担任や5歳児たちから掘り方を教えてもらう。

前月末の子どもの姿

- 水遊びが本格的に始まり、ボディーペインティングを楽しんだ。活動によっては、不安に感じる子、友達の楽しそうな姿を見ても、なかなか遊びに参加できない子もいる。

◆月のねらい

- 好きな遊びに取り組む中で、友達との関わりを楽しむ。 [健康][協同]
- いろいろな水遊びを通して、水に親しんだり、解放感を味わったりする。 [自然]

月間予定

- 水遊び
- プール遊び
- ジャガイモパーティー
- スイカ割り
- 交通安全教室
- 終業式

第3週	第4週
●活動の中で、自分の思いを伝えながら、友達や保育者と関わる。 ●1学期が終わることを知り、夏休みに期待をもつ。	〈夏休み〉
●自分のやりたいことを友達に伝える。 ●保育者の話や、終業式での話を聞き、夏休みを楽しみにする。	
●1学期に自分たちで使った玩具をきれいに洗ったり片付けたりし、2学期も気持ちよく遊べるようにしておく。 ●ロッカーや引き出しなどに入っている自分の荷物や道具などを持ち帰れるように準備する。	●夏休み中のお泊まり保育や、プール開放のための準備をする。
●清掃活動の中で、ぞうきんの絞り方を伝え、隅をふくコツを知らせながら、自分たちで自分たちの場所をきれいにする気持ちよさを味わえるようにする。 ●終業式は1学期をしめくくる大事な式であることを伝える。	

家庭との連携

- 引き渡し避難訓練では、意図や取り組みについて子どもに話すが、保護者にも真剣に取り組んでもらえるように、降園時に話をする。
- 空き箱製作をすることを知らせ、家庭で不要になった空き箱を持ってきてもらう。

評価・反省

- 夏休みの話をしたところ、理解した子もいたが、ピンと来ていない子も多かった。片付けや清掃活動をし、終業式に参加して長い休みに入ることが分かったようだ。
- 1学期最後のプール遊びを終え、体のふき方が上手になったこと、プール遊びの約束を守って遊べたことを認め、嬉しさと成長を感じられるように話した。2学期のプール遊びも楽しみたい。

[自然]：自然との関わり・生命尊重　[数字]：数量や図形、標識や文字などへの関心・感覚　[言葉]：言葉による伝え合い　[表現]：豊かな感性と表現　を表しています。

8月 月案

登園日が、楽しみになるように

毎日登園する子もいれば、行事の日にだけ来る子もいます。会えたことを喜びながら、その日が楽しく過ごせるように計画しましょう。夏祭りやプール開放日などが予定されているところもありますので、月案のみでなく、行事ごとの詳細な実施計画も必要になります。だれがどの部分を担当するのか、責任者はだれなのか、保育者間でしっかり連携を図りましょう。

	第1週	第2週
◆週のねらい	●水遊びを思いきり楽しみ解放感を味わう。 ●いつもと違う友達と関わりながら、プールで遊ぶ。	〈夏休み〉
✴内容	●プール遊びの約束を守って楽しく遊ぶ。 ●休息を取りながら、水遊びを楽しむ。	
環境構成	●ペットボトル、水鉄砲、牛乳パックなどの水遊び用具をそろえる。 ●水分補給や休息が涼しい場所でできるよう、パラソルや遮光ネットで日陰をつくる。	
保育者の援助	●異年齢児と水遊びをすることもあるので、子どもの様子をよく見て危険のないようにする。	

食育
●お泊まり保育時のカレーづくりで、買い物や調理をスムーズに行えるように計画を立てる。
●調理中には、包丁や鍋、火の扱いを見守る。
●カレーづくりを経験して思ったこと、感じたことを話せる機会をもつ。

職員との連携
●夏休み中のプール遊びでは、クラス担任以外の子もと遊ぶことも多いので、連絡を密に取り合う。
●お泊まり保育では、職員同士で声をかけ合い、協力して進める。

前月末の子どもの姿

- プール遊びを楽しみ、水と親しんだ。初めは、おそるおそる顔を水につけていた子が、ずいぶん慣れて、水しぶきがかかることを楽しんでいる。

◆月のねらい

- 喜んで登園し、園での活動を楽しむ。 健康
- お泊まり保育で、保育者や友達と生活を共にし関わりを楽しむ。 協同 規範

月間予定

- 夏休み
- プール開放
- お泊まり保育（園内にて）

	第3週	第4週
	●保育者や友達、5歳児とお泊まり保育を体験し、交流を楽しむ。 ●家庭から離れて1泊し、自立心を育み、自信をもつ。	〈夏休み〉
	●荷物整理など、身の回りのことを自分でする。 ●友達と協力して、食事づくりや寝る場所の準備をする。	
	●調理台は子どもが動きやすいように配置する。 ●花火大会の際は、火の扱いには十分に気を付ける。 ●寝る前に読む絵本や紙芝居を準備し、落ち着いて眠れるような環境をつくる。	
	●保護者を思い出して不安になる子には、保育者が優しく寄り添い、絵本を読んだり歌ったりして気分転換し、一緒に過ごせるように援助する。 ●食事づくりでは、みんなが経験できるように配慮する。 ●夜中にトイレに行ってもいいことを伝え、安心して眠れるようにする。	

家庭との連携
- プール開放や、お泊まり保育についての詳細を知らせる。不安があれば、相談してもらう。

評価・反省
- お泊まり保育では、親元を離れて泊まることが初めての子も多く、気持ちが高ぶっていた。カレーづくりには、どの子も積極的に参加し、自分たちでつくったカレーの味は格別だったようで、「おかわり!」の声があちこちで聞かれた。

自然：自然との関わり・生命尊重　数・字：数量や図形、標識や文字などへの関心・感覚　言葉：言葉による伝え合い　表現：豊かな感性と表現　を表しています。

9月 月案

幼稚園・認定こども園

keikaku P236-237

体を動かして遊ぶ楽しさを

運動会があるから、そのための練習を日々重ねるのではなく、子どもが体を動かして遊ぶ楽しさを十分に感じるような経験をしてから、おうちの人に見てもらうフェスティバルとしての運動会をもちかけましょう。させられるのではなく、自分から取り組むことが大切です。どんなレースをしたら楽しいか、どんな技を見せたいか、子どもと相談したいものです。

	第1週	第2週
週のねらい	●友達や保育者との再会を喜び、一緒に遊ぶ。 ●体を使った遊びを楽しむ。 ●自分なりに目的やイメージをもって遊ぶ。	●友達と遊ぶ中で、自分の考えを動きや言葉で表現する。 ●体を動かして遊ぶ楽しさを味わう。
内容	●友達や保育者と、夏休みの出来事について、話したり聞いたりする。 ●室内で製作遊びを楽しむ。	●自分の思いを伝え、友達の思いや表情にも気付きながら遊ぶ。 ●玉入れや、かけっこなどを楽しむ。
環境構成	●落ち着いて子どもの夏休みの話を聞く時間を設け、話したい気持ちが満たされるようにする。 ●好きな動物のお面がつくれるように、色画用紙や輪ゴム、油性ペンなどを用意する。 ●お面をかぶって遊べるスペースを確保する。	●やりたい遊びに没頭していると周りが見えなくなるので、保育室内の状況を見て危険がないようにする。 ●玉入れやかけっこは、「楽しかった」という気持ちで終われるように短時間で行う。
保育者の援助	●子どもの話を聞く際は先を急がずに、その子のペースに合わせて話を聞く。 ●子どもが遊んでいる際、発見したことや思ったことに共感しながら一緒に楽しむ。	●製作遊びでは、一つの物をじっくりつくりたい子、たくさんつくりたい子がいるので、一人一人が満足感を得られるように共感しながら楽しめるようにする。 ●体を動かすことが楽しいと思えるように、時間配分を配慮する。

食育
●お好み焼きづくりでは、子どもたちに「何を入れたらおいしいか」を聞いて、材料を決める。
●運動をした後「おなかがすいたね」と空腹を感じながら昼食をとり、「おなかがすいたときに食べるとおいしい」ということが感じられるようにする。

職員との連携
●運動会のリハーサルでは、担任同士や補助職員と連携しながら、各コーナーの子どもの様子や環境を見守るようにする。

前月末の子どもの姿
- 夏休みに経験したことを、保育者や友達に話す。
- お泊まり保育の経験を思い出し、「また、みんなで花火したいね」と話す。

◆月のねらい
- 園生活の仕方を確認しながら、生活のリズムを取り戻す。 健康
- 体をのびのびと動かして遊ぶ楽しさや、みんなと一緒に活動する楽しさを味わう。 健康 協同

月間予定
- 運動会リハーサル
- おひさま会
- 誕生会

	第3週	第4週
	●体を動かして遊ぶことや、みんなと一緒に活動することを楽しむ。 ●気の合う友達と一緒に、好きな遊びを楽しむ。	●友達と一緒に体を動かして楽しみ、力を発揮しようとする気持ちをもつ。 ●自分のやりたい遊びを見付けて楽しむ。
	●友達と一緒に踊ったり、走ったりすることを楽しむ。 ●運動会を楽しみにしながら、必要な物をつくる。	●5歳児や友達の姿に刺激を受け、自分でもやってみようとする。 ●自分なりのイメージをもって、表現したり遊んだりする。
	●子どもの遊んでいる姿から、何が楽しいのかを読み取り、興味をもちそうな環境を準備する。 ●けがをしないよう、遊びのコーナーの環境面を見直す。 ●製作遊びでは、子どもが満足できるように材料の準備をする。	●三輪車で遊ぶスペースは線で区切り、安全に遊べるようにする。 ●色水遊びからジュース屋さんに発展すると予想されるので、場所を確保する。
	●運動会に向けての活動では、「自分もできた！」「またやりたいな」と思えるよう、すてきな点を具体的に認めて、努力している姿をしっかり見ていることを伝える。 ●外遊びでは、水分補給をしっかりと行えるよう声をかける。汗をかいたら着替えるよう促す。	●小学校の校庭を借りて運動会のリハーサルを行う。自分たちの競技に期待をもち、楽しみにできるように声をかける。 ●リハーサルは長時間になるので、途中で疲れたり、遊び始めたりする子も出てくる。最後までやり抜くように声をかけ、努力している姿を認める。

家庭との連携
- 運動会本番に不安を感じる子の保護者に対しては、ふだんの様子や姿を伝え、子どもの努力や成長を感じてもらえるように、意識する。

評価・反省
- 室内遊びでは、製作を楽しむ子が多かった。保育者がつくっている物や友達がつくって遊んでいる物に興味をもってつくりはじめることが多い。製作コーナーが落ち着くと、つくった物で遊ぶ姿が多くなる。同じ物をつくった友達との遊びが始まり、楽しんでいる姿が見られるが、遊べる場が狭く、遊びを十分に楽しめない子がいたことを反省する。

自然：自然との関わり・生命尊重　数・字：数量や図形、標識や文字などへの関心・感覚　言葉：言葉による伝え合い　表現：豊かな感性と表現　を表しています。

10月月案

幼稚園・認定こども園

keikaku P238-239

ごっこ遊びでなりきりを楽しむ

お店屋さんごっこや電車ごっこなど、子どもたちが興味をもっているごっこ遊びで、「なったつもり」を楽しみましょう。「いらっしゃいませ」「350円です」「黄色い線までお下がりください」など、役になった言葉で会話するのはワクワクします。新しいグッズの工夫などで、遊びはより楽しさを増します。くり返し、発展させていく喜びを共に味わえるようにしましょう。

	第1週	第2週
◆週のねらい	●友達と一緒に体を動かす楽しさを味わい、力を発揮しようとする気持ちをもつ。 ●気の合う友達と好きな遊びを楽しむ。 ●運動会を楽しむ。	●秋の自然に触れたり、体を動かしたりして、解放感を味わう。 ●気の合う友達と、思いや考えを出し合って遊びを楽しむ。
★内容	●5歳児や友達の姿に刺激を受け、自分でもやってみようとする。 ●運動会を楽しみにしながら、必要な物をつくる。	●秋の自然に触れ、自然物を使って遊ぶ。 ●自分の思いを伝えたり、友達の思いや表情に気付いたりしながら遊ぶ。
環境構成	●運動会で使う手裏剣づくりでは、よりかっこいいものになるように、キラキラした素材なども用意する。 ●運動会の会場は、保護者席、トイレ、撮影場所などを分かりやすく表示する。	●ドングリやマツボックリ、落ち葉などが豊富な公園へ行き、自然の中で遊ぶ環境をつくる。 ●散歩の際の道路の歩き方について、絵を使って再確認する。
保育者の援助	●運動会当日は、たくさんのお客さんの前で不安になったり、興奮状態になったりすることが予想できるので、安心して、また落ち着いて運動会に参加できるように個別に声をかける。	●友達との関わりの中で力の加減や遊び方が分からない際は、様子を見て声をかけて知らせる。 ●保育者も一緒に遊びながら、遊びに誘ったり一緒に鬼の役になったりして、楽しさを伝える。

食育
●「食欲の秋」という言葉の意味、秋の食べ物などについて話し、食べることへの興味がわくようにする。
●食べ物を残さずきれいに食べると気持ちがいいこと、食べることは健康のために大切なことなどを話題にする。

職員との連携
●親子競技や保護者競技は、当日に保護者に分かりやすく説明できるよう、模範演技をする人、説明する人を決めておき、ルールを徹底させる。

前月末の子どもの姿
- 運動会のリハーサルを経験し、運動会で自分たちがやること、5歳児がやることが分かった。自分たちの競技に意欲的に参加し、運動会本番を楽しみにしている子もいれば、何となくみんなの動きに付いていくだけの子もいる。

◆月のねらい
- 友達との関わりの中で、自分の考えや動きを言葉で表現したり、相手を意識したりして遊びを楽しむ。 [協同] [規範] [言葉]
- 心地よい秋の気候の中で、身近な自然物を遊びに取り入れたり、のびのびと体を動かしたりしながら楽しむ。 [自然]

月間予定
- 運動会
- お店屋さん
- おひさま会
- 誕生会
- 読み聞かせ
- コンサート

第3週	第4週
●友達と一緒に体を動かして遊び、解放感を味わう。 ●自分なりのイメージをもって、表現したりつくったりして遊ぶ。	●秋の自然を感じながら遊ぶ。 ●体の動きでいろいろな表現をする。
●鬼ごっこなど、みんなでする遊びを楽しむ。 ●運動会のことを話題にして、絵で表現する。	●散歩で公園へ行き、秋を探す。 ●誕生会での表現遊びを楽しむ。
●運動会のことを思い出して絵をかけるように、画用紙やクレヨンを出しておく。 ●鬼ごっこが十分に楽しめるように、場を確保する。	●ドングリコロコロ迷路では、どんな迷路にするか、どこに空き箱やカップを付けるかなど、いろいろと試せるような材料を準備する。
●活発に体を動かす子もいるが、ブランコ遊びや砂場遊びだけで戸外遊びを終える子もいるので、体を動かす楽しさを味わえるように、クラス全体で遊びを楽しめるような機会もつくる。	●表現遊びでは、まねをしながら表現ができるようにし、その中でみんなと一緒に活動する楽しさを味わえるようにする。

 家庭との連携
- 衣替えについて知らせる。
- 運動会では子どもの日ごろの取り組みを伝え、当日の姿だけでなく、それまでの過程が大切であることを伝える。
- コンサートは保護者も参加できることを知らせ、参加を呼びかける。

 評価・反省
- 運動会の取り組みで5歳児と関わった。その中で、「5歳児さんて優しいな」と感じる子、「かっこいいな」と感じる子など、5歳児へのあこがれをもつ子が増えた。
- 鬼遊びを興味深く見ているが、なかなか遊びに入れない子もいる。ルールが分からない、鬼になったら嫌だなど、その子によっていろいろなので、保育者も一緒に遊んで楽しさを伝えていこうと思う。

[自然]:自然との関わり・生命尊重　[数・字]:数量や図形、標識や文字などへの関心・感覚　[言葉]:言葉による伝え合い　[表現]:豊かな感性と表現　を表しています。

11月月案

秋の自然を遊びに取り込んで

心地よい風の中、ドングリやマツボックリなどを拾い、秋のにおいを感じられる場を設けましょう。身近に出かけられる公園などを確保しておきたいものです。また、サツマイモ掘りを経験する機会もあるでしょう。土の中の虫たちとの出会いも楽しみながら、土の感触、イモの手触りを直に体感できるとよいでしょう。

幼稚園 認定こども園

keikaku P240-241

	第1週	第2週
◆週のねらい	●身近な自然物を使い、自分なりのイメージをもって遊ぶ。 ●自分の思いを伝えたり、友達の思いや表情に気付いたりして遊ぶ。	●簡単なルールのある遊びを楽しむ。 ●友達と一緒に、考えやイメージを出し合い、遊びを楽しむ。
★内容	●くじ引きや景品などをつくって遊ぶ。 ●友達と誘い合って、積み木遊びを楽しむ。	●転がしドッジボールや、折り返しリレーなどを楽しむ。 ●お店屋さんごっこの小物をつくる。 ●避難訓練に参加する。
環境構成	●子どもがイメージするものを表現できるように、いろいろな種類の材料を準備する。 ●小型箱積み木は硬いこと、足に落としたりぶつかったりすると痛いことを伝える。また、広い場所で遊べるように環境を整える。	●お店屋さんごっこに興味をもつ子が取り組みやすいよう、つくりやすい材料を準備し、満足いくまで商品づくりを楽しめるようにする。
保育者の援助	●球根の形を観察したり、球根の植え方を聞いたりしながら、自分で植えられるように援助する。 ●以前ジャガイモ掘りをした際に、土に触ることや、土に手を入れて掘ることをためらう子がいた。サツマイモを見付けたり、掘ったりする楽しさを感じ、自然に土と関われるようにしたい。	●好きな遊びの中だけで取り組むと、まったく経験しないままの子もいるので、クラス全体で取り組む時間をとり、活動や遊びの楽しさを味わえるようにする。 ●避難訓練で煙体験ハウスの中に入ることを怖がる子には、保育者と一緒に入るなどの援助をする。

食育
●サツマイモの大きさや形を感じながら洗い、5歳児と協力して焼きイモをつくることを伝える。
●たき火の焼きイモができ上がるのを楽しみにしながら、園庭で遊べるようにする。
●5歳児と一緒に焼きイモを食べ、交流を深められるように担任同士で連携を図る。

職員との連携
●5歳児と一緒に戸外遊びをする際は、担任同士で相談しながら遊びの場を確保する。ルールは5歳児から説明してもらうよう依頼する。

「幼児期の終わりまでに育ってほしい姿」の 健康:健康な心と体 自立:自立心 協同:協同性 規範:道徳性・規範意識の芽生え 社会:社会生活との関わり 思考:思考力の芽生え

前月末の子どもの姿

- 誕生会の出し物に向けて取り組んだ水族館のショーごっこ。その子なりの表現のおもしろさや特徴を大笑いしたり、具体的に伝えたりしたところ、多くの子が楽しんで参加した。

◆月のねらい

- 自分の思いや考えを伝えたり、友達の気持ちや表情に気付いたりしながら、ゲーム遊びなどを楽しむ。 [規範][思考][言葉]
- 自分なりに目的やイメージをもって遊ぶ。 [思考][表現]

月間予定

- 球根植え
- 消防署要請避難訓練
- サツマイモ洗い
- 焼きイモパーティー
- 誕生会

	第3週	第4週
	●自分なりのイメージをもって遊ぶ。 ●自分の思いを伝えたり、友達の思いや表情に気付いたりして遊ぶ。	●戸外で体を動かしてルールのある遊びを友達と楽しむ。 ●ゲームや集団遊びに参加し、友達と関わる楽しさを味わう。
	●友達と積み木遊びを楽しむ。 ●5歳児と関わりながら、戸外遊びを楽しむ。	●友達と一緒にルールのある遊びを楽しむ。 ●2人組の遊びを経験し、友達との触れ合いを楽しむ。
	●積み木遊びでは、片付けやすいように大きな箱を用意しておく。 ●クラス全体で取り組むための短なわ、長なわを用意する。	●遊びをイメージしやすく、また、イメージを膨らませやすいような環境や遊具を準備する。 ●遊びの様子を見ながら、必要な物を考えたり準備したりする。 ●みんながなわとびにいつでも取り組めるよう準備しておく。
	●積み木の重ね方や場所の取り方など、安全面で気を付けてほしいことを伝えながら遊べるようにする。また、友達が参加したとき、イメージの違いから遊びが中断することがある。保育者が中に入り、お互いの気持ちを聞き、遊びのイメージを近づけられるように援助する。	●なわの始末は、なかなかできない。始末ができないからやりたくないということにならないように、結べない子には「半分にして、また半分にして」というように、簡単に片付けられる方法を伝える。

家庭との連携

- なわとびを使いはじめたことを知らせ、家庭で遊ぶときの参考にしてもらう。
- 薄着の大切さを知らせ、厚着をしすぎないように促す。
- 風邪予防には手洗い、うがいが大切であることを知らせる。

評価・反省

- 近くの保育園に遊びに行った。同じ年齢の友達がいることを知り、本園とは違う施設に興味をもって見学した。本園は2年保育なので、年下の子との関わりはもてない。保育園では年下の子どもとも触れ合え、貴重な体験ができる。小さい子をかわいがる気持ち、自分たちがお兄さん、お姉さんという感覚を味わえたと思う。

[自然]:自然との関わり・生命尊重　[数字]:数量や図形、標識や文字などへの関心・感覚　[言葉]:言葉による伝え合い　[表現]:豊かな感性と表現　を表しています。

12月 月案

新しい体験にも挑戦!

カスタネットやトライアングルなどの楽器遊びも、音楽をより楽しくしてくれます。いろいろな楽器に出合い、その音を知り、自分で演奏する体験を、計画に位置づけましょう。この時期にぜひ経験させたいことを計画し、上から与えるのではなく、子どもがやりたくなるような導入で、活動が展開されるようにしましょう。

幼稚園 認定こども園

 keikaku P242-243

	第1週	第2週
◆週のねらい	●自分の思いを伝え、友達の思いにも気付いて遊ぶ。 ●ゲームや集団遊びに喜んで参加し、友達との関係を深める。	●興味をもった遊びに挑戦したり、取り組んだりしようとする。 ●季節を感じながら製作を楽しむ。 ●好きな遊びを友達と十分に楽しむ。
★内容	●友達と関わりながら、お店屋さんごっこを楽しむ。 ●サッカーPK遊び、しっぽ取り、なわ遊びなど、友達と一緒にする遊びを楽しむ。	●寒さに負けず、体を動かして三輪車やジャングルジム、基地遊びを楽しむ。 ●クリスマス製作や、お店屋さんごっこを友達と楽しむ。
環境構成	●お店屋さんごっこが発展するように、小道具を出す。 ●サッカーPK遊び用のゴールが、安全に使用できるか点検する。	●クリスマス飾りをつくるコーナーを用意し、興味をもった子がじっくり取り組めるように準備しておく。
保育者の援助	●イメージのくい違いからぶつかり合うことがあるので、保育者が仲介してイメージを言葉で伝えたり、子ども同士で解決できそうなときは見守ったりする。 ●しっぽ取りは保育者も一緒に遊んで、それまで見るだけだった子が「やってみたい」と思えるようにする。	●戸外遊びでは、保育者も一緒に遊び、体を動かす楽しさや心地よい疲れを子どもと一緒に感じて楽しむ。 ●お店屋さんごっこは、保育者が客になって店員と関わったり、一緒に店員になってお店を盛り上げたりして、他の子が興味をもって参加できるようにする。

食育
●年越しそば、もち、おせち料理など、年末やお正月の食べ物について話題にし、それぞれの由来や意味を知らせる。
●寒いときには体を温める食事をすることが、健康につながることを知らせる。

職員との連携
●年末の園行事が続くので、各行事の内容を職員全員が把握し、スムーズに進められるように準備する。

前月末の子どもの姿

- 友達とイメージを出し合いながら、遊びに夢中になっている。その楽しさに気付いた子が、次々と遊びに加わった。

◆月のねらい

- 友達と遊ぶ中で、自分の考えや思いを伝えようとしたり、相手を意識したりして遊ぶ。 [規範] [思考]
- 寒さに負けず、戸外で体を動かして遊ぶ楽しさを味わう。 [健康]
- 冬の自然現象や植物に興味をもち、触ったり遊んだりする。 [自然]

月間予定

- 楽器交流
- 劇遊び
- 避難訓練
- シャボン玉ショー
- お楽しみ会
- 終業式

第3週	第4週
●2学期の終わりを知り、休みを迎える前の活動に進んで取り組む。 ●興味をもった遊びに挑戦したり、取り組んだりしようとする。	〈冬休み〉
●身の回りの整理整とんや、自分たちが使った場所の掃除をする。 ●自分なりの目的をもって、動物の製作をする。	
●ぞうきんは一人一枚ずつ用意する。 ●シャボン玉ショーの後、シャボン玉遊びにも取り組めるように準備をしておく。	●3学期に向け、保育室内を整え、気持ちよく新年を迎えられるように準備する。
●2学期の終わりの式があることを話し、最後の式にすてきな姿で参加できるように話す。 ●製作遊びでは、できたときの嬉しさや、それを使って遊ぶ楽しさを共感し、またやってみようという気持ちにつながるよう援助を行う。	

家庭との連携

- 年末年始ならではの行事を大切にし、子どもが十分に経験できるようにしてもらうことを伝える。
- 年末なので、子どもと一緒に玩具や場所を片付け、大掃除を子どもが手伝うことを伝える。
- 冬休み中は、生活リズムが乱れやすくなるので、規則正しい生活を心がけてもらう。

評価・反省

- 大掃除後、きれいになった保育室を見て、気持ちよさを感じ、3学期にみんなで遊べることを楽しみにする話をした。ぞうきんの絞り方には個人差があったが、援助しながらふいた。
- 終業式では、最後までしっかり立って参加することなどを具体的に話し、意識して参加できるようにした。式の後、自信につながる言葉をかけた。

[自然]:自然との関わり・生命尊重　[数字]:数量や図形、標識や文字などへの関心・感覚　[言葉]:言葉による伝え合い　[表現]:豊かな感性と表現　を表しています。

1月 月案

寒さに負けず、体を動かして

お正月の特別な暮らしで、食べすぎたり生活習慣が乱れたりしがちです。また、風邪やインフルエンザも流行するので、体調を整えることを、まず大切にしたいものです。そして、鬼ごっこやしっぽ取りなど、友達と体を動かして遊べるコーナーを確保し、走ると体がポカポカすることが体感できるようにしましょう。

幼稚園・認定こども園

CD-ROM keikaku → P244-245

	第1週	第2週
週のねらい	●冬休み中や今まで経験した遊びをしながら、園生活や友達とのつながりを取り戻す。 ●寒さに負けず、戸外で思いきり体を動かして遊ぶ。	●みんなで行う活動に喜んで参加し、自分なりの動きで取り組む。 ●気の合う友達とごっこ遊びや正月遊びなどを楽しむ。
内容	●冬休み中にあった出来事などを、保育者や友達に話す。 ●鬼遊びや正月遊びなどをして、友達と一緒に元気に遊ぶ。	●いろいろな表現遊びをする中で、自分なりに表現することを楽しむ。 ●お店屋さんごっこ、こま回し、なわ遊びなどを楽しむ。
環境構成	●2学期に取り組んでいた遊び（製作、お店屋さんごっこ、積み木など）を楽しめるように、環境を整えておく。 ●みんなで歌う楽しさを味わえるように、これまで歌ってきた歌なども取り入れる。	●ござや机などを使って、子どもが落ち着いて遊びに集中できる環境を整える。 ●3学期の生活グループを決めて、子どもと一緒にグループ表をつくって掲示する。
保育者の援助	●正月遊びに参加し、ルールの共通理解を図ったり、興味はあっても参加できない子の援助を行ったりする。 ●自分の思いを伝える援助や、周りの子の気持ちに気付けるような手助けをする。	●保育者も一緒に遊びに入り、ルールの共通理解を図ったり、楽しさを味わえるような援助を個別に行ったりしながら、正月遊びの楽しさを共感する。 ●ウサギ当番では、子どもの話を聞いて受け入れながら、これからのウサギ当番に期待や、やる気をもてるようにする。
食育	●昼食時の準備の仕方や食事のマナーを再確認し、楽しく食べるために必要なことを知らせる。 ●七草がゆや鏡開きの意味を知らせ、興味をもって食べる。	
職員との連携		●しっぽ取りなどは保育者が入らなければ遊びが進まないこともあるので、保育者同士で連携を図りながら、遊びの様子を見守る。 ●生活発表会に向けての活動では、補助職員とも進め方を共通理解し、一緒に子どもの表現や努力を認める。

前月末の子どもの姿
- お楽しみ会で、保護者や保育者の出し物を興味深く見る。
- 保育室の大掃除で、身の回りをきれいにしたことに達成感を感じる。

◆月のねらい
- 自分なりの目的やイメージをもち、くり返し取り組んだり工夫したりする楽しさを味わう。[思考]
- みんなで行う活動に喜んで参加し、自分なりの動きで思いを表す。[協同][表現]

月間予定
- 始業式
- 保護者会
- 読み聞かせ
- 避難訓練
- ウサギ当番引き継ぎ

第3週	第4週
●クラスのみんなと協力して、表現遊びを楽しむ。 ●冬の自然現象について考え、製作で表現する。	●友達と同じ目的をもって遊んだり、活動したりする。 ●正月遊びに親しみ、体を動かして遊ぶ。
●クラスの友達と一緒に劇遊びをする楽しさを味わう。 ●友達とイメージを伝え合いながら、遊びや製作を楽しむ。	●自分なりに表現することを楽しみながら、友達の動きにも目を向ける。 ●どんな役がいいか考えて選ぶ。 ●凧をつくってあげることを楽しむ。
●製作コーナーには、飾り切り(雪の結晶)ができるように材料を準備しておく。	●凧づくりに興味が出てきたら、つくって遊べる環境を準備する。 ●凧あげでぶつからないで思いきり走って遊べるように、凧ルートをつくり、安全に楽しく遊べるようにする。
●劇遊びをくり返し楽しむ中で、いろいろな役を楽しめるようにする。 ●飾り切りで終わるのではなく、自分で壁飾りをつくれるように、見本を置いたり、つくり方を話したりして、最後まで自分で完成できるように援助する。	●発表会に向けての活動では、楽しさを感じながら取り組めるように、保育者自身が楽しい雰囲気で取り組むことを心がける。 ●戸外遊びでは、子どものイメージを共有しながら保育者も楽しむ。

家庭との連携
- 正月遊びに取り組んでいることを伝え、家庭の遊びの参考にしてもらう。
- 保護者会では3学期のめあてや今後の予定、子どもの様子について話し合う。

評価・反省
- 発表会に向けての劇遊びでは、役が決まると、また違った姿が見られるので、一人一人の様子をよく見、声をかけたり認めたりして、自信をもって取り組めるようにしていきたい。
- 飾り切りは「もっとやりたい」という声があったので、自分で壁飾りにするまでつくれるように見本を置いたり、つくり方を話したりすると、つくり上げることができた。

[自然]:自然との関わり・生命尊重　[数・字]:数量や図形、標識や文字などへの関心・感覚　[言葉]:言葉による伝え合い　[表現]:豊かな感性と表現　を表しています。

2月 月案

幼稚園 認定こども園

みんなで力を合わせて

クラスのみんなで一つのことに取り組む経験が必要な時期です。一つのオペレッタをみんなでやり遂げたり、5歳児のお別れ会を企画して進行したり、みんなで力を合わせると大きなことができるという体験を重ねていきましょう。困っている友達に助け舟を出すことも、できるようになっているでしょう。自分の役割を自覚して動けるようになった姿を、保護者にも見てもらいましょう。

	第1週	第2週
週のねらい	●クラスの友達と同じ目的をもって遊んだり、活動したりする。 ●節分の意味を知り、豆まき集会に参加する。	●グループ活動の中で、新しい友達や保育者との触れ合いを楽しむ。 ●友達とやりたい遊びを見付ける。 ●冬の自然に触れ、思いきり楽しむ。
内容	●自分なりに表現することを楽しみながら、友達の動きにも目を向ける。 ●豆まき集会に参加し、「自分の中にいる追い出したい鬼」について考える。	●グループの中で安心して遊ぶ。 ●初めてグループになった友達と、言葉を交わしながら遊ぶ。 ●友達や保育者と、雪遊びを楽しむ。
環境構成	●豆まき集会では、本当の鬼が出てきたときに怖がったりびっくりしたりして、混乱状態になると予想されるので、保育者が安全な場所に立ち、子どもたちが集まるところに待機する。	●グループ活動では、初めての友達ともスムーズに遊びに入っていけるよう、慣れ親しんだ遊具などを準備しておく。
保育者の援助	●自分の中で退治したい鬼や、自分で克服してやってきてほしい福の神などを思い浮かべられるような話をする。 ●みんなで豆を食べ、一粒一粒にパワーや取り組む力を感じながら食べられるように話す。	●雪遊びの後、濡れた手袋や上着を乾かしたり着替えをしたりなど、自分のことは自分でできるように時間を多めに取り、最後まで行えるように励ましたり手伝ったりする。 ●一緒にトイレに行き、上履きの着脱や排便の様子を見て、いま必要な援助を把握する。

食育

●豆にはいろいろな種類があることや、豆料理、豆からつくられる食品などについて話す。
●豆には体を丈夫にする栄養が入っていることを知らせる。

職員との連携

●配慮が必要な子が、発表会当日に不安を感じることが予想されるので、安心して取り組めるような援助を話し合う。
●グループ活動では、子どもたちの関わりについて伝え合う。

前月末の子どもの姿
- 鬼のお面づくりでは、それぞれ自分の退治したい鬼をイメージしてつくり、個性のある作品ができ上がった。
- 友達と共通のイメージをもって劇遊びをし、アイデアを出し合いながら進めている。

◆月のねらい
- クラスの中での自分の存在を意識しながら、みんなと一緒に行動する。[規範][思考]
- 友達と考えを出し合いながら、遊んだり表現遊びをしたりする。[協同][表現]
- もうすぐ5歳児になることを意識し、当番活動などに取り組む。[自立]
- 冬の行事に親しみ、日本の伝統に触れて友達と楽しむ。[社会]

月間予定
- 節分・豆まき
- 生活発表会
- お楽しみお弁当
- ジャガイモ植え
- 誕生会

第3週	第4週
●体験入園に来た、年下の友達と触れ合う。 ●楽器演奏を楽しむ。 ●ひな祭りについて知る。	●同じグループや学年の友達と一緒に活動することを楽しむ。 ●友達と試したり挑戦したりしながら、いろいろな遊びに取り組む。
●自分より小さい子に対する触れ合い方を知る。 ●自分なりの考えを出したり、友達の考えを聞いたりしながら遊ぶ。	●お別れ会があることを知り、期待をもってグループ活動に取り組む。 ●鉄棒に興味をもち、いろいろな遊び方を楽しむ。
●ひな祭りがあることを話したり、絵本を読んだりして、興味をもって製作に取り組めるように準備する。	●鉄棒への取り組みでは、急に手を離す子や前後に友達がいることに気付かない子に注意し、保育者がそばに付いて周りの状況をよく見る。
●友達とのコミュニケーションが苦手な子には、保育者も一緒に遊び、その子が他の友達と言葉のやり取りができるように援助する。 ●遊びを思いきり楽しめず「とりあえずこれをする」という子には、やりたいことが見付かるように援助をする。	●鉄棒では、友達の姿を見て、自分でもやってみようと挑戦する気持ちを認め、自分でもできたという気持ちを味わえるようにする。

家庭との連携
- 発表会に向けての取り組みについて降園時に話したり掲示したりして伝え、発表会を楽しみにする気持ちをもってもらう。また、当日の予定も知らせる。
- ひな祭り会に、祖父母を招待することを伝え、手紙を配布する。

評価・反省
- 5歳児ともうすぐ別れることを伝え、楽しかったことや教えてもらったことを思い出しながら、5歳児への感謝の気持ちをもって活動に取り組めるように声をかけた。あと一か月交流をさらに深めたい。
- 発表会は、みんなが楽しんで取り組み、大勢の前で歌と劇を発表することができた。一人一人が精いっぱい取り組んだ姿を認め、表現することに自信をもってほしいと思う。

[自然]:自然との関わり・生命尊重　[数・字]:数量や図形、標識や文字などへの関心・感覚　[言葉]:言葉による伝え合い　[表現]:豊かな感性と表現　を表しています。

3月 月案

幼稚園・認定こども園

成長したことに自信をもつ

5歳児の卒園が近づき、子どもたちはお別れ会の準備をしたり、進行をしたり、また、卒園式でも歌や言葉のプレゼントをしたりという役割を担当します。その中で、子どもたちはやり遂げる喜びを味わい、4月からは自分たちが5歳児になるという自覚をもちはじめます。考える力、実行する力、へこたれない力、表現する力、様々な面が育ったことを言葉に出して、子どもたちを認めましょう。

	第1週	第2週
週のねらい	●友達と一緒に、自信をもって活動する。 ●自分たちでルールを考えたり、遊び方を工夫したりして遊ぶ楽しさを感じる。	●今までの生活を振り返りながら、友達とのつながりを感じる。 ●5歳児になることに期待をもち園生活を送る。
内容	●友達と一緒に試したり挑戦したりしながら、いろいろな遊びに取り組む。 ●お別れ会を楽しみにし、期待をもってグループ活動に取り組む。	●友達の姿に刺激を受け、試したり挑戦したりする。 ●親子お楽しみ会に期待をもち、プレゼントをつくったり、活動したりする。
環境構成	●残りわずかなこのクラスでの生活の中で、好きな友達と遊んだり、やりたい遊びに夢中になったり、楽しい経験ができるように準備しておく。	●親子お楽しみ会では、保護者と一緒に幼稚園で楽しい時間が過ごせるように、明るい雰囲気づくりを意識して準備する。
保育者の援助	●鉄棒遊びを楽しむために、戸外遊びの後などに学級全体で鉄棒に触れる時間をつくる。 ●5歳児へプレゼントしたいという気持ちをもって取り組めるように、丁寧に個別に関わる。	●誕生会では、大勢の前でインタビューされる経験を何度か行い、自信がもてるように声をかけたり、認めたりする。 ●5歳児が育ててくれたジャガイモをみんなで掘った経験を思い出し、今度は自分たちでジャガイモを育てることを伝える。
食育	●ひしもちの色の意味を知らせ、行事食には様々な願いが込められていることを知らせる。 ●一年間お弁当をつくってくれた保護者に、感謝の気持ちをもって食べられるよう話題にする。	
職員との連携		●以前よりも努力している姿や、自分から進んで取り組んでいる姿を補助職員と一緒に認めながら、子どもがやる気をもって取り組めるようにする。

前月末の子どもの姿
- グループ活動後、嬉しそうな表情で戻ってくる子が多い。担任以外の保育者や違うクラスの友達に、少しずつ慣れてきている。
- 5歳児になることを楽しみにし、お別れ会の準備を進める。

◆月のねらい
- 友達と思いを伝え合いながら、様々な活動に意欲的に取り組む。 自立 言葉
- 5歳児になるという意識をもって、園生活を送る。 自立

月間予定
- ひな祭り
- お別れ会
- 誕生会
- 修了式
- 親子お楽しみ会
- 保育室の清掃

	第3週	第4週
	●年度末の行事に参加する。 ●5歳児の卒園を祝い、感謝や別れの気持ちで見送る。	〈春休み〉
	●考えを出し合いながら、友達と一緒に遊ぶ楽しさを味わう。 ●修了式に参加し、4歳児クラスの終わりを知る。	
	●修了式に向け、5歳児に進級することを祝う春らしい飾り付けをする。 ●大掃除の際は、一年間の思い出や、4月からはこの保育室を新入園児に使ってもらうことを話しながらきれいに整える。	●新入園児を迎えるための準備を進める。
	●自分たちの使った場所をきれいにしようという気持ちで、進んで活動に取り組めるようにする。ぞうきんの絞り方など、個別に援助が必要な子には丁寧に関わる。 ●友達との別れを実感し、気持ちが不安定になる子には、十分に気持ちを受け止める。	

家庭との連携

- 進級に向けて不安を感じている保護者には、子どもの園での様子を伝えたり、保育者の声かけや援助の方法を伝えたりしながら、保護者も気持ちよく一年を終えられるようにする。

評価・反省

- ほとんどの子が5歳児クラスになることを楽しみにし、期待をもっている。できるようになったこと、友達と一緒に活動したことなどを認めた。自分の成長に気付けるように伝えながら、自信をもって進級できるように具体的に言葉をかけた。

事故防止チェックリスト

チェックした日　　月　　日

1	子どもの遊んでいる遊具や周りの安全を確認している。	☐
2	すべり台やブランコなど、固定遊具の遊び方のきまりを守るよう話している。	☐
3	玩具を持ったり、カバンをかけたりしたまま、固定遊具で遊ぶことがないように注意している。	☐
4	すべり台の上でふざけるなど、危険な遊びをしないように話している。	☐
5	揺れているブランコには近づかないように注意している。また、止まってから交代するよう教えている。	☐
6	シーソーは反対側に人がのると、急に上にあがることを教えている。	☐
7	登り棒の登り方、降り方を指導し、下にマットを敷いて必ず付き添っている。	☐
8	砂場では砂の汚染や量、周りの枠について注意・点検している。	☐
9	砂場周辺は砂で滑りやすいことを注意し、指導している。	☐
10	鉄棒で遊ぶ際は下にマットを敷き、必ずそばに付き添っている。	☐
11	三輪車の足掛け乗りやスクーターはスピードがつくと転倒しやすいことを知らせている。	☐
12	園庭の状況にあった遊び方を選び、保育者は子どもの行動を常に確認している。	☐
13	子どもの足にあった靴か、体にあったサイズの衣類かを確認している。また、靴を正しくはいているか確認している。	☐
14	なわとびの安全な遊び方やロープの正しい使い方を指導している。	☐
15	フェンスや門など高くて危険なところに登らないよう指導している。	☐
16	肘内障を起こしやすい子ども、アレルギーや家庭事情など配慮を要する子どもを全職員が把握している。	☐
17	室内・室外で角や鋭い部分にはガードがしてある。	☐
18	ロッカーや棚は倒れないよう転倒防止策を講じている。	☐
19	室内は整理整頓を行い、使用したものはすぐに収納場所に片付けている。	☐
20	はさみなどは正しい使い方を伝え、使用したら必ず片付けている。	☐
21	箸などを持って歩き回ることがないように注意している。	☐
22	給食の魚を食べる際は骨に注意し、食べ方を指導している。	☐
23	子どもが鼻や耳に小さな物を入れて遊んでいないか注意している。	☐
24	先の尖った物を持つ際は、人に向けたり、振り回したりしないよう指導している。	☐
25	子どもが直接触れてやけどをするような暖房器具は使用していない。また、子どもが暖房器具のそばに行かないよう気を付けている。	☐
26	床が濡れたらすぐにふきとるようにしている。	☐
27	トイレ用の洗剤や消毒液は子どもの手の届かないところに置いている。	☐
28	水遊びをするときは、必ず保育者が付き添っている。	☐
29	飼育動物と触れ合うときは、そばに付いて注意している。	☐
30	火は熱いことを教え、気を付けるよう指導している。	☐
31	散歩の際は人数確認をしている。	☐
32	道路では飛び出しに注意している。また、交通ルールなどの安全指導をしている。	☐
33	散歩の際は、動物、自動車、バイク、自転車、看板などに触らないよう気を付けている。	☐
34	信号を渡る際は列を短くし、安全に迅速に渡るようにしている。	☐
35	手をつないで走ったり、階段の上り下りをしたりすると、転んだ際に手がつきにくいことを保育者は理解し、指導している。	☐
36	散歩の際、園が近づくと早く帰園しようとして、走ったり早足になったりすることが危険であることを、保育者が理解している。	☐
37	公園は年齢にあった公園を選び、遊ばせる際には安全に十分気を付けている。	☐
38	年齢にあった固定遊具であるか、雨などで滑りやすくなっていないかなど点検して遊ばせている。	☐
39	石や砂を投げてはいけないことを指導している。	☐
40	犬などの動物は咬むことがあると子どもに教えている。	☐
41	蜂の巣がないか点検し、蜂の嫌がることをすると刺されると教えている。	☐

Part 3

子どもも保護者もバッチリ！

クラス運営のヒント

- ことばかけ
- 保護者対応
- おたより

すぐに役立つ！ なるほど ことばかけ

子どもにわかりやすい伝え方、話し方を心がければ、子どもはもっと動きやすくなります。子どもの心に届く、ことばかけの工夫を紹介します。

ベテラン保育者直伝！ ことばかけのコツ

大人では当たり前の言い回しで子どもに伝えても、理解できないこともあります。子どもに伝わることばかけのコツを見てみましょう。

できた→ほめる！認める言葉を

幼児期はできることがどんどん増えていきます。できたことを認められ、ほめてもらえるとうれしくて、行動に自信がつき、やる気も出てくるでしょう。

みんなで助け合う、集団の力をうまく引き出す

園生活は、集団で助け合って生活することで成り立ち、その中で子どもは成長します。保育者はクラス全体を認め、みんなでやり遂げる経験を重ねましょう。

どうすればよいか、具体的に話をする

「ダメ」「ちゃんとして」など否定やあいまいな言葉ではなく、どんな風にしてほしいかを、子どもにもわかりやすい言葉で伝えます。

イスの上には靴であがらないで…

声にメリハリをつけてアクションも時には効果的

ゆっくり落ち着いた声、短く大きめの声など、声の出し方を使い分けたり、頭の上に大きな丸を作ったりなど、伝わりやすい方法を取り入れましょう。

子どもが主体となる言い方を心がける

「今は〜だから〜○○しよう」と子どもの主体的な行動につながる言い方が、子どもには伝わりやすいもの。「〜しなさい」や「○○しないと××だよ」などの命令口調やおどしは厳禁です。

男女別に2列に並ぶとき

➡ 具体的な男女の表示をする

- **STEP 1** 男の子はグー、女の子はパー
- **STEP 2** 表示の前に並ぶことを伝える
- **STEP 3** リズムに合わせて並ぶ

男の子はグー、女の子はパーの前に並ぼう!

 子どもの思い
「グー(パー)の前に並べばいいんだ」

NGワード　「男の子はこっちだよ」

つい大人の世界では使ってしまいがちな「こっち」、「そっち」。抽象的で子どもたちにはとても伝わりにくい言葉です。

男の子はグー、女の子はパーの前だよ

うまくいくことばかけのコツ

目で見てわかる表示で迷わず動ける

保育者が両手を高くあげて表示をしっかりと見せ、その前に並ぶよう促します。男女別に分かれたら、「とんとんまえ」や「1、2、3」など3拍子になるようなかけ声をかけ、子どもたち自身で手を広げ間隔をそろえます。

自由に2人組になってほしいとき

➡ 近くの子同士で組む

- **STEP 1** 近くの子同士で手をつなぐ
- **STEP 2** ペアができた子から順に並ぶ
- **STEP 3** 並んだ子から座る

今、となりにいる子と手をつなごう

 子どもの思い
「近くに誰がいるのかな? ○○ちゃんと手をつなごう」

NGワード　「2人組になってください!」

保育者の要求だけを頭ごなしに伝えても不十分。全員が、すぐに理解できるとはかぎりません。

となりの子と手をつないで並んだら座ってね / 座ろう

うまくいくことばかけのコツ

仲よしを探す時間を与えない

「近くの子と2人で手をつないでね。手をつないだら先生の前に順番に並びましょう」と話します。さらに並んだ子から座るように促すと、誰がペアになっていないかわかりやすくなります。保育者はリズムよく声をかけましょう。

食事が終わった子を落ち着かせたい

➡ 時間を区切って指導する

- **STEP 1** 途中で終了の時間を予告する
- **STEP 2** 終了時間がきたことを知らせる
- **STEP 3** 読み聞かせの時間をつくる

長い針が○になったらごちそうさまね

↓

子どもの思い：「もうすぐ、ごちそうさまだ」

NGワード：「まだ、○○ちゃん終わってないよ。待ちましょう」

特定の子を引き合いに出して指導するのは、その子どもの心を傷つけてしまうため厳禁です。

うまくいくことばかけのコツ

ごちそうさまの前に楽しい時間を提供

ようすを見て終了の時間を予告し、食べ終わった子には読み聞かせの時間などを設けると、退屈しないでしょう。食べ終わらない子は一度「ごちそうさま」のあいさつをし、食べ終わらない子同士で食べられるようにします。

運動会のダンスを教えたい

➡ 右手に目印をつける

- **STEP 1** 日常的に運動会の音楽を流す
- **STEP 2** 右手と左手の使い分けを伝える
- **STEP 3** 練習の成果を見せ合う

輪ゴムをつけたほうが右手ね!

↓

子どもの思い：「輪ゴムのほうが右手！これならすぐ覚えちゃうかも」

NGワード：練習を何度も繰り返す

子どもの集中力は、大人と同じようには続きません。完成度をあげるためとはいえ、念入りに練習をしすぎると逆効果です。

うまくいくことばかけのコツ

「短時間の練習」が、集中できる！

まだ右手と左手の認識が曖昧な子もいます。振りつけの練習では、右手首に輪ゴムをつけ、目印にするとよいでしょう。ある程度覚えたら、ほかのクラスと見せ合いをしたり、ビデオで見たりするとやる気につながります。

新しい歌を教えるとき

➡ 順を追って少しずつ教える

- **STEP 1** 保育者が楽しくうたう
- **STEP 2** 1小節ごとに子どもとうたってみる
- **STEP 3** ピアノの伴奏をつける

先生のあとからうたってみてね

 「先生のまねしてうたってみよう!」

NGワード 保育者が最後まで何回もうたう

最後まで通してうたっても、子どもたちが一度に覚えることは難しいものです。楽しいはずの歌が、苦痛になることも。

うまくいくことばかけのコツ

1小節ごとにうたって、覚える!

歌詞とメロディーを一度に覚えることは、難しいもの。1小節ごとに保育者がうたい、そのあとを子どもがうたうなど、少しずつ教えるのがポイント。また、自由あそびの時間などに曲を流して、耳になじませるのもよいでしょう。

大きな声でうたってほしいとき

➡ 口の開け方のコツを知らせる

- **STEP 1** 保育者がうたってみせる
- **STEP 2** 歌詞から感じたことを話し合う
- **STEP 3** 大きな声とどなり声の違いを伝える

耳の下に手をあててみて

 (耳の下に手を当てながら)「ちゃんと耳の下が動いているよ!」

NGワード 「大きな声でうたって」

大きな声にもいろいろあります。「大きな声」というと「どなり声」になりがちですが、それでは逆効果です。

うまくいくことばかけのコツ

歌詞のイメージを話し合って

まずは保育者がうたい、歌詞から連想するイメージを話します。うたうときは、どなり声にならないように耳の下に手をあてて、口の開き方を確認するようにしましょう。その上で「大きな口、きれいな声で」と話します。

食事の準備中の過ごし方を伝えたいとき

➡ 失敗例を示し、考える機会をつくる

- **STEP 1** イラストを活用して正しい姿を知らせる
- **STEP 2** 静かに待つ理由を伝える
- **STEP 3** 失敗例をやってみせる

失敗しちゃったね。どうしてかな?

「静かに座ってなかったからだ…」

NGワード　「ほら! こぼしたでしょ!」

「ほら」「やっぱり…」という保育者の言葉は、認めてもらっていないという気持ちになり、子どもの意欲をそこないます。

「失敗しちゃったね」

うまくいくことばかけのコツ
失敗例を見て、自分で考えるきっかけに

なぜ食事の準備中は静かに待つほうがよいのかを知るためには、実際の失敗例を見るのもよい経験です。保育者があえてお茶をこぼしたり、お箸を落としたりといった姿を見せることで、子どもは自分で感じて考えられます。

物の大切さを伝えたいとき

➡ 擬人化して愛着をもたせる

- **STEP 1** まず保育者が拾う
- **STEP 2** 物を擬人化して大切にする心を養う
- **STEP 3** なくなるとみんなが困ることを話す

かわいそうに、迷子だね

「あれれ。落としちゃったんだ。ごめんなさい」

NGワード　「落としたら拾わなくちゃだめ!」

落としたら拾うのはあたり前ですが、これでは表面上の指導にすぎず、物を大切にする習慣はつきにくいものです。

「かわいそうに迷子だわ」

うまくいくことばかけのコツ
物への愛着が感じられるように

「あら、かわいそう、迷子なのね」「おうちに帰りたいって泣いてるよ」などと、物を擬人化して話します。保育者が物への愛着をもって話すことで、子どもたちも物を大切にしたいという気持ちがもてます。

並ぶ順番を守ってほしいとき

➡ **「順番」の楽しさを味わわせる**

- STEP 1 並ぶ基準を設ける
- STEP 2 「順番が楽しい」という経験にする
- STEP 3 「順番」を守った子どもを認める

> ロープのところは、うたうスペースね

 子どもの思い 「ここに並べばいいんだね！」

NGワード　「順番を守らないとあそべないよ」

子どもたちには「順番」という概念が理解できる子とできない子がいます。「あそべない」と言われても、ピンときません。

うまくいくことばかけのコツ

うたったり数えたりして退屈させない

遊具の前に、保育者がロープを張って並ぶエリアを設けます。「〇〇を1回うたったら交代ね」などと保育者が音頭をとり、並んでいる子全員で歌をうたうと、待っている子も退屈せずに楽しめます。

泣いている子の気持ちに気づいてほしいとき

➡ **保育者が代表して泣いている理由を聞く**

- STEP 1 子どもたちにどうしたのか問いかける
- STEP 2 泣いている子に理由を聞く
- STEP 3 知らぬ顔はしないことを伝える

> あれ、〇〇ちゃん、どうしたのかなぁ

 子どもの思い 「〇〇ちゃんのこと心配しているんだ」

NGワード　「なんで何もしてあげないの？」

理由も聞かずに頭ごなしに泣いている子の肩をもって、ほかの子をたしなめるような言葉は避けましょう。

うまくいくことばかけのコツ

泣いている子の気持ちに寄り添って

「どうしたのかな」と子どもたちに問いかけ、泣いている子にも理由を聞きます。両者の話を十分に聞いたら、「今度泣いている子がいたら、先生といっしょにどうしたらいいか考えようね」と言い、クラス全体に意識づけします。

気になる！保護者対応 Q&A

子どもの育ちのために、保護者とはよい関係でありたいもの。よくある悩みを取り上げ、解決法を紹介します。

保護者のタイプ別 対応ポイント

さまざまな保護者の思いを知り、気持ちに寄り添った対応をしたいもの。4タイプの保護者を見てみましょう。

過保護タイプ

子どもを心配するあまり、先回りして何でもやってしまいがち。

過保護は愛情の証ですが、行き過ぎると子どもが育つ機会を奪ってしまいます。「ご心配ですよね」と保護者の気持ちを認めつつ、「ここでやってあげてしまうと、自分でやろうとする意欲をそいでしまうことがあるので、手助けは我慢し、できたときに認めて抱きしめてあげてください。それが自立につながりますよ」と話します。

せっかちタイプ

子どもを自分のペースで動かそうと急かしがちで、うまくいかないとイライラ。

子どもだって自分のペースでやりたいのに、「さっさとしなさい」と急かされるのは辛いもの。子どもは自分の行動に達成感や満足感を得て、その積み重ねでスムーズに動けるようになるのです。「〇〇ちゃんのこういうところがかわいいですよね！」と言葉をかけ、子どもの愛らしさ、見守る子育ての大切さを伝えましょう。

無関心タイプ

子どもよりも自分が大事。子どもはかわいいけれど、あまり手間をかけたくない。

愛らしい姿で保護者にまとわりついてきてくれる時期は短いもの。この時期の育児を楽しまないのはもったいないことです。「今日、こんなにおもしろいことを言ってましたよ」「小さい子に親切にしていたんです」などと小さなエピソードを伝え、この時期ならではの子育ての楽しさに気づいてもらいましょう。

園への期待が過剰なタイプ

「保育のプロなんだから」が口癖。自分でするのが面倒なことを園に押しつける。

保護者は大切な我が子のために少しでもよい環境を望んでおり、園への要望を言うのです。園をよりよくするヒントが隠されているかもしれません。できないことがあってもすぐに否定はせず、「ご意見ありがとうございます」といったん受け止め、「園長に相談してみます」とつなぎ、指示をあおぎましょう。

Q 毎日のように遅刻してくる子がいます。朝の会に参加できず、途中で入ってくるため、保育の流れも中断されてしまいます。

A 「早めに登園するとこんなにいいことがあるんですよ!」

家庭の事情や体調の問題で遅れてしまう場合もあるので、理由を見極め、それに合わせた対応が必要です。単に起きるのが遅い、生活のペースがずれている場合には、保護者に働きかけて早く登園してもらえるようにしましょう。降園時にその子の起床時刻を聞き、「今より30分早く起こしてあげるといいかもしれません。早く来ると人気のある遊具もいちばんに使えますよ」など、早く来ることのメリットを知らせましょう。

保護者の気持ち
子どもがグズグズしくいて準備がはかどらないから、いつも遅れてしまうの。

POINT
- 早く登園すると子どものためにもよいことを具体的に伝える。
- 降園時に、「明日の朝、待っていますね」と明るく言葉をかける。

Q 言葉の発達の遅れを気にする保護者がいます。そんなに遅れているようにも見えませんが、どう言えばよいでしょうか？

A 「必要なことは、きちんと伝えることができていますよ」

言葉の発達は個人差が大きいので、これくらい話していれば大丈夫などと一概に言うことはできません。保育者の目で見て、明らかな問題がなければ、「口数が多い方ではないですが、日常生活で必要なことはちゃんと話せていますよ」と言って、ようすを見てもらいましょう。それでも心配だという場合は、地域の専門機関を紹介してもよいでしょう。専門家に診てもらって問題がなければ安心できるでしょう。

保護者の気持ち
うちの子、あまりしゃべらないけれど、何か問題があるのかしら？ 心配だわ。

POINT
- 保育者として、その子に対する見解を伝える。
- 必要があれば、地域の専門機関を紹介する。

Q 提出物や持ち物をいつも忘れる保護者がいます。余裕をもって期限を伝えてはいるのですが、どうすればよいでしょうか？

A 「明日は、〇〇の用意をお願いしますね」（メモを渡す）

　悪気はなくても、情報の管理が苦手な人はいるものです。通常のおたより以外にも、忘れやすい保護者には前日に改めてメモを渡すなど、個々に応じた援助を心がけるとよいでしょう。付箋などに提出物の内容を書き、「冷蔵庫など目立つところに貼ってください」と言って渡すなども一案です。また、持ち物の準備ができると、子どもがスムーズに取り組めたなどの報告をするのもよいでしょう。

保護者の気持ち
忙しいから、つい忘れてしまうのよねえ。

POINT
- 忘れそうな人にはメモを渡し、声をかける。
- 期限内に持ってきた場合には感謝の気持ちを伝え、次につながるようにする。

Q ケガをさせた子の名前を知りたがる保護者がいます。執拗に聞いてくる保護者には、どのように対応すればよいでしょうか？

A 「保育中のケガの全責任は園にあります」

　まずは謝罪し、このようなことが二度と起こらないように注意することを伝えます。その上で、「保育中に起こったことなので、全責任は園にあります。相手の子もわざとしたわけではありません。きちんと指導し、本人も反省し、お子さんにお詫びの気持ちを伝えました」と話します。そして「申し訳ありませんが、相手の子のお名前をお教えすることはできません。保護者同士の関係は、子どもにも影響するためご理解ください」と伝えます。

保護者の気持ち
一体誰がうちの子にケガをさせたの？　当事者なんだから、知る権利はあるはずよ。

POINT
- すべての責任は園にあることを強調する。
- 保護者同士のトラブルにならないよう配慮していることを伝える。

Q 保育者が目を離していた時間に、友達に押され、ケガをしてしまいました。その子の保護者にどう伝えればよいでしょうか？

保護者の気持ち
ケガしたところを見ていないなんて…。ちゃんと子どもを見てくれているか心配だわ。

A 「わたしの不注意です。大変申し訳ありませんでした」

保育中のケガは保育者の責任です。まずはていねいにお詫びをし、それからケガの程度と、どのような処置を行ったかを伝えます。また、当事者の子どもと周りで見ていた子どもたちに話を聞き、状況を把握しておかなければなりません。何が原因で友達はその子を押してしまったのか、どんな押され方をしたのかなどを聞き、総合的に判断します。これからの対処を、反省を込めて伝え、心から謝罪します。

POINT
- 自分の落ち度を認め、ていねいに謝罪する。
- 当時の状況を子どもたちから詳しく聞き、保護者に伝える。

Q 子どもの言葉を信じ、保育者の説明を聞きません。友達にケガをさせたのに「うちの子は悪くないと言っている」の一点張りです。

保護者の気持ち
うちの子は悪くないって言っているわ。その友達がうそをついているんじゃないの？

A 「もう一度、お子さんもいっしょにお話しさせてください」

保護者には、子どもから家でどのような話を聞いたのかを聞き、その子には「ちゃんとお話しできたんだね」と認めます。事実と異なるところがあれば「そのとき○○くんはなんて言ったんだっけ？」と確かめます。子どもの気持ちに共感しつつも「でも、○○くんはケガをしてとても痛かったみたい」と相手の気持ちを伝え、「次からはこうしたほうがいいね」と提案します。このような過程を保護者にも見守ってもらいましょう。

POINT
- 保護者がどのように話を受け取ったかていねいに聞く。
- 子どものいるところで話をし、確かめながら事実を明らかにしていく。

おたより

かわいいイラスト＆活用しやすい文例をたっぷり掲載！
テンプレートを活用して作ろう！

テンプレート

● クラスだより／A4サイズ　4-P262

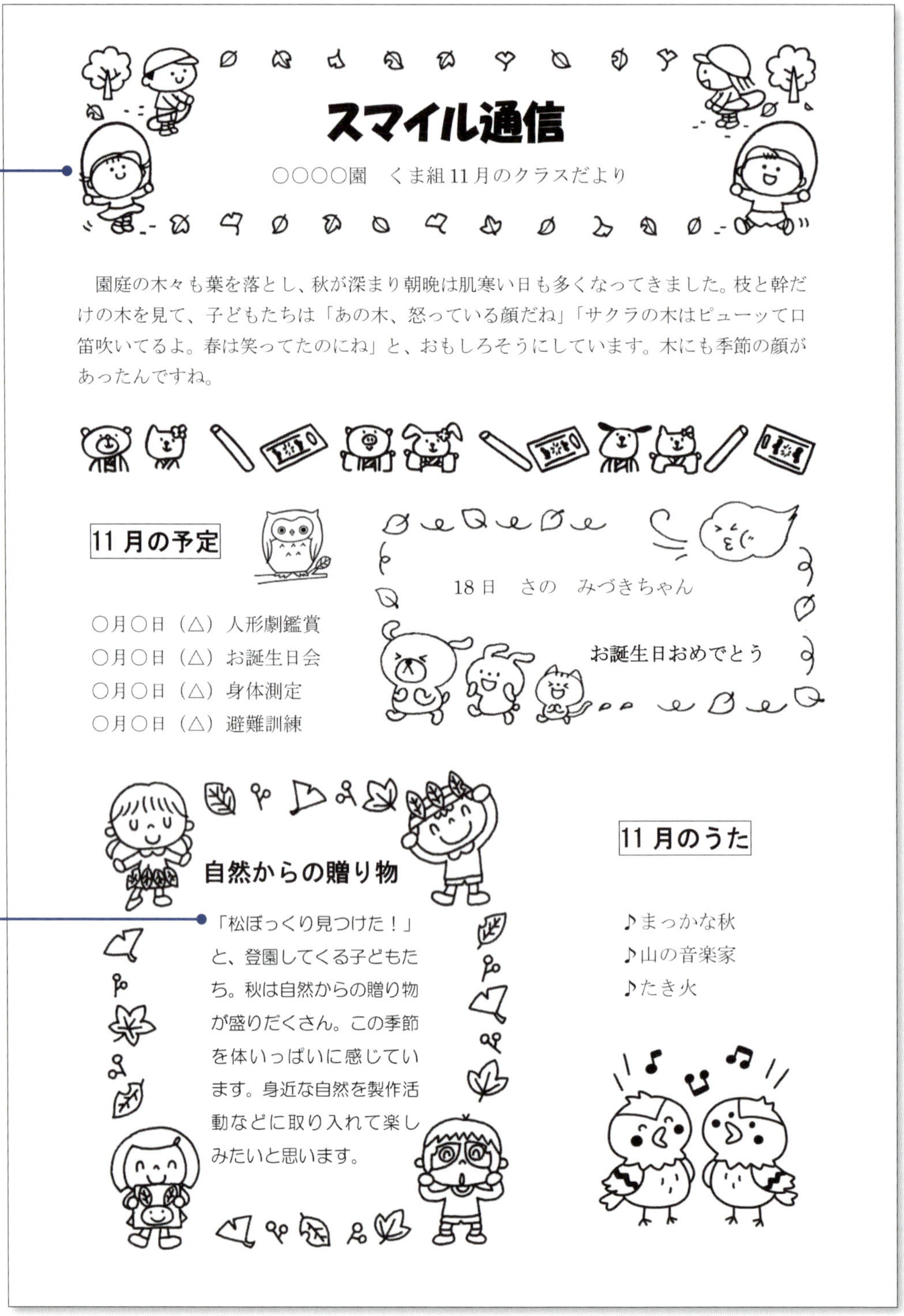

スマイル通信

○○○○園　くま組11月のクラスだより

　園庭の木々も葉を落とし、秋が深まり朝晩は肌寒い日も多くなってきました。枝と幹だけの木を見て、子どもたちは「あの木、怒っている顔だね」「サクラの木はピューッて口笛吹いてるよ。春は笑ってたのにね」と、おもしろそうにしています。木にも季節の顔があったんですね。

11月の予定

○月○日（△）人形劇鑑賞
○月○日（△）お誕生日会
○月○日（△）身体測定
○月○日（△）避難訓練

18日　さの　みづきちゃん
お誕生日おめでとう

自然からの贈り物

「松ぼっくり見つけた！」と、登園してくる子どもたち。秋は自然からの贈り物が盛りだくさん。この季節を体いっぱいに感じています。身近な自然を製作活動などに取り入れて楽しみたいと思います。

11月のうた

♪まっかな秋
♪山の音楽家
♪たき火

POINT
横長のかざり枠は、おたよりのタイトルにぴったりです。園名や発行月も明記しましょう。

POINT
子どものセリフを盛り込んで紹介すると、園での子どもの姿が伝わりやすくなります。

毎月のクラスだよりや行事のおたよりなど、保育者にとっておたより作りは欠かせない仕事のひとつです。テンプレートを参考に、保護者が読みやすく、情報がきちんと伝わるおたよりを作りましょう。

● 行事のおたより／A4サイズ　4-P263

○年○月○日
○○○○園

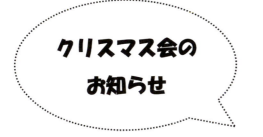

クリスマス会のお知らせ

12月○日、園のホールでクリスマス会を開きます。「サンタクロースも招待しようよ」「煙突がないけど、だいじょうぶかな」と、子どもたちは、サンタさんが来てくれるのを楽しみにしています。みんなでクリスマスの歌を歌ったり、お菓子を食べたり、先生たちが「クリスマスってなあに」の劇をしたりします。おうちの方もぜひお越しください。

12月○日（△）
○時～○時
○○○○園　ホール

プログラム

1　はじめの言葉
2　職員による劇
　　「クリスマスってなあに」
3　子どもたちによる歌
　　「あわてんぼうのサンタクロース」
4　サンタさん登場
5　サンタさんへの質問
6　プレゼント配布

お願い
室内用のスリッパ、外履きを入れるための袋をご持参ください。
動画や写真の撮影は、各クラスの見学席から座ったままでお願いいたします。

POINT
イラストとふきだしを組み合わせると、親しみやすい雰囲気になります。

POINT
リボンやふきだしなどの図形と文字を合わせると、見出しにぴったりです。

POINT
かざり罫の両端に点線をあしらい、項目の区切りをわかりやすくします。

● クラスだより／B4サイズ　4-P264

○○○○園
4月のクラスだより

「間違えて前のクラスに行っちゃった！」と、笑いながら部屋に入ってきた子がいました。そう、今月からわたしたちは年中組です。新しい胸のバッジもピカピカ輝いて見えます。これまでの園生活の中で、みんなで力を合わせたりお友達を思いやる気持ちが芽生えてきたりしています。これから、この芽を大きく育てていきたいと思っています。

POINT

かざり罫は、横長のものと縦長のものがあります。スペースに合わせて活用しましょう。

担任の○○○○です
　子どもたちの笑顔が、わたしのパワーの源です。子どもたちに寄り添い、豊かな経験ができる1年にしたいと思います。

4月の予定

○月○日（△）入園式
○月○日（△）始業式
○月○日（△）交通安全教室
○月○日（△）懇談会
○月○日（△）お誕生日会
○月○日（△）避難訓練

POINT

項目を囲む線は、実線だけでなく点線にしたり破線にしたりすると、メリハリがつきます。

4月生まれのお友達

5日　さとう　りんちゃん
16日　たかはし　けいちゃん
22日　かない　しょうたくん

お誕生日おめでとう！

4月の
うた

● ことりのうた
● チューリップ
● はるがきた

POINT
予定や誕生日の日付、子どもの名前は、必ず念入りに確認をしましょう。

POINT
ワンポイントに小さなイラストを配置すると、にぎやかになります。

懇談会について

　進級してお兄さん・お姉さんになりました。小さい組のお友達を見ると年上の自覚が芽生えたのか、表情がしっかりしてきました。そんなようすをはじめ、子どもたちについてお話しさせていただく場として、懇談会を開きます。ぜひ、ご参加ください。
　詳細については、先日配布いたしました、おたよりをご参照ください。

日時：〇月〇日（〇）　場所：ほしぐみ保育室

POINT
日時や場所などの目立たせたい情報は、フォントを変えたり太字にしたりして差をつけます。

Part 3　クラス運営のヒント　おたより

4月

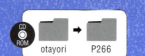

4-P266-01　4-P266-02　4-P266-03

4-P266-05　4-P266-06　4-P266-04

4-P266-07　4-P266-08　4-P266-11　4-P266-12

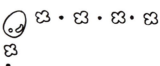

4-P266-09　4-P266-10　4-P266-13

4-P266-15　4-P266-14

文例

4-P266-16　新年度スタート

「間違えて前のクラスに行っちゃった!」と、笑いながら部屋に入ってきた子がいました。そう、今月からわたしたちは年中組です。新しい胸のバッジもピカピカ輝いて見えます。これまでの園生活の中で、みんなで力を合わせたりお友達を思いやる気持ちが芽生えてきたりしています。これから、この芽を大きく育てていきたいと思っています。

4-P266-17　進級しました

進級してお兄さん・お姉さんになりました。小さい組のお友達を見ると年上の自覚が芽生えたのか、表情がしっかりしてきました。

4-P266-18　春の自然

花壇のチューリップが咲きそろいました。水やりをしながら「お花の中に親指姫がいるかな?」とそっとのぞく子どもたちです。

4-P266-19　新しいクラス

子どもたちも先生も、元気にあそぶのが大好き！　新しいお友達集まれ！　かけっこ、砂あそび、いっしょにあそびましょう。

4-P266-20　新しい友達

新しいお友達が加わります。「おはよう」の声が聞こえたら「おはよう」と言ってみましょう。すぐに仲よしになれますよ。

5月

otayori → P267

4-P267-01

4-P267-02

4-P267-03

4-P267-05

4-P267-06

4-P267-04

4-P267-07

4-P267-08

4-P267-12

4-P267-09

4-P267-10

4-P267-11

4-P267-13

4-P267-14

4-P267-15

文例

4-P267-16　元気よくあそんでいます
若葉のすがすがしい季節となりました。新しいクラスになってから1か月が過ぎ、少し緊張気味だった子どもたちの表情もやわらいで、「お外に行こう」と誘い合ってあそぶ姿が見られるようになりました。青空の下、こいのぼりに負けないくらい元気いっぱいです。

4-P267-17　靴の選び方
春の日差しを浴び、外あそびが活発になっています。子どもたちの靴は、足に合った大きさのもので、自分で脱ぎ履きしやすいものを選びましょう。

4-P267-18　友達の名前
新しいクラスに少しずつ慣れてきた子どもたち。お友達の名前を覚え始め、名前を呼ぶ元気な声が聞かれるようになってきました。

4-P267-19　お弁当スタート
子どもたちが待ちに待ったお弁当が始まりました。「たまご焼さんが入ってる～い」と会話も弾み、にぎやかなお弁当タイムです。

4-P267-20　避難訓練
園では毎月避難訓練をしています。万が一に備えて、非常ベルの音を聞いたら保育者の指示に従って落ち着いて行動する練習です。

6月

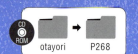

4-P268-01 4-P268-02 4-P268-03

  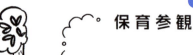

4-P268-05 4-P268-06 4-P268-04

4-P268-07 4-P268-08

4-P268-09 4-P268-10 4-P268-11 4-P268-12 4-P268-13

4-P268-14

4-P268-15

文例

4-P268-16　梅雨の自然
アジサイを見つけて、「ぼんぼりみたい!」「くす玉に似てるよね」と元気に教えてくれた子どもたち。アジサイは、どれも色鮮やかで、華やかさがありますね。特に雨の日は、紫色がいっそう引き立って見えます。じめじめした梅雨の季節ですが、この時期ならではの自然を子どもたちと楽しんでいきたいと思います。

4-P268-17　室内あそび
「新聞の雨だよ!」「おうちで雨宿りしよう!」と、新聞紙や段ボールなどを使って、室内でも雨の日のごっこあそびを楽しんでいます。

4-P268-18　時の記念日
子どもたちはオリジナル時計作りに夢中です。時の記念日を機会に、時間を守ることの大切さを伝えたいものです。

4-P268-19　傘に記名を
子どもたちは傘の後始末が自分でできるようになってきました。時々まいごの傘が出てきます。傘には記名をお願いします。

4-P268-20　牛乳パックを集めます
牛乳パックで船を作ります。1リットルサイズの牛乳パックの中を洗って乾かしてからご持参ください。ご協力お願いいたします。

7月

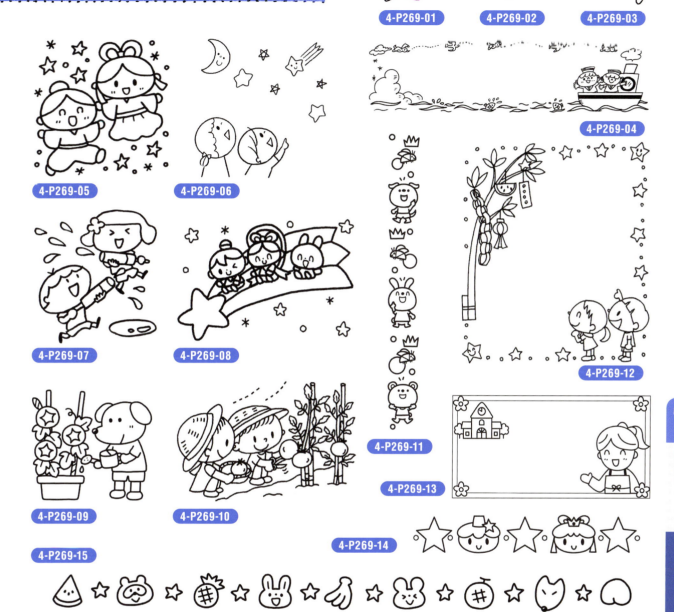

文例

4-P269-16 アサガオの栽培
子どもたちは、毎朝自分のアサガオの鉢に水やりをしています。鉢に立てた棒につるを巻きつけたアサガオは、順調に生長中。「アサガオの花って、どんな色だっけ?」「ぼくのは何色の花が咲くかな?」「つぼみが大きければわかるかな♪」と、心待ちにしています。そろそろお花も咲く頃です。アサガオさん、子どもたちに早くかわいい顔を見せてね!

4-P269-17 七夕製作
星かざりや輪つなぎなどの七夕製作を通して、はさみやのりの使い方が器用になり、子どもたちは自信をつけたようです。

4-P269-18 ゴーヤのカーテン
スルスルと伸びたゴーヤに黄色い花が咲きました。葉っぱの緑は目にも優しく暑さよけのカーテンにもなり涼風を運んでくれます。

4-P269-19 お当番活動
お当番の仕事に慣れた子どもたちは、みんなの前に立っても恥ずかしがらずに、自信をもってお話できるようになりました。

4-P269-20 早寝早起き
早起きが苦手な子が増えています。元気な1日を過ごすためにも、夏休み中も早寝早起きを心がけるようにしましょう。

8月

文例

4-P270-16　熱中症対策
子どもたちは真夏の太陽にも負けず元気いっぱい外あそびを楽しんでいます。園では、熱中症対策として水あそびを多く行ったり、日差しが強い時間は外あそびを避けたりしています。また、こまめな水分補給も心がけています。○日までは、水筒のご持参にご協力ください。水筒の中身は、お水またはお茶でお願いします。

4-P270-17　プールの着替え
プールの着替えのとき、お友達の服のボタンをかける手助けをしたり、なくしたパンツをいっしょに探したり…。助け合えるようになってきました。

4-P270-18　夏野菜のクッキング
とりたて野菜を使ってクッキング。キュウリとトマトはサラダに、ナスは味噌汁に入れて、新鮮な野菜のおいしさを味わいました。

4-P270-19　暑くても元気いっぱい
暑い毎日ですが栄養士考案の口当たりのよいメニューに子どもたちは食欲モリモリ。体力が消耗しやすい時期でも元気いっぱい!

4-P270-20　夏祭りのおみこし作り
子どもたちは夏祭りに向け、段ボールとペットボトルを組み合わせたおみこし作りに力を合わせてチャレンジしています。

9月

文例

4-P271-16 夏休みを終えて
「泳げるようになったんだ」「クワガタをとったよ」「新幹線に乗ったの」と朝から夏休みの報告でにぎやかな子どもたち。どの子もそれぞれに充実した夏を過ごしたようで、体も一回り大きくなったように感じます。さて、これからは実りの季節を迎えます。子どもたちの心も体も、さらに大きな実を結ぶよう、日々を大切に過ごしていきたいと思います。

4-P271-17 靴のサイズの確認を
夏の間に子どもたちはぐんと大きくなったようです。上履きや外靴のサイズが足に合っているかどうか今一度確認をお願いします。

4-P271-18 新学期スタート
「腕が真っ黒になったよ」、「ぼくだって真っ黒だよ」と得意げに腕を見せ合う子どもたち。日焼けの比べっこでにぎやかでした。

4-P271-19 秋の味覚
実りの秋を迎えて野菜や果物、お米がおいしい季節になりました。給食のごはんもつやつやの新米。秋の味覚におかわり続出です。

4-P271-20 おはぎを食べました
お彼岸を前におやつは「おはぎ」。たっぷりのあんこの中から、もっちりしたお米。「あまーい」「おいしい」と大人気でした。

10月

4-P272-01

4-P272-02

4-P272-03

4-P272-05

4-P272-06

4-P272-04 (上)

4-P272-04

4-P272-07

4-P272-08

4-P272-12

4-P272-09

4-P272-10

4-P272-11

4-P272-13

4-P272-14

4-P272-15

文例

4-P272-16　スポーツの秋
涼しい秋風が吹き、体を動かすのが心地よい、スポーツの秋になりました。子どもたちも集団生活の中でまとまりができ、あそびのルールを理解し、それを守れるようになってきました。この力を運動会で存分に発揮できるよう、日々を過ごしています。着実に成長している子どもたちの姿を、ぜひ見にいらしてください。

4-P272-17　運動会を終えて
青空のもと、みんなの心に残る楽しい運動会となりました。保護者の皆様には、準備段階からご協力をいただきありがとうございました。

4-P272-18　冬服への衣替え
季節は夏から秋に変わり、10月1日から冬服です。気温の変化も大きい時期ですので、天候に合わせて服装の調節をお願いします。

4-P272-19　ハロウィン
ハロウィンのための楽しい仮装を準備しています。当日は帽子やマントなどいろいろなコスチュームをつけて練り歩く予定です。

4-P272-20　秋の味覚
秋の味覚、栗ご飯が給食に登場しました。ご飯の中から栗が顔を出すと「栗、みーつけ！」と大喜び。おいしさに大感激でした。

11月

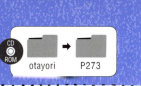

4-P273-01　　4-P273-02　　4-P273-03

4-P273-05　　4-P273-06　　　　　　4-P273-04

4-P273-07　　4-P273-08

4-P273-09　　4-P273-10　　4-P273-11　　4-P273-12

4-P273-13

4-P273-15　　　　4-P273-14

文例

4-P273-16　秋が深まりました

園庭の木々も葉を落とし、秋が深まり朝晩は肌寒い日も多くなってきました。枝と幹だけの木を見て、子どもたちは「あの木、怒っている顔だね」「サクラの木はピューッて口笛吹いてるよ。春は笑ってたのにね」と、おもしろそうにしています。木にも四季折々の顔があったんですね。

4-P273-17　自然からの贈り物

「松ぼっくり見つけた！」と、登園してくる子どもたち。秋は自然からの贈り物が盛りだくさん。この季節を体いっぱいに感じています。

4-P273-18　七五三

11月15日は七五三です。子どもたちの成長をお祝いし、これからも健やかに過ごしていけるよう、願っています。

4-P273-19　球根を植えました

チューリップの球根を植えました。「春になったら何色の花が咲くかな？」とみんなワクワク。春を迎える楽しみが増えました。

4-P273-20　元気におにごっこ

「手つなぎおに」、「氷おに」、「ドロケイ」など運動量の多いおにごっこが大人気。寒さを吹き飛ばして元気に走り回っています。

Part 3 クラス運営のヒント　おたより

273

12月

文例

4-P274-16 友達とのあそび
子どもたちのあそびは、毎日変化しています。昨日までは、友達同士で意見がぶつかり、なかなかあそびが決まらなかったのに、今日は「何をしようか?」と相談し、「タスウケツで決めようよ」と覚えたばかりの言葉を使いながら、自分たちであそびを進めています。いっしょにあそぶと楽しいという体験が、友達との折り合いのつけ方を教えてくれているようです。

4-P274-17 冬休みのお手伝い
「どんなお手伝いができる?」と問いかけると、「片づけ」「食器運び」など意欲満々。休みならではの体験ができるといいですね。

4-P274-18 おしくらまんじゅう
「ハァー」と吐く息の白さ、「ザクザク」と崩れる霜柱…。寒さも本番で、おしくらまんじゅうが大人気の季節になりました。

4-P274-19 寒さに負けないように
寒さが厳しい季節になりました。栄養バランスのよい食事や十分な睡眠を心がけ、寒さに負けないよう過ごしましょう。

4-P274-20 新年を迎える準備
保育室の大掃除のあとは、新年を迎えるためのかざりつけ。手作りのたこやこまなどをかざり、華やかな新年の準備が整いました。

1月

otayori → P275

4-P275-01　4-P275-02　4-P275-03

4-P275-05　4-P275-06　4-P275-04

4-P275-07　4-P275-08

4-P275-09　4-P275-10　4-P275-11　4-P275-12

4-P275-13　4-P275-14

4-P275-15

文例

4-P275-16　新年のあいさつ
新年おめでとうございます。本年もよろしくお願いいたします。今年の元旦はよく晴れて、きれいな初日の出を見ることができ、輝かしい一年になる予感がします。園庭では元気にこま回しをする子どもたち。小さいクラスの子たちが興味津々で見入っています。

4-P275-17　年賀状
郵便やさんごっこで、年賀状のやりとりをしました。文字に興味をもちだした子どもたちは、「何を書こうかな?」と楽しそうです。

4-P275-18　こま回し
手作りしたこまを使ったあそびが人気です。床で回すのはもちろん、手すりの上や平均台の上などでも器用に回しています。

4-P275-19　たこを作りました
しな袋を使ってたこ作りをしました。袋に描いた顔はいろいろな表情。手作りたこを持って園庭狭しと走り回る子どもたちです。

4-P275-20　手洗い・うがい
手洗い・うがいは、感染症や食中毒予防のために大切な習慣です。外出先から家に戻ったら、ご家族みんなで実行しましょう。

2月

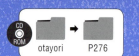

4-P276-01　4-P276-02　4-P276-03

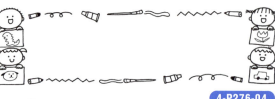

4-P276-05　4-P276-06　4-P276-04

4-P276-07　4-P276-08　4-P276-12

4-P276-11　4-P276-13

4-P276-09　4-P276-10　4-P276-14

4-P276-15

文例

4-P276-16　感染症の予防
冬将軍がどっかりと腰を下ろしたような厳しい寒さが続き、マスク姿で登園する子どもたちが多くなってきました。インフルエンザなど、感染症の予防の基本は、手洗い・うがいをしっかりと行うことです。さらに、栄養や睡眠などを十分とってウイルスに負けない元気な体づくりをしましょう。暖かい春はもうすぐそこまできています。

4-P276-17　おにのお面を作りました
子どもたちが作ったおにのお面は、もじゃもじゃ頭にぎょろぎょろ目玉。本物のおにもびっくりするほど迫力満点の仕上がりです。

4-P276-18　外あそびでポカポカ
北風が吹いても、おにごっこなどの外あそびが盛んです。走り回って体はポカポカ。冷たい風が心地よく感じられるほどです。

4-P276-19　共同製作
共同製作の仕上げでは、それぞれ意見を出し合い、お友達と協力しています。その姿に、子どもたちの成長を感じています。

4-P276-20　前髪チェックを
長い前髪は、ものを見る妨げになります。前髪を上げたり目にかからない長さに切ったりするなど、前髪のチェックをしましょう。

3月

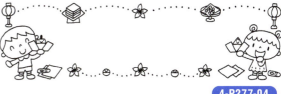

4-P277-01　4-P277-02　4-P277-03

4-P277-05

4-P277-06

4-P277-04

4-P277-07

4-P277-08

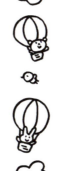

4-P277-12

4-P277-09

4-P277-10

4-P277-11

4-P277-13

4-P277-14

4-P277-15

文例

4-P277-16　おひなさまを作りました
「おひなさまの着物は、ピンクにしようか」「かんむり、かぶせたよ!」と、子どもたちが一生懸命作ったおひなさまが完成しました。一つひとつの表情や着物の色にも、それぞれの個性が光っています。はさみやのりの使い方にも慣れてきました。園のホールにかざってありますので、登園の際はぜひご覧ください。

4-P277-17　耳の日
3月3日は耳の日。耳をすませば鳥の声、風の音など、自然の音に気づきます。「どんな音がするかな?」とみんなで話し合ってみました。

4-P277-18　年長さんありがとう
年長さんの卒園に、みんなさびしそうな顔。「いつも助けてくれてありがとう!」。今度は、みんなが小さなお友達を助ける番ですね。

4-P277-19　心の成長
子どもたちの泣き声やけんかが減り、譲り合い助け合う姿が見られるようになりました。心の成長が著しい子どもたちです。

4-P277-20　春休みのお手伝い
春休みには、子どもたちが成長の自覚をもてるように、経験したことのない「初めてのお手伝い」にチャレンジしてみてください。

コピー用型紙

30～46ページに掲載している壁面かざりの型紙です。必要な大きさにコピーをして、ご活用ください。「hekimen00-00」は、CD-ROMに収録しているPDFのファイル名です。

P.30 春の小川にお散歩

子ども1 ➡ hekimen30-01

子ども2 ➡ hekimen30-02

子ども3 ➡ hekimen30-03

オタマジャクシ1 ➡ hekimen30-04
オタマジャクシ2 ➡ hekimen30-04
オタマジャクシ3 ➡ hekimen30-04

メダカ1 ➡ hekimen30-05
メダカ2 ➡ hekimen30-05
泡 ➡ hekimen30-05
メダカ3 ➡ hekimen30-05
ツクシ ➡ hekimen30-06
草 ➡ hekimen30-06
タンポポの葉と茎 ➡ hekimen30-06

P.31 こいのぼりに乗って大空へと出発！

ネコ ➡ hekimen31-01

クマ ➡ hekimen31-02

ネズミ ➡ hekimen31-03

雲 ➡ hekimen31-05

風 ➡ hekimen31-05

リス ➡ hekimen31-04

家と木 ➡ hekimen31-06

こいのぼりの目1 ➡ hekimen31-07
こいのぼりの模様1 ➡ hekimen31-07
うろこ1 ➡ hekimen31-07

こいのぼりの目2 ➡ hekimen31-08
こいのぼりの模様2 ➡ hekimen31-08
うろこ2 ➡ hekimen31-08

こいのぼりの目3 ➡ hekimen31-09
こいのぼりの模様3 ➡ hekimen31-09
うろこ3 ➡ hekimen31-09

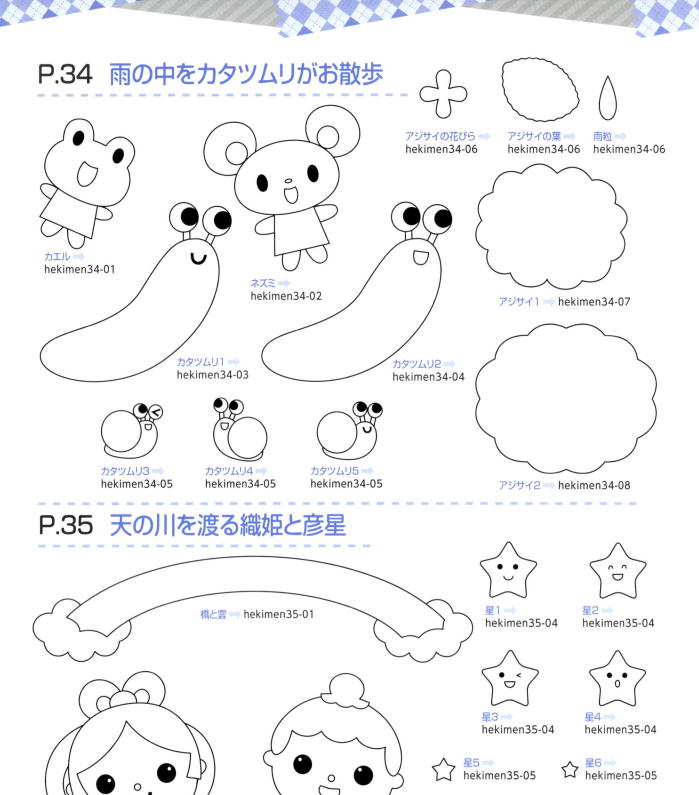

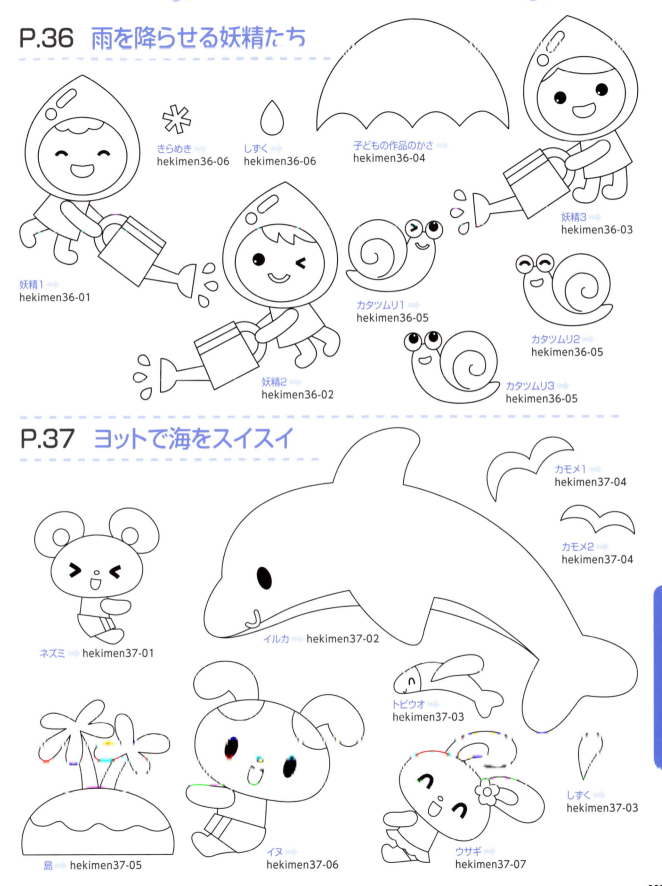

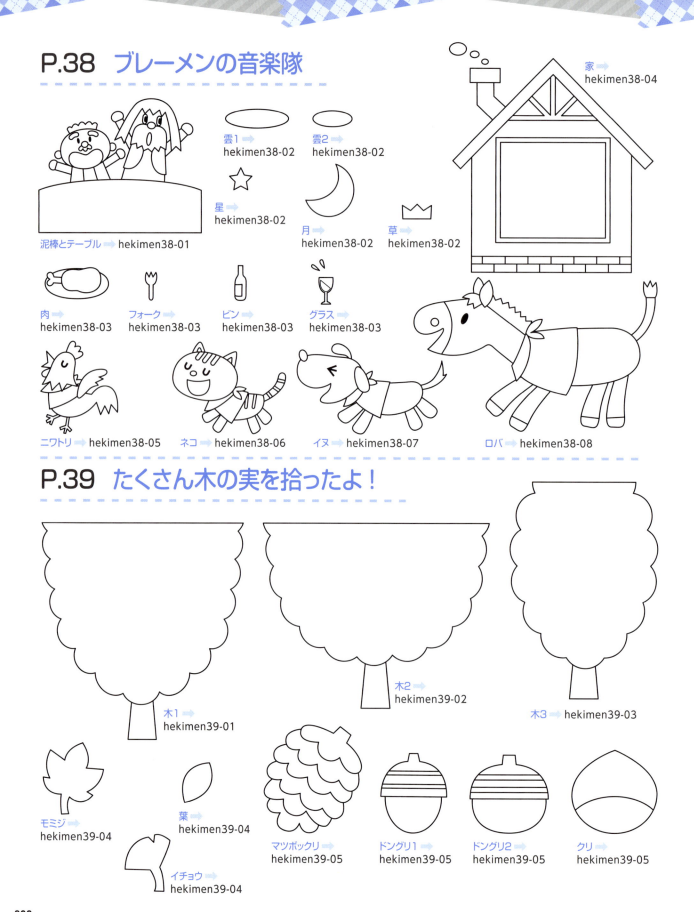

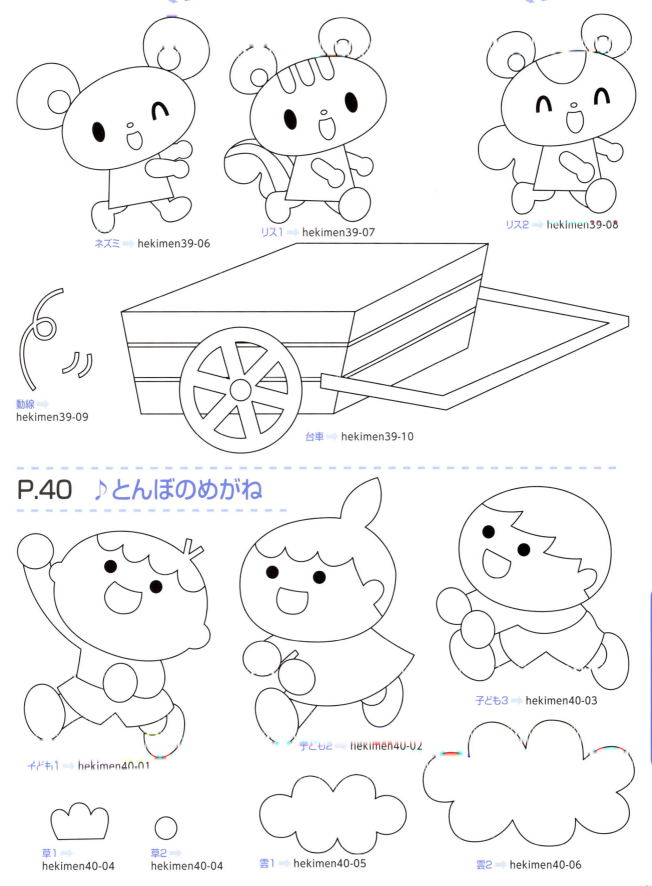

P.40 ♪とんぼのめがね

P.41 おいしそう！お菓子の家

グレーテル ➡ hekimen41-01

ヘンゼル ➡ hekimen41-02

木 ➡ hekimen41-03

お菓子の家 ➡ hekimen41-04

※ 木とお菓子の家はほかのパーツの200%に拡大するとバランスがとれます。

P.44 クリスマスの夜には…

サンタクロースとトナカイ ➡
hekimen44-01

P.45 キラキラ輝く雪の結晶

クマ ➡
hekimen45-01

ネズミ ➡
hekimen45-02

子どもの作品の雪の結晶 ➡
hekimen45-03

P.46 スイーツいっぱいのお誕生表

4 5 6 7 8 9 10 11 12 1 2 3
数字 ➡ hekimen46-01

 花1 ➡ hekimen46-02

 花2 ➡ hekimen46-02

花3 ➡ hekimen46-02

花4 ➡ hekimen46-02

子ども1 ➡ hekimen46-03

子ども2 ➡ hekimen46-04

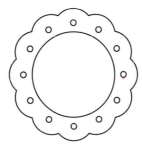
クッキー1 ➡ hekimen46-05

シュークリーム ➡ hekimen46-06

ジュース ➡ hekimen46-07

プリン ➡ hekimen46-08

ソフトクリーム ➡ hekimen46-09

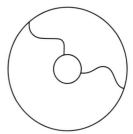
ドーナツ ➡ hekimen46-10

クッキー2 ➡ hekimen46-11

ケーキ1 ➡ hekimen46-12

ケーキ2 ➡ hekimen46-13

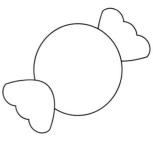
キャンディー ➡ hekimen46-14

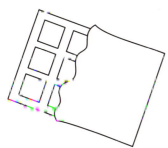
チョコレート ➡ hekimen46-15

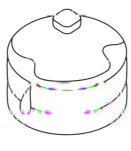
ホットケーキ ➡ hekimen46-16

テーブルと文字 ➡ hekimen46-17

コピー用型紙

CD-ROMをご使用の前に

CD-ROMには、壁面かざりの型紙（PDF）、指導計画（Word）、おたより（テンプレート：Word、イラスト：jpg、文例：テキスト）が入っています。

使用許諾について

- 本書掲載およびCD-ROM収録の壁面かざりの型紙、指導計画、イラスト、文例の著作権・使用許諾権・商標権は、弊社および著作権者に所属します。
- 本書掲載およびCD-ROM収録の壁面かざりの型紙、指導計画、イラスト、文例は、営利目的では使用できません。ご購入された個人または法人が営利を目的としない場合のみ、ご利用できます。ただし、以下のことを順守してください。
  - 園児募集などのPRを目的としたポスター、園バスのデザイン、物品に印刷しての販促の利用や販売すること、私的利用を含めたホームページに使用することはできません。また、ほかの出版物、企業のPR広告、企業や店のマークなどへの使用もできません。
- 本書掲載およびCD-ROM収録の壁面かざりの型紙、指導計画、イラスト、文例を複製し、第三者に譲渡・販売・貸与・頒布（放送やインターネットを通じたものも含む）することは禁じられています。

CD-ROMの取り扱いについて

- 付属のCD-ROMをご使用いただくには、お使いのパソコンにCD-ROMドライブ、またはCD-ROMを読み込めるDVD-ROMドライブが装備されている必要があります。
- CD-ROMの裏面に傷をつけると、データが読み取れなくなる可能性がありますので、取り扱いには十分ご注意ください。

注意事項について

- 付属のCD-ROMに収録されているデータの使用方法についてのサポートは行っておりません。
- 付属のCD-ROMを使用したことにより生じた損害、障害、その他いかなる事態にも、弊社は一切責任を負いません。

※Windows、Microsoft Office Wordなどは、米国Microsoft Corporationの登録商標です。本書では、商標登録マークなどの表記は省略しています。

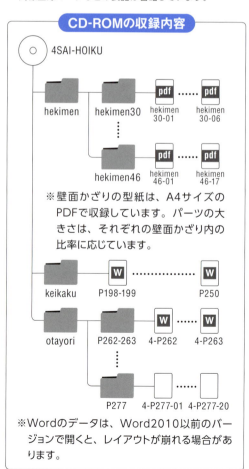

CD-ROMの使い方

おたよりのテンプレートを例に、Windows10上でMicrosoft Office Word2016を使った操作手順を紹介しています。

1 CD-ROMを挿入する

CD-ROMをパソコンに挿入します。自動再生ダイアログの「フォルダーを開いてファイルを表示」をクリックします。

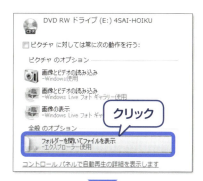
クリック

使用したいファイルが入っているフォルダをダブルクリックしていきます。

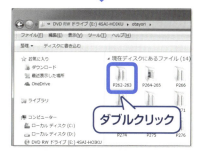
ダブルクリック

POINT
CD-ROMを挿入しても再生されない場合には

CD-ROMを挿入しても自動再生されない場合は、「スタート・メニュー」→「コンピューター」の順にクリック。CD-ROMのアイコンをダブルクリックすると、同じようにCD-ROMの中身が表示されます。

2 CD-ROMからパソコンにファイルをコピーする

使用したいファイルをクリックしたまま、ウィンドウの外に移動します。デスクトップ上で離すと、コピーできます。

ドラッグしてコピー

3 ファイルを開く

Wordファイルをダブルクリックし、開きます。

ダブルクリック

POINT
「閲覧モード」で表示されている

ファイルを開いた際に、左のような状態で表示されて編集ができない場合には、「閲覧モード」で表示されています。

「表示」をクリックし、「文書の編集」を選びます。すると、編集ができる状態の「印刷レイアウト」になります。

文章を変更する

テキストボックス内の文章を変更したいとき

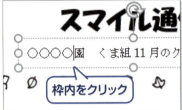

変更したい文章があるテキストボックスの中をクリックすると、カーソルが表示されて文章の編集ができるようになります。

不要な文字を削除したり、文字を入力したりします。

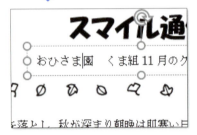

文例のテキストデータを使用したいとき

使用したいファイルが入っているフォルダをダブルクリックしていきます。テキストファイルをダブルクリックし、開きます。

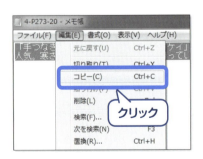

使用したいテキストを選択し、「編集」→「コピー」の順にクリックします。

文例のテキストに置きかえたい部分をドラッグし、選択された状態にします。

「ホーム」タブの「貼り付け」ボタンをクリックし、コピーしておいた文例のテキストを貼りつけます。

選択した文章が、コピーした文例に置きかわりました。

文字の大きさやレイアウト、行間を変更する

文字の大きさを変更したいとき

大きさを変更したい文字を選択します。

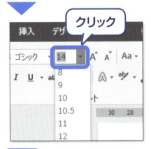

「ホーム」タブの「フォントサイズ」欄の右側にある「▼」をクリックすると、文字のサイズが選べます。直接、文字のサイズを入力しても変更できます。

文字のサイズが変更されました。

文字の種類を変更したいとき

文字の種類（フォント）を変更したい文章を選択し、「ホーム」タブの「フォント」欄の右側にある「▼」をクリックし、フォントを選びます。

フォントが変更されました。

文字を左右や中央にそろえたいとき

文章を選択し、「ホーム」タブの「文字揃え」のボタンをクリックします。ここでは、左から2番目の「中央揃え」ボタンをクリックします。

選択した文章がテキストボックスの中央にそろえられました。

POINT そのほかの「文字揃え」の種類

 左揃え
文章をテキストボックスの左端でそろえます。

 右揃え
文章をテキストボックスの右端でそろえます。

 均等割り付け
文章をテキストボックスの左右幅に均等になるように配置します。

行間を広くしたいとき

文章を選択し、「ホーム」タブの「行と段落の間隔」ボタンメニューで1.0以上の行間を選びます。

行間が広くなりました。

行間を狭くしたいとき

行間を狭くする場合は、「行と段落の間隔」ボタンメニューから、「行間のオプション」をクリックします。

「間隔」欄の「行間」を「固定値」にし、「間隔」の数値を小さくすると、行間が狭くなります。

行間が狭くなりました。「間隔」の数値をフォントサイズ以下にすると文字が途切れてしまいますので注意しましょう。

6 テキストボックスの大きさや位置を変更する

テキストボックスの大きさを変更する

テキストボックスの中をクリックし、選択された状態にします。

テキストボックスの四隅に表示されている○や辺に表示されている□の上にカーソルを合わせると、拡大・縮小カーソルになります。

そのままドラッグすると、テキストボックスのサイズを変更できます。

テキストボックスの位置を変更する

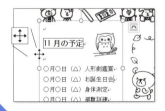

テキストボックスの辺の○や□以外の部分にカーソルを合わせると、十字カーソルになります。

そのままドラッグすると、テキストボックスを移動することができます。

7 テキストボックスやイラストを削除する

テキストボックスを削除する

削除したいテキストボックスの中ではなく、外枠部分を選んでクリックします。

外枠をクリック

「ホーム」タブの「切り取り」ボタンをクリックすると、テキストボックスが切り取られます。

クリック

イラストを削除する

イラストを削除する場合も、クリックして選択された状態にします。

「ホーム」タブの「切り取り」ボタンをクリックします。

クリック

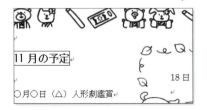

イラストが切り取られました。

8 イラストを配置する

画像ファイルを挿入する

「挿入」タブの「画像」をクリックします。

CD-ROMから配置したいイラストを選びます。フォルダを順にダブルクリックして開き、イラストを選んだら「挿入」をクリックします。

イラストが挿入されました。写真などの画像データも同じ手順で挿入することができます。

画像ファイルを移動する

このままではイラストは移動できません。イラストをクリックして選択された状態にし、「書式」タブの「文字列の折り返し」をクリックします。

下部に表示されるメニューから「四角形」を選択します。これでイラストを動かせるようになります。

イラストの大きさや位置を変更する

イラスト内にカーソルを合わせて十字カーソルにし、クリックします。

そのままドラッグして、イラストを移動します。

イラストが移動されました。

イラストの四隅の○にカーソルを合わせて斜めにドラッグすると、縮小・拡大できます。

イラストが縮小されました。

イラストの上部にある◉にカーソルを合わせて回転させると、向きを変更できます。

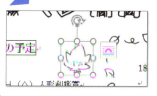

イラストの向きが変更されました。

CD-ROMの使い方

⑨ 新しくテキストを追加する

テキストボックスを作成する

「挿入」タブの「テキストボックス」ボタンをクリックします。

下部に表示されるメニューから「横書きテキストボックスの描画」または「縦書きテキストボックスの描画」をクリックします。

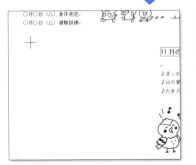

テキストボックスを挿入したい場所にカーソルを合わせてクリックします。

そのまま、テキストボックスを配置したい位置までドラッグすると、テキストボックスが作成されます。

テキストを入力する

作成したテキストボックスに入力します。

縦書きの場合は、このようになります。

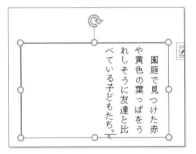

POINT

あとから横書きと縦書きを変更するには

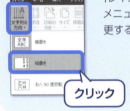

「レイアウト」タブの「文字列の方向」メニューで「横書き」「縦書き」を変更することができます。

テキストボックスの枠線を削除する

新しくテキストボックスを作成すると、枠線が表示されます。この枠線を消したい場合、「書式」タブの「図形の枠線」をクリックし、メニューから「枠線なし」を選びます。

294

10 テキストボックスや画像の重なり順を変更する

イラストをテキストの背面に移動する

テキストボックスの上にイラストが重なって文字が読めない場合、重なり順を変更します。

イラストを選択し、「書式」タブの「背面へ移動」をクリックします。

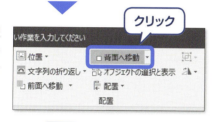

クリック

イラストがテキストボックスよりも後ろになり、文字が読めるようになります。

POINT 複数の画像を重ねる場合には

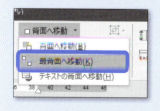

複数の図形を重ねた場合、あとから作成したものほど前面に配置されます。フレームなどは、「書式」タブから「最背面へ移動」を選ぶと、レイアウトしやすくなります。

11 作成したデータを保存し、印刷する

名前を付けて保存する

「ファイル」タブをクリックし、「名前を付けて保存する」をクリック。「参照」をクリックし、デスクトップなどの保存先を選びます。

「ファイル名」で新しい名前を入力し、「保存」をクリックするとデータが保存できます。

印刷する

「ファイル」タブをクリックし、「印刷」をクリックします。

右側に印刷プレビューが表示されるので、確認をしましょう。印刷部数を入力し、「印刷」をクリックします。

CD-ROMの使い方

● 監修

横山洋子 (よこやま ようこ)

千葉経済大学短期大学部こども学科教授。国立大学附属幼稚園、公立小学校勤務ののち現職。著書に『保育の悩みを解決！ 子どもの心にとどく指導法ハンドブック』、『CD-ROM付き 子どもの育ちを伝える 幼稚園幼児指導要録の書き方&文例集 第2版』(ナツメ社)、『根拠がわかる！ 私の保育総点検』(中央法規出版)など多数。

カバー・レーベルデザイン	齋藤彩子
カバーイラスト	山内和朗
本文デザイン	秋生浩二、野村友美 (mom design)
本文DTP	有限会社ゼスト、株式会社明昌堂
データ作成	株式会社明昌堂
CD-ROM作成	株式会社ライラック
イラスト(50音順)	青山京子、秋野純子、浅羽ピピ、有栖サチコ、石崎伸子、喜多村素子、北村友紀、坂本直子、すみもとななみ、曽根奈菜子、高村あゆみ、つかさみほ、つじむらあゆこ、とみたみはる、中小路ムツヨ、福島幸、みさきゆい、三角亜紀子、もり谷ゆみ、やまざきかおり、ヤマハチ
編集協力	株式会社スリーシーズン、植松まり、森田香子、株式会社鷗来堂
編集担当	小髙真梨 (ナツメ出版企画株式会社)

CD-ROM付き 子どもの力が伸びる
4歳児の保育 12か月

2019年3月15日 初版発行

監修者	横山洋子　Yokoyama Yoko, 2019
発行者	田村正隆
発行所	株式会社ナツメ社 東京都千代田区神田神保町1-52　ナツメ社ビル1F (〒101-0051) 電話　03(3291)1257(代表)　FAX 03(3291)5761 振替　00130-1-58661
制　作	ナツメ出版企画株式会社 東京都千代田区神田神保町1-52　ナツメ社ビル3F (〒101-0051) 電話　03(3295)3921(代表)
印刷所	図書印刷株式会社

ISBN978-4-8163-6601-7　　　　　　　　　Printed in Japan

本書に関するお問い合わせは、上記、ナツメ出版企画株式会社までお願いいたします。

<価格はカバーに表示してあります><乱丁・落丁本はお取り替えします>
本書の一部または全部を著作権法で定められている範囲を超え、ナツメ出版企画株式会社に無断で複写、複製、転載、データファイル化することを禁じます。

[壁面かざり]

プラン・制作／うえはらかずよ、田中なおこ、渡守武裕子、藤沢しのぶ、町田里美、宮地明子
撮影／林均、宮地岩根

[PART1 クラスづくり]

- **写真協力園**／杏保育園 (千葉県)、くらき永田保育園 (神奈川県)、慈紘保育園 (千葉県)、鳩の森愛の詩保育園、鳩の森愛の詩あすなろ保育園 (神奈川県)、まどか幼稚園 (東京都)、めぐみ幼稚園 (千葉県)、横浜隼人幼稚園 (神奈川県)
- **園写真撮影**／布川航太、引田早香、矢部ひとみ
- **製作プラン・制作**／宮地明子
- **製作 撮影**／宮地岩根
- **お絵かきプラン・絵**／大月季巳江、オカダケイコ、meriko
- **絵本選書**／遠藤裕美
- **なぞなぞプラン**／アフタフ・バーバン
- **ちょこっとことばかけ 写真**／シャッターストック
- **あそびプラン**／浅野ななみ、小倉和人、須貝京子、栁澤秋孝、栁澤友希、山本省三、渡辺リカ

[PART2 指導計画]

- **年間指導計画 月案**／東京都世田谷区立上祖師谷南保育園、千葉県浦安市立日の出幼稚園
- **協力**／東京都世田谷区 子ども・若者部保育課

[PART3 クラス運営のヒント]

- **なるほどことばかけ**／白井三根子 (あざみ野白ゆり幼稚園・おおば白ゆり幼稚園　園長)
- **おたよりイラスト**／うえはらかずよ、北村友紀、たかしまよーこ、田中なおこ、どうまんかずのり、とみたみはる、町田里美、みさきゆい、Meriko、やまざきかおり、わたなべふみ
- **おたより文例執筆**／浅野ななみ

ナツメ社Webサイト
http://www.natsume.co.jp
書籍の最新情報(正誤情報を含む)はナツメ社Webサイトをご覧ください。